本著作由南昌大学马克思主义学院资助出版

九州文库

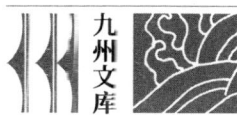

青年马克思的市民社会批判

袁　霖　著

九州出版社
JIUZHOUPRESS

图书在版编目（CIP）数据

青年马克思的市民社会批判／袁霖著 . -- 北京：
九州出版社，2025.1. -- ISBN 978-7-5225-3478-7

Ⅰ. A811.64

中国国家版本馆 CIP 数据核字第 2025XZ8096 号

青年马克思的市民社会批判

作　　者	袁　霖　著
责任编辑	沧　桑
出版发行	九州出版社
地　　址	北京市西城区阜外大街甲 35 号（100037）
发行电话	（010）68992190/3/5/6
网　　址	www.jiuzhoupress.com
印　　刷	唐山才智印刷有限公司
开　　本	710 毫米×1000 毫米　16 开
印　　张	14
字　　数	214 千字
版　　次	2025 年 1 月第 1 版
印　　次	2025 年 1 月第 1 次印刷
书　　号	ISBN 978-7-5225-3478-7
定　　价	89.00 元

目　录
CONTENTS

导　论

　　导论将从选题背景及意义、国内外研究综述、研究方法与创新等三个方面扼要展示该论题研究的基本情况。其中，在"选题背景及意义"部分，笔者将指明选取青年马克思的市民社会批判作为论题的缘由和背景，阐发该选题具有的理论意义和现实意义。在"国内外研究综述"部分，笔者对迄今为止与论题相关的研究资料和参考文献做了比较全面的搜集和较为细致的梳理，并在此基础上，进行了系统化的归纳和总结。在"研究方法与创新"部分，笔者系统列举了本书所采用的诸多研究方法，并辅以扼要的解说，展现了本书探讨问题的方法论维度。这在某种意义上也彰显出本书的创新之处。此外，笔者以马克思早期思想发展的不同时期为序，对青年马克思市民社会批判的思想脉络与演变轨迹进行了厘清与澄明。这既有助于科学再现唯物史观的生成过程，又可以帮助我们深刻探究马克思三大思想来源之间的辩证联系，是一个有价值、有意义的理论创新点。

第一节　选题背景及意义

一、选题的背景

　　改革开放以来，学界在马克思思想研究的领域，展现出更加科学、更加精细、更加专业的姿态。前辈们立足于《马克思恩格斯全集》（历史考证版）MEGA1 和 MEGA2，重新审阅、校订和编撰了《马克思恩格斯全集》（中文第二版）、《马克思恩格斯文集》等。加之，"马克思主义理论研究和建设工程"的开展和推进，使国内马克思主义研究的水准和高度一下子提升起来了。深入马克思文本、专研马克思手稿，"读原著、学原文、悟原理"，已成为学界普遍的治学精神和治学态度。围绕马克思思想，开展深域和广域的研究，已成为学界普遍的研究共识和研究志趣。于是，马克思专题思想的研究和马克思整体思想的研究相得益彰，马克思文本的研究和马克思文论的研究交相辉映，已然形成了群芳争艳、蔚为大观的马克思思想研究的繁荣景象。

唯物史观是马克思一生两个伟大发现中的第一个。这一评价，既有马克思主义经典作家的佐证，也是对马克思思想发展及其功绩客观、公正、中肯的描述，因而得到了广泛的认可和普遍的赞同。可是，马克思是如何生成唯物主义历史观的，是如何发动伟大的哲学革命的，是如何提出历史唯物主义基本思想和基本原理的？围绕这些问题，国内外历代的学人进行了前赴后继、孜孜不懈的探索，也取得了丰富斐然的研究成果。德国古典哲学、英国古典政治经济学和英法空想社会主义的"三流合源说"，是认可度最高的主流观点。

其实，我们的研究还可以更加细致一些。比如，不妨追问：有没有一个共同的范畴，可以将德国古典哲学、英国古典政治经济学和英法空想社会主义贯通起来？也就是说，此三者有没有一个共同的逻辑指向？如果有，作为"三流合源"而成的唯物史观就很有可能是建构在这个共同指向基础之上的。换言之，就意味着，这个共同的指向就是生成唯物史观的思想基石。

接下来的工作，就是要去寻找这个基石！笔者研究发现：

第一，在德国古典哲学领域，黑格尔超出以往其他哲学家的地方，就在于他的哲学有"巨大的历史感"作支撑。在黑格尔的辩证逻辑中，自然界、人类历史以及精神本身这些要素被有机地统一起来了——虽然是以头脚倒置的唯心主义方式——并且，它们的关系被看成是一个完整的、矛盾运动发展的辩证过程。在这个过程中，作为终将消逝的自然界，作为从家庭、到市民社会，再到国家发展过程中的人类社会，实则构成精神运动的必然环节，即精神的"自为"阶段。如果说，黑格尔的哲学有着巨大的历史感，那这种巨大历史感的表现就在于："家庭—市民社会—国家的定在"及其相互关系，这些实在的内容到处充斥其间。而在这里面，市民社会是关键的、必不可少的中介范畴和过渡环节。

第二，在古典政治经济学领域，资产阶级市民社会及其私有财产制度，被国民经济学家奉为亘古不变、毋庸置疑的理论前提。然而，这种历史唯心主义的世界观却不懂得：市民社会的形成、私有财产制度的建立，以及两者的发展，本身就是一个自然历史的过程。市民社会最初的形式是古典古代奴隶制的市民社会。到了中世纪，市民社会依附于封建宗法的等级制度，因而与政治"合二为一"了。资产阶级的政治革命，实现了"市民社会唯物主义的完成"，使得它从封建等级的桎梏中挣脱出来，从封建政治的枷锁中解放出来，于是，在资本主义的世界里形成了资产阶级的市民社会。同理，与市民社会的自然历史性相对应的是，私有财产的运动也是一个自然历史过程。于是，我们从整体上可以说，古典政治经济学的研究对象，就是资产阶级市民社会及其完成了的私有财产。

第三，空想社会主义所做的批判是针对罪恶的、非人的、异化了的资本主义制度，也就是针对资产阶级市民社会本身来进行的。于是，市民社会也成为空想社会主义批判的实际指向。然而，这些空想社会主义的空想性，又恰恰表现在：他们离开市民社会的生活条件、物质基础和历史运动，来单纯地给予私有财产以道德伦理上的遣责和否定。这无疑是狭隘的、片面的。他们没有看到：自我异化的扬弃同自我异化走的是同一条道路。他们不懂得：只有在市民社会本身的发展中，只有在私有财产经济运动的现实中，才能找到变革现实异化世界的科学之路、革命之路。

通过以上的分析，思路逐渐明晰了。唯物史观生成的深层次逻辑，源自青年马克思对市民社会问题的发问、审思、探索、解剖、批判和重塑。实际上，青年马克思思考、探究、批判市民社会的过程，就是他不断生成、最终实现伟大的哲学革命的思想历程。只要我们立足于青年马克思的市民社会批判，便可以窥探到唯物史观生成的致思理路，也可以探明马克思早期思想发展的逻辑进程。本书以青年马克思的市民社会批判为选题，旨在完整论述青年马克思关于这一问题的考辨历程，旨在创造性地阐明其市民社会批判与唯物史观生成的关系问题。希冀于此，能为相关问题的研究开辟一条新颖的路径，提供一套独到的方法论系统。这便是本书选题的背景。

二、选题的意义

（一）理论意义

市民社会的问题，不仅是历来政治学研究的重镇，而且也是经济学研究占据的堡垒。此外，它还是哲学、法学、历史学、社会主义学说等共同的研究对象。实际上，它更是青年马克思发动伟大的哲学革命、开创性完成唯物史观之建构的思想路标和理论基石。本选题以马克思早期思想发展的不同时期为序，完整梳理、辩证阐明青年马克思市民社会批判的致思理路和逻辑演进，在理论上将有助于科学再现唯物史观的生成过程，也将有助于准确辨析马克思主义三大直接理论来源之间的有机联系。可以说，这是一个理解马克思早期思想发展进程必不可少的分析视角和研究参照。

从克罗茨纳赫，到巴黎，再到布鲁塞尔，通过对各个具体时期青年马克思市民社会批判的探讨，我们可以明了：青年马克思开展研究的方法论都有哪些，它们分别是什么，在各个不同的时期又有哪些具体的表现。我们也可以明晰：青年马克思是如何将这些方法论具体运用到相关研究中去的，是如何通过方法论的运用来创造性地开展科学批判的。我们还可以明确：青年马克思进行了几次思考域的重要转向，它们的表现都是怎样的，以及这些转向形成了哪些理论上重大的成就和启示。总之，通过对青年马克思市民社会批判的整体性探讨，我们可以为马克思的青年时代勾勒出一幅完整、准确、清晰的"思想轮廓"，也可以为马克思早期思想领域的研究工作提供一套重要的方法论指引。

（二）现实意义

马克思主义理论源自现实、服务于现实。在《莱茵报》时期，青年马克思通过报刊编辑的政治实践，遇到需要为物质利益发表意见的难事，从而认识到黑格尔理论的虚妄性。正是立足于政治法权的现实基础，马克思才在克罗茨纳赫完成了对黑格尔法哲学的彻底批判，构建起法哲学唯物主义的基本原理，诠释了市民社会对于政治国家的基础意义。在《巴黎手稿》时期，马克思通过分析私有财产的经济现实，完成了对市民社会的经济学解剖和经济哲学批判。在《神圣家族》时期，马克思逐渐过渡到市民社会批判的历史现实，并最终在布鲁塞尔发现了历史现实运动的必然规律——唯物史观。可以说，从政治现实、到经济现实、再到历史现实，青年马克思的市民社会批判无不是立足现实、指向现实、服务现实的。

　　我国正处在实现第二个百年奋斗目标，全面建成社会主义现代化强国，以中国式现代化全面推进中华民族伟大复兴的历史新阶段。深耕细读马克思主义的经典著作，深入开展马克思主义的理论研究，大力弘扬马克思主义的科学精神，对新时代我国的社会主义建设事业、伟大的中华民族复兴事业来说，有着重要的现实指导意义。尤其是对青年马克思市民社会批判的思想脉络、演变路径和"完整画卷"的全面厘清、细致澄明和系统谱绘，不仅在理论上有助于科学再现唯物史观的生成过程，有助于深刻理解科学实践观的探索之路，而且其本身也具有重要的现实指导意义。

第二节　国内外研究综述

一、国内研究综述

　　如果想把论题研究清楚，就要以一个宽广的历史视角，去回溯青年马克思市民社会批判的缘起与流变，就要以一个多维的思考向度，去审视青年马克思市民社会批判的地位与意义。如此这般，才能以一个"整体的马克思"——因为市民社会的问题紧密关联着马克思主义三大直接理论来源——回到一个"原本的马克思"。

　　为了让研究资料更加翔实，为了让思考视野更加开阔，笔者对迄今为止与论题相关的研究资料和参考文献做了比较全面的搜集和较为细致的梳理。并在此基础上，按照内容和主题的不同，进行了系统化的归纳和总结。大致而言，可将其划分为如下几个主要的方面：第一，关于市民社会本身问题的研究；第二，关于马克思"市民社会"问题的考察；第三，关于马克思"市民社会与唯物史观"关系的思考；第四，关于市民社会与西方马克思主义的分析；第五，关于市民社会与中国建设的探讨。

在以上五大类研究领域中，我们先选取两类来谈。

第四类，关于市民社会与西方马克思主义的分析。这一类问题，常是西方马克思主义研究学者的探讨对象，且他们多有阐发。因其不属于本书要论及的范畴，故而，对它只是在国外研究综述中稍加评介。

第五类，关于市民社会与中国建设的探讨。这一类问题，在目前的国内学界往往是政治学研究的热点和重点，且多围绕法治与中国、公民社会与政府善治等诸类视角展开探讨，也颇有建树。然而，因其亦不属于本书要研究的重点，故而也不作赘述。

围绕本书的核心议题，在除去以上第四类问题和第五类问题之后，就还剩下前三类问题。对于这三类问题，我们将在下面详尽地分述之。

（一）关于市民社会本身问题的研究

1. 市民社会的概念及其历史

此问题的研究开展得较早，著述也相对成熟①。对市民社会概念的产生及其历史的考辨，虽然本书也会涉及，但这只是作为一个概念范畴而被纳入行文之中。它的"角色"只是为本书的叙事、求证和论述，提供一个考据意义上的价值参照。就好像辞典可以用来说文解字、组词释义，但却不能替代思想本身一样，对市民社会概念及其历史的考辨虽然具有考据学的价值，但其本身却不能代替对青年马克思市民社会批判思想历程的研究。

譬如，马克思在《论犹太人问题》一文中，使用了 bürger, bourgeois, citoyen 这一组相关的概念；在《德意志意识形态》一书中，又使用了 bürgerliche gesellschaft, société bourgeoise, civil society 这一组相关的概念。如果仅凭词源学的考察，实际上是很难区分其中的准确表义和真切内涵的。工具

---

① 何增科. 市民社会概念的历史演变 [J]. 中国社会科学, 1994, (5)：67-81. 另：方朝晖. 市民社会的两个传统及其在现代的汇合 [J]. 中国社会科学, 1994, (5)：82-102. 另：肖岁寒. "市民社会"的历史考察 [J]. 天津社会科学, 1999, (3)：94-99. 另：王新生. 现代市民社会概念的形成 [J]. 南开学报, 2000, (3)：22-27. 另：戴桂斌. 西方市民社会内涵的历史演进 [J]. 求索, 2005, (4)：184-187. 另：宫敬才. 市民社会概念的起源、流变和社会历史基础 [J]. 河北大学学报（哲学社会科学版）, 2009, (1)：1-7.

始终要为目的服务。理解马克思早期文本中与市民社会相关的德文词语、法文词语、英文词语的意思固然重要，但明晰马克思运用这些词语想要表达的思想意蕴和批判内核则更为重要。概念是思想的元素、是思维的细胞，但不是思想本身。对青年马克思市民社会批判思想历程的考察，不能被市民社会概念的辨析而取代；相反，后者应成为我们借以探析前者的工具。

2. 市民社会的范畴及其关系

市民社会与国家的关系是市民社会问题的核心范畴之一。有的学者将市民社会的内涵区分为古典和现代两种，并在"市民社会—国家"二分模型的架构之下探讨市民社会的相关问题①。同样是以市民社会和国家的关系为背景，有的学者从法治方面切入②，有的学者则从社会理论的路径来探寻③。

法治、法学、法律无疑也是市民社会问题的重要范畴。除了上述将市民社会与国家、法治结合起来分析的以外，还有学者着重剖析了市民社会与法律精神的关系④。这其中，必然又会涉及人学的问题。因此，也有专门探讨市民社会的人学之维⑤以及市民法的人性之维⑥的相关著作。

还有学者概括得比较全面，既谈到了市民社会概念的三重意蕴，又谈到了市民社会的三个层级，并进而分析了市民社会的约束机制、市民社会的文化以及市民社会与国家的关系⑦。也有学者聚焦得比较集中，专注于理解"市民—公民"的概念维度⑧。

总体说来，关于市民社会的范畴及其关系的探讨，可以在某些侧面或断面上有助于我们开展青年马克思市民社会批判的研究工作。但是，应该注意：对市民社会的范畴及其关系的探讨（包括前述对市民社会的概念及其历史的

---

① 赵志勇．市民社会与国家二分架构研究［M］．北京：中国社会科学出版社，2015．
② 马长山．国家、市民社会与法治［M］．北京：商务印书馆，2002．
③ 邓正来，等．国家与市民社会：一种社会理论的研究路径［M］．北京：中央编译出版社，2002．
④ 沈敏荣．市民社会与法律精神：人的品格与制度变迁［M］．北京：法律出版社，2008．
⑤ 袁祖社．权力与自由：市民社会的人学考察［M］．北京：中国社会科学出版社，2003．
⑥ 徐国栋．人性论与市民法［M］．北京：法律出版社，2006．
⑦ 王新生．市民社会论［M］．广西：广西人民出版社，2003．
⑧ 韩水法，黄燎宇．从市民社会到公民社会：理解"市民—公民"概念的维度［M］．北京：北京大学出版社，2011．

探讨），只是对市民社会一般性问题（或称"普遍性问题"）的探讨，它并没有特殊性的指向。说得具体一点，就是：它没有直指马克思的思想本身。所以，在内蕴马克思思想方面以及在解读马克思思想历程方面，其研究的针对性和具体性就显得有些不足了。坦率地说，单薄了些。因此，我们对该类研究成果的借鉴，应保持在"市民社会一般"的层面。

（二）关于马克思"市民社会"问题的考察

此第二类问题与上述第一类问题最显著的区别和最大的不同，就在于它不是关于"市民社会一般"的探讨，而是关于"马克思—市民社会"的探讨。也就是说，这第二类问题将分析的触角延伸到了马克思的思想本身，它紧紧围绕马克思"市民社会"的相关问题来具体展开论述。

近十几年来，对于这类问题的研讨，可以说，一直都是方兴未艾，也形成了很多的研究成果①。其中，有围绕市民社会问题，来对比分析马克思的思想与黑格尔、斯密等人思想之关系的②。还有就马克思某部著作中的"市民社会"问题，来具体深入探讨的③。另外，单独对黑格尔市民社会问题的探

---

① 俞可平．马克思的市民社会理论及其历史地位［J］．中国社会科学，1993，（4）：59-74．另：郁建兴．马克思的市民社会概念［J］．社会学研究，2002，（1）：31-39．另：蒋红．批判与重构：马克思的市民社会理论及其当代视域［J］．哲学研究，2009，（12）：27-31．另：王代月．马克思对自由主义市民社会理论的批判研究［J］．社会主义研究，2009，（2）：11-15．另：郭强．马克思市民社会理论的三维审视及其当代意义［J］．长白学刊，2009，（2）：21-26．另：张弛．从比较视角探析马克思的市民社会理论［J］．马克思主义研究，2011，（3）：92-99．另：刘同舫．马克思市民社会范畴的逻辑演进［J］．华南师范大学学报（社会科学版），2012，（4）：118-122．另：赵玉兰．论马克思对市民社会与政治国家关系的认识——以 MEGA2 为基础［J］．北京大学学报（哲学社会科学版），2015，（6）：64-71．

② 蒋红．对黑格尔法哲学的批判与马克思市民社会理论的历史演进［J］．云南社会科学，2007，（6）：64-68．另：王代月．马克思超越黑格尔市民社会理论的过程史研究［J］．教学与研究，2010，（3）：32-37．另：王代月．斯密的市民社会理论：马克思借以回到现实的经济学环节［J］．哲学研究，2015，（12）：12-17．另：田书为．马克思对黑格尔劳动思想的继承与发展——基于《巴黎手稿》的市民社会批判视角［J］．马克思主义与现实，2018，（3）：71-77．

③ 韩立新．《德意志意识形态》中的市民社会概念（上）［J］．马克思主义与现实，2006，（4）：40-51．另：王代月．由政治国家批判向市民社会批判的转折——《德法年鉴》时期马克思政治批判思想研究［J］．社会主义研究，2013，（4）：23-28．

讨，其成果也颇丰①。上述所有这些方面的研究及成果，都给笔者以极大的启发和深刻的思考。

在探讨马克思"市民社会"问题的专著方面，大致有如下的呈现：

有学者从市民社会的历史出发，着重进行了政治经济学的诠释和市场乌托邦主义的批判。在分析过程中也探讨了马克思在经济学领域和社会历史哲学领域里的立场②。

有学者以市民社会和法的相关性为逻辑主线，将马克思法哲学批判的基本思想都串联起来了。其主张，国家主义、自由主义以及国家神秘主义的市民社会理论及其法律观，构成马克思市民社会理论的思想来源。在具体阐述市民社会决定国家和法律的原则时，深入到立法权、选举权、私法利益、法律关系、法律传统等领域，着重从宪政的角度对市民社会和政治国家二元分离的法律意义进行了分析。可以说，在法哲学方面，该学者对市民社会的剖析是相当细致的③。

有学者以西欧中世纪城市的兴起为历史背景，着重从经济活动和基本职能的视角，探讨了行会制度与市民社会的演进历程；并在此基础上，对两者之间存在着的依存共生关系进行了说明。最后，颇有特色地论述了西欧市民社会的构成与特征及其表现出来的契约精神和法治传统④。

有学者在其著作中，把马克思市民社会思想划分为：法哲学批判时期、经济学批判时期、历史唯物主义时期、《资本论》时期以及晚年时期，大致上也描述了马克思市民社会思想的形成与发展。然而，所有这些时期的内容，

---

① 郁建兴. 黑格尔的市民社会理论 [J]. 人文杂志，2000，(3)：13-18. 另：王新生. 黑格尔市民社会理论评析 [J]. 哲学研究，2003，(12)：53-58. 另：陈伟. 特殊与普遍的辩证法——论黑格尔法哲学中"市民社会"概念的结构 [J]. 兰州学刊，2007，(12)：9-11. 另：汪信砚，夏昌奇. 论黑格尔的市民社会概念 [J]. 武汉大学学报（人文科学版），2007，(3)：287-296. 另：丛日云. 论黑格尔的"市民社会"概念 [J]. 哲学研究，2008，(10)：92-98.

② 王浩斌. 市民社会的乌托邦：马克思主义的社会历史哲学阐释 [M]. 南京：凤凰出版传媒集团，江苏人民出版社，2011.

③ 秦国荣. 市民社会与法的内在逻辑——马克思的思想及其时代意义 [M]. 北京：社会科学文献出版社，2006.

④ 沈芝. 行会与市民社会 [M]. 北京：中国社会科学出版社，2009.

仅被压缩在一章之中，这就难免显得不够详尽了①。

还有学者以人的自由观为解构视角，着重比较了黑格尔市民社会批判理论中人的自由的片面性与马克思市民社会批判中人的自由的全面性。但该著作对马克思早期思想的梳理，仅截止于《巴黎手稿》，这就略显不足了②。

此外，有些著作并非是考察"市民社会"或"马克思市民社会思想"的专著，但其中，也有关于马克思"市民社会"问题的探讨。这种情况主要集中在研究"马克思政治哲学"的著作中。

有学者主张，从法到市民社会的转向，是马克思政治哲学思想的第一次重大转折；而第二次重大转折，表现为从市民社会到经济基础的转向。该学者还认为，《1844 年经济学哲学手稿》是马克思从市民社会走向经济基础的关键一步，而《德意志意识形态》则标志着市民社会向经济基础转折的完成③。

有学者从主体的独立性、契约原则和契约关系的承认与达成、社会秩序生成机制的变化以及社会基本结构完整性的破裂等四个方面，叙述了市民社会的诸特征。尔后，又从物的依赖关系、社会关系的异化、市民社会决定国家以及国家的消亡等四个方面，阐释了马克思对市民社会幻象的多层批判④。

有学者在阐明马克思"犹太人问题"批判时，着重论述了市民社会人权体系的双重性、市民社会与犹太教的关系以及市民社会从私有财产体系中获得解放等相关问题，以此表明马克思对古典自由主义的反思与开解⑤。

另外，在立足 MEGA2，回归马克思原始文本构境方面，有学者论及了市民社会从政治共同体到经济关系体的话语转换，分析了青年马克思与黑格尔市民社会观遭遇下的经济异化市民社会批判话语的构境形成，揭示了资产阶

① 李永杰. 马克思市民社会思想的源流及其当代影响［M］. 北京：社会科学文献出版社，2016.
② 于永成. 市民社会批判与人的自由：从黑格尔到马克思［M］. 北京：中国社会科学出版社，2018.
③ 欧阳英. 马克思政治哲学思想探析［M］. 北京：中国社会科学出版社，2018.
④ 王新生. 马克思政治哲学研究［M］. 北京：科学出版社，2018.
⑤ 刘同舫，陈晓斌. 青年马克思政治哲学思想研究（第二版）［M］. 北京：中国社会科学出版社，2022.

级市民社会劳动异化的悲惨现实与扬弃范式，构建了社会场境存在论与关系意识论中的市民社会话语批判，以此完成了对资产阶级市民社会的历史透视和资本奴役关系的深层透视①。

（三）关于马克思"市民社会与唯物史观"关系的思考

这第三类问题的研究涉及"市民社会"和"唯物史观"两个问题域。一般而言，要想完成两者关系的探讨，就要先厘清市民社会的问题。尔后，才能在此基础上，再探讨"市民社会—唯物史观"的关系。所以，这第三类问题的研究，其实是建立在上述第二类问题考察的基础上。换言之，这是把对第二类问题的思考，延伸到了"市民社会—唯物史观"相互关系的领域，因而，理论难度不小。

纵观国内研究，有学者以马克思市民社会理论构建为视角，从马克思学生时代一直梳理到《共产党宣言》时期，其中，市民社会与唯物史观的关系有所涉及②。

有学者探讨了马克思市民社会理论的"三重图景"，即："资产阶级社会"的图景、"交往形式"的图景以及"物质的生活关系的总和"的图景。这在一定程度上分析了马克思市民社会理论的整体形象，阐发了它的历史意蕴③。

有学者在探讨马克思实践概念的政治哲学向度时，谈到了从费尔巴哈批判到市民社会问题域的生成语境。该学者认为，马克思市民社会理论存在着两种逻辑：一种是市民社会通达历史唯物主义的逻辑，另一种是市民社会开引政治哲学的逻辑，并扼要叙述了这两种逻辑的分与合④。

还有学者先从自由主义的视角指出了市民社会的基本理念，给出了市民社会的政治学分析和经济学论证。尔后，又阐述了德国浪漫派和青年黑格尔

---

① 张一兵. 回到马克思（第二卷）：社会场境论中的市民社会与劳动异化批判［M］. 南京：江苏人民出版社，2024. 另：张一兵. 回到马克思：经济学语境中的哲学话语（第四版）［M］. 南京：江苏人民出版社，2020.

② 蒋红. 马克思市民社会理论研究［M］. 北京：人民出版社，2007.

③ 卢德友. 拉开历史"舞台"的帷幕：马克思的市民社会理论及其当代效应［M］. 南京：江苏人民出版社，2019.

④ 李佃来. 马克思的政治哲学：理论与现实［M］. 北京：人民出版社，2015.

派的市民社会批判以及黑格尔异化辩证法的市民社会批判。接着，又从黑格尔理性主义国家观的谬误转而论说马克思的市民社会批判。整部著作中，关于马克思市民社会批判的宏观解析、关于市民社会意识形态解蔽的分析、关于马克思历史理论在场的剖析都颇具新意与启迪①。

（四）对第二类、第三类研究的评述

应该说，上述两大类的著述，都给笔者的研究以极大的启发和极丰的滋养。同时，笔者也认为，对问题的探讨还可以再深入、细致一些。如果能对青年马克思各个时期的市民社会批判做一番全面的梳理，我们就可以勾勒出它的思想轨迹和整体轮廓。这样，我们就能把青年马克思市民社会批判的演进逻辑搞清楚，进而将其串联起来，形成一幅前后贯通、完整统一、体系化的"思想长卷"。

1. 重点可以更突出、探讨可以更集中。

马克思在进行浪漫主义诗歌创作时，在进行哲学博士论文写作时，都没有直接涉及市民社会的问题，这就没有太大的必要将它们罗列出来进行讨论。事实上，马克思对"市民社会"的表述最早出现在《莱茵报》时期的政论文章中。在《第六届莱茵省议会的辩论（第三篇论文）。关于林木盗窃法的辩论》一文中，马克思在论及贫民的自然权利时，提到了"市民社会"②。他指出，贫民在市民社会中的地位就如同掉落的枯枝对于自然界的地位一样。紧接着，在用自然法理论（此时法哲学唯物主义尚未创建）反驳特权等级关于贫民习惯不具有合法性的荒谬观点时，马克思又一次提到了"市民社会"③，并极力维护穷苦大众的合法权益。

可见，青年马克思最早提及"市民社会"是在《莱茵报》时期，并且是在思考贫苦阶级的自然权利和社会地位时加以运用的。但需要注意的是，此时马克思对"市民社会"的提及和论述都是极为个别、相当零星的，并不像

---

① 王代月. 回归历史：基于马克思市民社会批判视角 [M]. 北京：中国社会科学出版社，2017.

② 中共中央马克思恩格斯列宁斯大林著作编译局. 马克思恩格斯全集（第1卷）[M]. 北京：人民出版社，1995：252.

③ 中共中央马克思恩格斯列宁斯大林著作编译局. 马克思恩格斯全集（第1卷）[M]. 北京：人民出版社，1995：253.

克罗茨纳赫时期那样的普遍、系统。这主要是因为，此时马克思刚刚初涉黑格尔的《法哲学原理》——这一点从《莱茵报》政论文章的行文中可以窥见——他对相关概念、术语和范畴的思考和把握，还不够全面、不够完整。而到了克罗茨纳赫之后，马克思摘录了政治史、法律史和国别史的许多著作，形成了厚厚的、五卷本的《克罗茨纳赫笔记》，完成了对市民社会的政治史观考察。此时，着手对黑格尔"二律背反"的市民社会论展开批判，进而完成市民社会理论的法哲学唯物主义重建，就是水到渠成的事情了。由此观之，在青年马克思的市民社会批判的问题上，《莱茵报》以前的时期没必要过多地涉及。否则，貌似全面，实则有点"头发胡子一把抓"了。

2. 层次可以更分明、结构可以更合理。

上述两大类的著述，从整体上来看，要么是选取某一个具体的视角——如法哲学分析的视角、如经济学诠释的视角、如自由观解读的视角、如市民社会某一个历史形态考证的视角等等，来进行探讨；要么是以宏大叙事的方式，表述了马克思市民社会理论的相关性。应该说，这些著述的内容都是可取的。同时，笔者也认为，在体系的架构上、在层次的呈现上、在结构的布展上、在逻辑的推导上，其实还可以做得更合理、更分明、更完备、更缜密一些。

本书根据青年马克思市民社会批判的致思理路和演进逻辑，按照学界惯用的、通行的称谓，将其具体划分为：克罗茨纳赫时期，巴黎时期Ⅰ：《德法年鉴》时期，巴黎时期Ⅱ：《巴黎手稿》时期，巴黎时期Ⅲ：《神圣家族》时期，以及布鲁塞尔时期。在每一个具体的时期里，青年马克思的市民社会批判都有与之相对应的显著特征和鲜明表现。具体而言，分述如下：

第一，在克罗茨纳赫时期，青年马克思的市民社会批判表现为建立在市民社会政治史观考察基础上的政治哲学批判，其相应的理论成果是法哲学唯物主义的市民社会思想体系。

第二，在巴黎时期Ⅰ：《德法年鉴》时期，青年马克思的市民社会批判经历着第一次重要的转向，处在第一个过渡的阶段。即，一方面还保有市民社会的政治哲学批判，另一方面又开启了市民社会的经济哲学思考。

第三，在巴黎时期Ⅱ：《巴黎手稿》时期，青年马克思的市民社会批判完全过渡到了经济哲学的领域。其批判的初衷在于，希望借助于对市民社会的"解剖"，来达成对市民社会本身的深刻认识和对国民经济学体系的彻底批判。此时，马克思的研究是围绕市民社会经济史观的考察来展开和推进的。

第四，在巴黎时期Ⅲ：《神圣家族》时期，青年马克思的市民社会批判经历着第二次重要的转向，处在第二个过渡的阶段。即，一方面总结和完善了市民社会经济哲学批判的核心思想，另一方面又开启和拓展了市民社会历史哲学思考的崭新维度。

第五，在布鲁塞尔时期，青年马克思的市民社会批判完全过渡到了历史哲学的领域。此时，树立起唯物主义的实践观和历史观，为历史找到了现实的前提和实践观的方法论基础。马克思完成了市民社会批判的超越和变革，最终生成了历史唯物主义的市民社会批判。又在描绘市民社会历史原像的基础上，进一步科学表述了市民社会的辩证法和历史唯物主义的基本原理，开辟了青年马克思市民社会批判的新境界，并走向了政治经济学批判的深处。

综上所述，按这样的路径来界定和划分青年马克思市民社会批判的演进轨迹和发展历程，不仅层次更加分明、结构更加合理，而且思维更加严谨、逻辑更加缜密。比如，在每一个具体的时期，青年马克思的市民社会批判分别有哪些基本的思考域？这些思考域又有哪些核心的讨论范畴？这些讨论范畴又有哪些具体的表现形式？这些思考域、范畴和表现形式之间，又有怎样的逻辑联系？它们是如何推进生衍的？像这些问题，如若按照本书的层次和结构，都能得到一目了然的回答。

3. 分析可以更深入、方法可以更全面。

上述两大类的著述，对马克思市民社会思想的分析和论述，主要是集中在《黑格尔法哲学批判》《论犹太人问题》以及《德意志意识形态》之中。有的学者以市民社会为线索，也简要地解析了《巴黎手稿》。应该说，这些研究都是有所助益的。同时，笔者也认为，青年马克思对市民社会问题的探讨及其所呈现的市民社会批判，不仅是浮现在相关著作的显性文字中，而且还隐匿在其他相关著作的隐性表达里。

譬如，《克罗茨纳赫笔记》既是马克思建构法哲学唯物主义市民社会批判的前期准备，也是他形成市民社会政治哲学思考的必由之路。可以说，没有

《笔记》的摘录，就不可能有对黑格尔法哲学的彻底批判。《笔记》中关于市民社会政治史和法律史的摘录，直接成了同一时期《黑格尔法哲学批判》以及下一时期《论犹太人问题》的引证材料和论证基础。

又如，在《〈黑格尔法哲学批判〉导言》中，马克思论述了一个重要的观点，即：无产阶级——作为失去一切，但为了一切，又必将成为一切的等级——是市民社会里的特殊阶级。这表明，马克思将无产阶级的产生及其历史使命，与市民社会及其等级紧密地联系起来。这一思考尤为重要，它构成了无产阶级革命学说和科学社会主义学说的认识前提。这一点在后来的《巴黎手稿》《神圣家族》《德意志意识形态》《哲学的贫困》，乃至《共产党宣言》中都得到了进一步的体现和阐发。

再如，在整部《巴黎手稿》中，马克思对"市民社会"的明文表述只有屈指可数的几处，且都是寥寥无几的数语。但这绝不能说，在这一时期，马克思对市民社会的思考就消失了。实际上，马克思分析劳动异化和社会关系异化的目的，是为了揭露和批判市民社会私有制度的欺骗性和虚伪性；考察私有财产的历史嬗变、运动规律及其主体本质，则是为了准确把握市民社会的历史演变；改造黑格尔唯心主义辩证法的意图，更是在于揭示市民社会的历史走向及其自我扬弃的必然道路。所以，整部《巴黎手稿》，按马克思自己的话来说，都是在深入地解剖"市民社会"。无疑，这也是青年马克思市民社会批判的一种存在形式。同样的情况，还可以在《神圣家族》中寻得。只不过，《神圣家族》时期是市民社会批判显性存在和隐性表达的结合。

还如，在《哲学的贫困》中，马克思通过新旧两种市民社会——封建宗法性质的市民社会和资产阶级市民社会——的历史变迁，鲜明而深刻地揭示了：生产力决定生产关系的历史规律。亦即，马克思通过对市民社会"历史形态"具象的辩证分析，完成了市民社会"历史发生学"的唯物史观论证。这是对《德意志意识形态》市民社会批判思考的继续，这使得马克思对历史运动规律的理论概括更加凝练、准确而科学。

由此可见，市民社会批判，作为马克思早期思想的重要维度，其实是一以贯之的。而且，它本身也经历了几个阶段的发展，完成了对应的转向和过渡，最终形成了连贯的思想脉络和完整的思想体系。这就要求我们，必须对每一部相关的文本进行深挖、细读和体悟。这一要求不仅体现在对青年马克思市民社会批判具体内容的分析上，而且还应体现在对青年马克思形成市民社会批判的方法论的分析上。总而言之，分析应做到详尽而全面。

二、国外研究综述

日本学者对"市民社会"问题的探讨和论述较为丰富。植村邦彦认为，市民社会应该按照其概念的起源、发展和转换来加以研究。在植村邦彦看来，从亚里士多德到洛克的政治哲学，体现了对作为"国家共同体"而存在的市民社会的古典解释；从卢梭、弗格森到亚当·斯密，则体现了市民社会"文明化商业社会"走向的经济释义。黑格尔的市民社会，被植村邦彦认为是"新市民社会"概念的开启；而马克思的市民社会理论，则代表了"资本主义社会"（资产阶级市民社会）向"联合社会"（共产主义社会）走向的实践意义①。

日本市民社会学派的另一个分支，起源于高岛善哉。这是在对亚当·斯密的经济思想进行研究时，所产生的一种理论派生。高岛善哉认为，"市民社会"作为商业规范性的特定概念，不能完全等同于"资本主义社会"；两者的差异体现在市民社会历史范畴所具有的实质内核中。

日本"市民社会派马克思主义"的代表人物，主要有内田义彦、平田清明、望月清司等。在《经济学的诞生》一书中，内田义彦对马克思市民社会思想的理解，大致包含以下三个要点：其一，马克思试图通过解析市民社会的结构，来体察和把握市民社会的发展规律。其二，关于市民社会的经济分析和批判，在马克思生成历史认识、构建历史科学的思想探险中，起着实质性的关键作用。其三，马克思的市民社会概念已经超越了单纯意义上的"资本主义社会"的具体概念②。总的说来，内田义彦的理解还是可取的。平田清明继承了日本"市民社会派马克思主义"研究的经济学传统。在《市民社会与社会主义》一书中，平田清明强调了马克思市民社会理论的古典经济学

---

① ［日］植村邦彦. 何谓"市民社会"——基本概念的变迁史［M］. 赵平，等译. 南京：南京大学出版社，2014.

② ［日］内田义彦. 经济学的诞生［M］. 未来社，1962：346-347.

起源及其重构，并着重突出了其中的"个人所有"的概念①。望月清司承袭了内田义彦与平田清明的双重影响，在《马克思历史理论的研究》一书中，提出了在马克思思想形成过程中，"市民社会"意涵呈现出时序演变的理论主张。在望月清司看来，马克思的历史理论可以被凝练成"三个层面的市民社会的规定"，即：（1）不存在利益中介的"本源的共同社会"；（2）异化了的"利益化的市民社会"；（3）利益社会化的、自由人自觉的"未来的共同社会"②。应该说，望月清司的市民社会研究有其独到精辟的一面，具有一定的启发意义。

当代西方一些学者如柯亨、阿拉托等人认为，应该在"国家—市民社会"传统二分法的基础上，单独加入"经济"的要素；主张将二分架构改造成"国家—经济—市民社会"的三分架构。这种模型将经济单独析分出来，与市民社会并列，貌似新颖，实则逻辑难以自洽。因为，经济本身是市民社会的重要组成部分，如果将种和属并列起来，就会导致分析结构在关系层面上对等性和对称性的失衡。

此外，葛兰西所理解的模型则表现为："国家—（政治社会+市民社会）"的简短范式。其中，政治社会形成公共权力，市民社会传达文化价值和意识形态。葛兰西仅从文化、道德、精神、理智、知识的层面来理解和看待市民社会，不免有些偏颇了。实际上，马克思在《德意志意识形态》中就说得很真切。他指出，市民社会作为"物质的生活关系的总和"，是"意识形态的现实基础"。因此，葛兰西市民社会论的本质缺陷就在于：没有看到现实的物质的生产生活关系，而只是单纯地、片面地强调精神文化生活。

哈贝马斯从市场经济体系和社会文化体系两个方面来定义市民社会，并从"生活世界"和"交往行为"的角度来规约它。然而，哈贝马斯对交往行为的分析缺乏辩证性，他没有看到交往和生产的辩证关系。也就是说，交往（实践）与生产（实践）的辩证法在哈贝马斯这里是缺失的。此外，他对市民社会功能的解读，也缺乏历史的辩证性——市场经济体系的存在不可能是

---

① ［日］平田清明. 市民社会与社会主义［M］. 岩波书店，1969：125.
② ［日］望月清司. 马克思历史理论的研究［M］. 韩立新，译. 北京：北京师范大学出版社，2009：463.

无历史的、超历史的。

艾伯利在对市民社会的分析中，体现了"公共领域"思想的继承性。他认为，市民社会虽不同于政治机关，但它也属于公共部门。人们通过市民社会提供的"公共空间"来习得和培养政治的、法律的、文化的价值理念和思想观念。这种说法，无疑是将市民社会看成某一类具体的职能部门，从而完全抹去了市民社会的历史形态和历史底蕴。

对于国外学者的众多观点，我们应该仔细加以甄别。

第三节　研究方法与创新

一、研究方法

为了达成对问题深入而细致的探讨，本书采用了较为丰富的研究方法。其大致包括：矛盾分析法、历史分析法、阶级分析法、分类归纳法、例证枚举法、比较分析法、因果分析法、过渡衔接法、文献检索法、对照阅读法、对比研究法、理论梳理法等。

1. 矛盾分析法

比如，第一章/第一节"黑格尔《法哲学原理》中的市民社会"。在这一部分，笔者的研究方法主要是矛盾分析法。即，通过深入分析《法哲学原理》对市民社会的理论叙事，揭示出黑格尔的市民社会论存在"二律背反"的矛盾属性，进而重现青年马克思对黑格尔思辨唯心主义展开批判的思想切入。又如，第三章。青年马克思对市民社会进行经济学的解剖、对私有财产进行经济史观的考察，最终的旨趣在于：从私有财产的历史嬗变和现实运动中，阐明自我异化及其扬弃走的是同一条道路。也就是说，资产阶级市民社会在私有财产的矛盾运动中，必将实现对自身的"否定之否定"（积极的扬弃），而最终导向共产主义真正地实现。在这一部分，笔者的研究方法也主要是矛盾分析法。

2. 历史分析法

比如，第三章。黑格尔《逻辑学》关于质的"三重推论"的方法论，揭示出事物自身的发展体现"E（个别）—B（特殊）—A（一般/普遍）"的辩证规律。可以发现，私有财产在历史长河中，经历了从作为贵金属的"个别"形式，到作为地产的"特殊"形式，再到作为资本的"一般"形式的发展。又因为，劳动与私有财产之间，又存在着不解之缘，所以，相应地，劳动的具体表现也经历着同样规律的历史演变。此外，政治经济学及其学派，与私有财产和劳动的演变一样，也对应着形式上的历史发展。在这一部分，笔者的研究方法是历史分析法。历史分析法，不仅可以帮助我们历史地看待事物的运动发展及其变化规律，而且还可以帮助我们历史地了解青年马克思自身思想发展的演进历程及其逻辑关联。

3. 阶级分析法

比如，第二章/第二节"《〈黑格尔法哲学批判〉导言》中的市民社会批判"。在这一部分，青年马克思市民社会批判的显著成就即在于找到了"市民社会的特殊阶级——无产阶级"，并第一次较为全面地表述了无产阶级的历史使命和实践唯物主义的基本观点。在这一部分，笔者的研究方法也一样是阶级分析法。

4. 分类归纳法

比如，第一章/第一节/第一目"精神现象里的市民社会"。在这一部分，为了把黑格尔市民社会论的理念本质阐述清楚，笔者立足于黑格尔的哲学范式，把问题的逻辑归纳为"思有同一"的伦理理念—国家的伦理本质—理念论的市民社会观。又如，第一章/第一节/第二目"经济现象里的市民社会"。在这一部分，笔者根据《法哲学原理》相关的表述，把问题归纳为"市民社会的两个原则"和"市民社会的三个环节"这两大类。这些都是分类归纳法的实际运用。

5. 例证枚举法

比如，第一章/第一节/第三目"'二律背反'的市民社会论"。在这一部分，为了说明黑格尔"二律背反"市民社会论的矛盾性，笔者列举了《法哲学原理》第260、262、263节与第182节"补充"部分，在表述上的自相矛盾；列举了第 192 节前后的矛盾；以及列举了第 261 节自身的矛盾等等。

6. 比较分析法

比如，第一章/第三节"马克思《黑格尔法哲学批判》中的市民社会批判"。在这一部分，青年马克思在法哲学唯物主义的基础上，完成了市民社会政治哲学的批判与重建。此时，我们需要厘清：马克思是如何具体进行批判的？他与黑格尔的逻辑有何不同？在马克思那里，市民社会和国家的各种现实关系又是如何得到唯物主义重建的？围绕这些问题，在"国家制度与市民社会"部分，笔者对黑格尔与马克思这两位哲人，展开了全面细致的比较分析。又如，第三章/第一节"市民社会的解剖与方法论的融合"。在这一部分，笔者就马克思的劳动异化学说与赫斯的货币异化思想，做了透彻详尽的比较分析。同时，借助科学（哲学）辩证思维方法，笔者还分析了赫斯方法论的本质缺陷。

7. 因果分析法

比如，第三章/第一节/第二目"异化观的提升：劳动的异化和社会关系的异化"。在这一部分，因果分析法的运用主要表现在：分析了两组范畴的因果关系及其等价性。即，作为异化劳动的"因"，导致私有财产的"果"；以及作为社会行为的异化和人的关系的异化的"因"，导致交换本身的异化和交换媒介（货币）的异化的"果"。在这里，私有财产和交换（货币）同为结果项，两者必然是等价的；在它们之间必然存在着紧密的联系。借助于因果分析法，我们就能搞清楚在《巴黎手稿》第一手稿和《穆勒评注》中，马克思论证私有财产相关性的理论逻辑。

8. 过渡衔接法

比如，第二章/第一节"《论犹太人问题》中的市民社会批判"。《论犹太人问题》是一个市民社会批判的过渡文本——从对市民社会和私有财产的政治史观考察过渡到经济史观考察。在这一部分，马克思既有对市民社会的政治哲学分析，又有对市民社会的经济哲学思考。通过探析政治国家和市民社会的世俗对立，马克思把批判的要旨导引到对市民社会私有财产的宗教（犹太精神）的批判上来；进而又通过批判犹太精神，达到了对金钱异化的批判。沿着这一思路，就很自然地发展到《巴黎手稿》时期对市民社会的政治经济学解剖。可见，《论犹太人问题》标志着青年马克思市民社会批判的第一个重要转向，是其第一个过渡的阶段。正因如此，在研究方法上，笔者运用了过渡衔接法。过渡衔接法的运用，将有助于我们厘清：此时，马克思的市民社会批判是如何转向过渡的？市民社会的政治哲学批判和经济哲学思考，两者是怎样合乎逻辑衔接起来的？也就是说，过渡衔接法将有助于我们把马克思的致思理路和逻辑脉络，前后自洽、条分缕析地组织起来。像这种方法的使用还出现在第四章中，彼时是青年马克思市民社会批判的第二个重要转向，是其第二个过渡的阶段。

9. 文献检索法

比如，第一章/第二节"马克思《克罗茨纳赫笔记》中的市民社会批判"。在这一部分，笔者的研究方法主要是文献检索法。《克罗茨纳赫笔记》共有五册，是青年马克思在克罗茨纳赫（1843 年），对历史、政治和法律众多著作进行摘录和评注所形成的读书札记的总称。为了完整地再现马克思法哲学唯物主义市民社会批判的生成轨迹，笔者立足于《马克思恩格斯全集》（历史考证版）MEGA2 第 IV 部分第 2 卷（Karl Marx – Friedrich Engels – Exzerpte und Notizen. 1843 bis Januar 1845.），全面检索了相关文献，细致梳理了《克罗茨纳赫笔记》的整体结构和文本内容。由于马克思摘录的政治史、国别史和法律史的著作非常多，若要确保在卷帙浩繁、灿若星河的著作摘录中，能够迅速完整地找到与市民社会批判密切相关的资料，就需要熟练高效的文献检索法作为提取史料的强大支撑。

10. 对照阅读法

比如，第一章/第三节"马克思《黑格尔法哲学批判》中的市民社会批判"。从文本来看，马克思对黑格尔《法哲学原理》的批判性评注，绝大多数时候是采用逐节摘抄、逐节评注的方式来进行的。有的时候也是多节摘抄、集中评注。不管是哪种方式，整体而言，都是边摘抄、边评注。这即是说，要理解马克思的《黑格尔法哲学批判》，首要的前提是对黑格尔《法哲学原理》"伦理篇—国家章—国家法"第 261–313 节的内容，要相当熟悉才行。因为，黑格尔的这部著作是理解马克思文本的基础。由于收录《黑格尔法哲学批判》的《马克思恩格斯全集》（中文第二版）是人民出版社的版本，而黑格尔《法哲学原理》最早且权威的版本是商务印书馆的"汉译世界名著系列"，这就造成两者在译文上存在一定的差异，这或多或少又会影响我们对原本的解读。鉴于此，采用对照阅读法是必要的。笔者对照细读了两个版本的译稿，又借助 MEGA2 考证了原稿，做了多方位详细的分析。在这项工作完成后，再去审思、考辨青年马克思此时市民社会批判的具体呈现。在笔者看来，对照阅读的方法在这里是必要且有意义的。

11. 对比研究法

比如，第四章/第一节"经济哲学维度中的市民社会批判"。青年马克思通过揭示"批判的批判"对蒲鲁东的歪曲理解，以及通过对蒲鲁东经济思想的辩证评判，加深了对市民社会自身矛盾的理解，深化了对平等和平等占有的认识，完善了对劳动和资本关系的思考。并且在此基础上，论证了无产阶级的历史使命，表述了人与人的社会关系思想，最终树立起辩证的革命实践观。在这一部分，笔者的研究方法主要是对比研究法。即，将《神圣家族》中的相关思想与《德法年鉴》《巴黎手稿》中的相关思想进行对比式的研究，并从中发现青年马克思思想的脉络谱系。

又如，第四章/第二节"历史哲学维度中的市民社会批判"。青年马克思在完善市民社会经济哲学批判的同时，又开启了市民社会历史哲学的思考。通过对"绝对的批判"的三次征讨，马克思厘清了现代市民社会的历史形成、历史地位和历史影响；分析了"群众的世俗的共产主义和社会主义"的首要原理及其与市民社会感性的"物质的条件"的关系；提出了市民生活巩固国家，以及人民群众是历史创造者的基本思想。在这一过程中，马克思逐步踏上了变革市民社会批判的历史唯物主义之路。对于这一部分，笔者的研究方法还是对比研究法。对比研究法启示我们：如果说，《德法年鉴》时期构成了马克思从市民社会的政治哲学批判转向到经济哲学批判的第一次过渡，那《神圣家族》时期就是马克思从市民社会的经济哲学批判转向到历史哲学建构的第二次过渡。这不仅是唯物主义历史观和实践观生成的前夜，而且也昭示着青年马克思市民社会批判实现超越和变革黎明的到来。

总之，对比研究法是整个《神圣家族》时期基本的研究方法。通过对比青年马克思前后时期的思想变化，我们可以真实再现和完整还原哲人的思考路径，摸清其思想谱系和发展脉络。《神圣家族》时期，马克思的思想如电闪雷鸣。采用对比研究法进行解读，可以帮助我们探明马克思思想的前前后后，这对把握青年马克思市民社会批判的整体走向和具体过程，是极为重要的。

12. 理论梳理法

比如，第五章/第一节"唯物主义实践观的确立与市民社会批判的超越"。在这一部分，笔者的研究方法主要是理论梳理法。围绕青年马克思科学实践观的生成，笔者梳理了德国古典哲学实践观的理论发展。从中，可以清晰地洞察出马克思唯物主义实践观的生成之路。没有这理论上一脉相承、又批判超越的源与流，就不可能有马克思思想的科学呈现。做好理论梳理的案头工作，可以更好地帮助我们把对问题的研究和理解引向历史的深处。

另外，在本书的所有章节中，理论与现实相结合、逻辑与历史相统一的研究方法都被贯彻始终，故而不做赘述，因为这是治学最基本的精神与态度。

二、创新之处

科学（哲学）的根本基础，在于树立一种思维方式。而这其中，认识论和方法论又是最首要的。崭新的思维方式，必然引起方法论的革新；同时，方法论的革新，也必然催生理论的创新。所以说，在本书中，笔者对诸多方法论的运用、分析和评述，其本身就构成了一个有意义、有价值的创新点。

探幽发微的工作还表现在内容的选取上。笔者以马克思早期思想发展的不同时期为序，对青年马克思市民社会批判的思想脉络、演变路径和"完整画卷"做了较为详尽、细致、全面的厘清与澄明。这既有助于科学再现唯物史观的生成过程，又可以帮助我们深刻探究马克思三大思想来源之间的辩证联系，是一个有价值、有意义的理论创新点。这或将影响人们对马克思唯物史观本身的理解以及对唯物史观延生过程的理解。

诚如马克思在《神圣家族》中所说，法国大革命的生命史是市民社会本身的生命史。通过本书的研究和创作，我们完全也有理由和依据说：唯物史观的生成史，在一定意义上也是青年马克思市民社会批判本身的发展史和演进史。

第一章

克罗茨纳赫时期马克思的市民社会批判

《莱茵报》时期（1842 年 5 月至 1843 年 3 月中）的编辑工作，强烈而真实地触发了青年马克思去感受民众的疾苦，去思考国家的现状，去反思社会的现实。这种现实是一种活生生的、实实在在的、可以被经验感知到的现实，它与马克思在学生时代涉猎的黑格尔学说里的理念论及其抽象现实、外化现实迥然不同。这一时期的政治实践使得马克思深深察觉到，黑格尔思辨唯心主义的理念法学体系无法与现实的物质世界形成对接。这种不可调和性，最突出地表现为：在理念法与现实的物质利益之间存在着根本的冲突与本质的矛盾。

为了解答这个"苦恼的疑问"，青年马克思展开了对黑格尔法哲学的批判工作。在克罗茨纳赫（1843 年 3 月中至 1843 年 9 月底），他详细考察了欧洲各主要国家乃至美国的政治制度史和法律思想史，形成了五卷本的《克罗茨纳赫笔记》（Kreuznacher Hefte）。通过对这些政治、历史、法律著作的摘录和评注，马克思掌握了丰富而翔实的政治法律史料，完成了对市民社会的政治史观考察，积累了对市民社会进行政治哲学批判的思想素材。这些理论上的准备和思想上的铺垫，直接反映到了《黑格尔法哲学批判》之中。在这部批判性的著作里，马克思从法哲学唯物主义的立场出发，阐述了家庭的自然基础和市民社会的人为基础的地位与作用。他指出，国家缘起于家庭和市民社会的生存过程，这种生存过程是现实、可感知的物质活动在历史进程中的铺展，而不是像黑格尔所说的那样是精神意识现象及"绝对精神"的自我实现。正是在批判黑格尔理念论法哲学体系及其"二律背反"市民社会论的过程中，马克思建构起法哲学唯物主义的市民社会批判，进而具体分析了国家制度与市民社会、等级与市民社会、私有财产与市民社会等等一些基本范畴。在这些分析中，马克思最终形成了较为完整的法哲学唯物主义的思想体系，完成了对市民社会的政治哲学批判。

第一节　黑格尔《法哲学原理》中的市民社会

黑格尔在 1821 年出版《法哲学原理》时，《精神现象学》（1807 年）已经出版，《逻辑学》（1816 年）也已经完成，并且《哲学科学全书纲要》中的"逻辑学"部分（小逻辑）也已于 1817 年出版。此时的黑格尔已是声名显赫、享有盛誉的哲学大师，其哲学思想也渐于成熟和完备。因此，在《法哲学原理》中，我们可以看到黑格尔基本哲学思想的成熟性表达和严整性阐发。

值得注意的是，黑格尔对英法古典政治经济学的关注、涉猎与引证，也为他在《法哲学原理》一书中的思想增添了许多经济、社会和历史的色彩。正如恩格斯在《卡尔·马克思〈政治经济学批判·第一分册〉》中指出的那样，黑格尔的思维方式，有着"巨大的历史感做基础"。虽然，这种方式是颠倒的、头脚倒置的，形式是抽象的、唯心的；但"实在的内容却到处渗透到哲学中"[①]。

如何对黑格尔颠倒的市民社会论和国家观——这一"虚假的实证主义"[②]或"实证唯心主义"[③] ——进行批判与重构，让它唯物主义地"再颠倒"过来，也就是如何让它从天国回到人间，脚踏实地，像"现实的人"那样坚实地站立在现实的社会历史基础之上，就成为马克思在克罗茨纳赫要深刻思考和着力解决的中心问题。

在开始我们的阐述之前，让我们先对黑格尔《法哲学原理》中的市民社

[①] 中共中央马克思恩格斯列宁斯大林著作编译局. 马克思恩格斯文集（第 2 卷）[M]. 北京：人民出版社，2009：602.

[②] 中共中央马克思恩格斯列宁斯大林著作编译局. 马克思恩格斯全集（第 3 卷）[M]. 北京：人民出版社，2002：328.

[③] 中共中央马克思恩格斯列宁斯大林著作编译局. 马克思恩格斯全集（第 3 卷）[M]. 北京：人民出版社，1960：16.

会叙事进行一番概要的梳理与清晰的辨明。这不仅是重要的，而且是必要的。因为，马克思基于"物质利益的难事"而生发的"苦恼的困惑"源自于此。进而，这也构成了马克思市民社会批判的直接发源地。

一、精神现象里的市民社会

《法哲学原理》论述了三个方面的内容，分别是：抽象法、道德和伦理。其中，在"伦理"篇，对市民社会的叙述显得尤为独特。这种独特性，不仅仅表现在，该篇专门开辟了一章来具体探讨市民社会的相关问题；而且还表现在，黑格尔对市民社会最本质特征、最根本属性的界定与判明，是将其放置在作为伦理理念的绝对精神的自我外化、自我推衍、自我扬弃、自我复归这一抽象思辨的圆圈之内来认识和把握的。这就意味着，黑格尔所理解的市民社会，是彻彻底底囚困在唯心主义牢笼、完完全全禁锢于理念论抽象体系与思辨结构里的市民社会，实言之，是精神现象里的市民社会。

（一）"思有同一"的伦理理念

为了更好地明晰黑格尔对市民社会的诠释，我们首先要理解黑格尔关于伦理的"思有同一"学说。

黑格尔的思维方式有着这样一个显著的特点，即：他把伦理理念、绝对精神这样一种绝对定在的真无限，既"理解和表述为实体，而且同样理解和表述为主体"[①]。换言之，伦理"既有客观环节，又有主观环节"。而且，"在客观的东西中充满着主观性"[②]，正是通过这种主观性，伦理才使自己成为具体的实体。这便是黑格尔式的"思有同一"学说。

伦理是"思有同一"的伦理，那伦理的本质又具体体现在哪些方面呢？

在黑格尔看来，伦理的本质具体体现在两个方面，即：它既是自由的理念，又是活的善。用思辨的公式表示就是：伦理作为自由的理念 = 活的善。

一方面，黑格尔认为，在伦理体系中，存在着一个至关重要的概念——"自我意识"。它在伦理中的地位是绝对基础的，它的目的是对伦理进行推进

---

① ［德］黑格尔. 精神现象学（上卷）［M］. 贺麟，王玖兴，译. 北京：商务印书馆，1979：10.

② ［德］黑格尔. 法哲学原理［M］. 范扬，张企泰，译. 北京：商务印书馆，2016：188.

生衍。黑格尔说，自我意识存在于伦理之中，并赋予伦理以知识和意志。伦理正是通过自我意识所赋予的这些知识和意志，来认识自己、实现自己。并且，认识自己即是认识客体，实现自己就是成为定在，所以，伦理最终就成为"自在自为"的了①。非但如此，伦理的现实性也是通过自我意识的现实性——它的现实的行为和行动——表现出来。通过自我意识，伦理在成为"自在自为"现实性的过程中，即实现了它的自由。因此，可以说，伦理是自由理念的绝对象征。

另一方面，黑格尔又认为，伦理也有着自己的价值内核，即活的善。在黑格尔的观念中，伦理并不是抽象的。相反，伦理作为理念本身的自由，既是主体，又是实体；而且，实体就是善，"善就是实体"②。如此说来，伦理非但不是抽象的，反倒是具体的。正是通过自我意识的主观性，通过这种主观性的现实性，伦理成了具体的实体。在拥有绝对知识和绝对意志之后，作为表征这种主观性的无限形式的伦理精神，就不再仅仅停留在"抽象的善"的阶段上，而是体现出"活的善"③。

综上所述，伦理作为自由的理念 = 活的善，这个思辨的公式本身以及这个等式的两端都是建立在"思有同一"的基础之上的。"思有同一"的伦理经历了这样一个圆圈运动的过程，即：（1）伦理通过自我意识的主观性和这种主观性的现实性而成为具体的实体。（2）具体的实体又通过知识和意志的概念，在自身内部为自己设定差别，并彼此形成界分。（3）彼此界分的样态使伦理具有固定的内容，构建起理念现实化的内容和现实性规定的体系。（4）在上述自我规定、自我设定、自我外化、自我推衍的过程之后，又通过自我扬弃的手段，最终复归到自我，形成一个"闭环"。这就是伦理理念圆圈式的思辨运动过程。

按照黑格尔的说法，此运动中的每个环节，都是伦理力量和伦理精神的展现与映示。它的必然性和合理性，在黑格尔看来，也完全归因于：伦理就

① ［德］黑格尔. 法哲学原理［M］. 范扬，张企泰，译. 北京：商务印书馆，2016：189.
② ［德］黑格尔. 法哲学原理［M］. 范扬，张企泰，译. 北京：商务印书馆，2016：188.
③ ［德］黑格尔. 法哲学原理［M］. 范扬，张企泰，译. 北京：商务印书馆，2016：187-188.

其本质而言，是一种自在自为的存在，是一种体现自由意志的定在。

　　当然，我们应清醒地看到，黑格尔关于"伦理理念通过自我意识的外化现实，排除它本身抽象性"的观点，是虚妄的伪命题。正如马克思所指出的那样，在黑格尔那里，意识唯一的存在方式、它唯一的行动、它唯一的对象关系，只表现在同样抽象的"知识"意象里，而不是出现在现实可感知的客观世界中。所以，黑格尔的说法——只要意识通过知识的方式知道某物，某物对意识来说，就"现实地"生成了——就是极其荒谬的，这毫无疑问是不能成立的。

　　马克思指出，黑格尔在这种观点里谈到的现实性生成，只是虚假的现实及其抽象的关系。不要忘了，在这里，伦理的抽象性并没有解除，也没有消解，抽象的东西始终是它本身的抽象。不言而喻，自我意识（作为抽象的东西）外化设定出来的也只能是抽象的物，而不可能是现实的物①。更何况，这种所谓的"外化"与"设定"，其行为也不过是理念纯思辨的行为。就是说，自我意识在任何时候、任何地方都不懂得将它"神秘的"目光投往感性的现实世界，它自居于天国之上，"高傲地"自顾自思辨着，在自己思想的领地里盘旋，永远没有真正看这尘世一眼，它无异于隔绝在现实、感性、自然、生命之外的"僵化的精灵"②。马克思揭穿了思辨的秘密，他说，自我意识自以为自己的行动就是感性现实的活动，殊不知，这是彻彻底底地"直接地冒充"。自我意识根本没有现实触及自己的对象，更谈不上去现实克服自己的对象了。概而言之，作为知识的知识、作为思维的思维，自我意识是"在思维中超越自身的思维"③。

　　由此观之，事情的实际情况是："全部外化历史和外化的全部消除，不过是抽象的、绝对的思维的生产史，即逻辑的思辨的思维的生产史。"④　此乃黑

---

①　中共中央马克思恩格斯列宁斯大林著作编译局. 马克思恩格斯全集（第 3 卷）[M]. 北京：人民出版社，2002：323.

②　中共中央马克思恩格斯列宁斯大林著作编译局. 马克思恩格斯全集（第 3 卷）[M]. 北京：人民出版社，2002：325.

③　中共中央马克思恩格斯列宁斯大林著作编译局. 马克思恩格斯全集（第 3 卷）[M]. 北京：人民出版社，2002：328.

④　中共中央马克思恩格斯列宁斯大林著作编译局. 马克思恩格斯全集（第 3 卷）[M]. 北京：人民出版社，2002：318.

格尔思辨唯心叙事的抽象本质。在《巴黎手稿》中，马克思进一步将黑格尔这种纯粹的、存在于思辨内部的、不停歇的圆圈运动，称之为"纯思想的辩证法"① 或"神性的辩证法"②。在其后与恩格斯合著的《神圣家族》中，马克思又称之为"思辨的辩证法"③ 或"思辨戏法"④。

（二）国家的伦理本质

在对作为绝对精神和自由理念的伦理进行解说之后，以现实性为视角，黑格尔又对伦理精神的外化进行了解释。他说"现实的理念，即精神，把自己分为自己概念的两个理想性的领域"⑤ ——这两个领域，一个是家庭，另一个是市民社会。此二者都是有限性的存在。也正是因为家庭和市民社会身为有限的、理想性的环节的缘故，理念的最终目的就表现在：超出这两个有限性的领域，把它们收归于理念本身，最后在国家之中，完成自在自为以至无限的现实精神。

至于为什么是在国家之中，为什么最终是在国家制度之中，伦理才能实现自我意识并体现自己的现实精神？这是因为，在黑格尔看来，国家是伦理的现实性和合理性的外化表现。我们可以在《法哲学原理》的第 257 节至第261 节中，清晰地看到黑格尔关于国家规定性的一系列表述。这里，我们不妨集中列举如下⑥：

现实性的相关表述：

§257："国家是伦理理念的现实"。

§258："国家是绝对自在自为的理性东西"，是"实体性意志的现实"。

---

① 中共中央马克思恩格斯列宁斯大林著作编译局. 马克思恩格斯全集（第 3 卷）［M］. 北京：人民出版社，2002：319.

② 中共中央马克思恩格斯列宁斯大林著作编译局. 马克思恩格斯全集（第 3 卷）［M］. 北京：人民出版社，2002：336.

③ 中共中央马克思恩格斯列宁斯大林著作编译局. 马克思恩格斯全集（第 2 卷）［M］. 北京：人民出版社，1957：133.

④ 中共中央马克思恩格斯列宁斯大林著作编译局. 马克思恩格斯全集（第 2 卷）［M］. 北京：人民出版社，1957：115.

⑤ ［德］黑格尔. 法哲学原理［M］. 范扬，张企泰，译. 北京：商务印书馆，2016：300.

⑥ ［德］黑格尔. 法哲学原理［M］. 范扬，张企泰，译. 北京：商务印书馆，2016：288-300.

§258："自在自为的国家就是伦理性的整体，是自由的现实化"。

§258："国家是在地上的精神，这种精神在世界上有意识地使自身成为实在"。

§260："国家是具体自由的现实"。

合理性的相关表述：

§258："合理性一般是普遍性和单一性相互渗透的统一"。

§261："国家是伦理性的东西，是实体性的东西和特殊的东西的相互渗透"。

§261："国家的力量在于它的普遍的最终目的和个人的特殊利益的统一"。

§261："在国家中，一切系于普遍性和特殊性的统一"。

从这些集中的表述，不难发现，黑格尔是从"伦理—国家"的相关性这一定义域来言说国家的，现实性和合理性是黑格尔界定的两个主要维度。

第一，现实性是黑格尔解析国家本质的基础。

这表现在：（1）国家从其实质上讲，是伦理理念的现实。这种现实的存在，以作为风俗习惯的直接定在和以作为公民自我意识、政治情绪并包含有他们知识和活动的间接定在为基础。（2）就自由意志而言，国家是自由意志的现实；而就具体自由而言，国家又是具体自由的现实。这种关系，如果用另一种更加明晰的方式表达，那就是：国家既体现绝对自在自为的理性，并且在其现实性上，又成为这种理性在地上的表现。（3）在黑格尔的逻辑中，对"国家"的审视，是出自"伦理"这个原点和始基的。这样一来，国家存在的现实和国家的现实存在就被思辨地安放在逻辑的框架里，国家是"逻辑"的产物，而不是"历史"的产物。在伦理理念面前，国家是静观的，是"绝对的不受推动的自身目的"。（4）按照黑格尔的说法，伦理的现实性决定了国家的现实性，那从"伦理理念的现实"推导出"国家具体自由的现实"，就是很"合情合理"的"事实"了。这即是黑格尔思辨哲学的秘密。总之，在黑格尔看来，现实性是基础，国家不仅体现为直接定在和间接定在的统一，而且还体现为自在自为的存在与现实存在的统一、绝对自由和具体自由的统一。

第二，合理性是黑格尔解析国家本质的归宿。

黑格尔认为，只有说明了国家是现实合理的存在，才能证明国家是"地上的神物"这一至高无上的地位。在论说现实性之后，黑格尔从内容与形式两个方面，对合理性进行了分析。在他看来，其一，按照逻辑内容，国家是普遍的客观自由与特殊的主观自由的统一；其二，按照逻辑形式，国家又可以看作是普遍的原则和规律与特殊的制度和行动的统一。总而言之，国家是作为绝对理念的普遍性与作为派生物的特殊性的统一。并且，国家存在的合理性，就渗透在这种普遍性和特殊性（单一性）的统一之中。

（三）理念论的市民社会观

从上面的分析中，我们可以看到，黑格尔将国家伦理化了。当然，这里的"伦理化"指的是理念化、精神化、抽象化以及思辨化。接下来，我们要问：在这种思辨的运动中，市民社会又居于何种地位、充当何种角色呢？为了更好说明黑格尔对市民社会的理解，我们先来厘清黑格尔所理解的"人"。

1. 黑格尔所理解的"人"

在《精神现象学》的"绝对知识"章，"人"被设定为等同于自我意识。黑格尔认为，自我意识通过自己的外化设定物性，所以，作为对象的人，只不过是对象化的自我意识。也就是说，在黑格尔那里，人的本质不是别的什么东西，而无外乎是自我意识以及自我意识的外化显现。一言以蔽之，人 = 自我意识。此外，黑桦尔还指出，人要想"意识到他自己固有的意向"① 就只有在奴隶劳动及其过程中，才能被触达和实现。只有假借于此，人才能成为真正普遍的人，或者更确切地说，成为真正普遍的自我意识。由此观之，黑格尔将人的定在界定在自我意识的定在中，将人的全部异化都说成是自我意识的全部异化。这样一来，人的本质以及这种本质的异化表现，就全部消解在主奴辩证法的概念运动之中了。至于那些存在于真实的客观世界、可被经验感知、实实在在的异化现实，却统统被抛弃、被遮蔽、被隐藏在了自我意识神秘的最深处。

在《法哲学原理》的"伦理"篇，黑格尔又是这样来理解"人"的：

---

① ［德］黑格尔. 精神现象学（上卷）［M］. 贺麟，王玖兴，译. 北京：商务印书馆，1979：131.

第一，关于人的本质。

在黑格尔看来，个人存在的本质只是在"偶性对实体的关系"① 之中才能得到彰显与体现，即：个人只是伦理精神现实性的偶性表现。黑格尔说，个人只不过永远是偶性的个人。作为绝对精神抽象思辨的观念产物，个人只是精神的玩偶，是"在本身中没有规定性的东西"②。伦理，绝对精神的自我意识，通过概念为自身设定差别，通过自我外化、自我生衍，最终又回复到自身。在这个必然性的圆圈式的运动中，"个人存在与否，对客观伦理说来是无所谓的"，个人忙忙碌碌的活动也"不过是玩跷跷板的游戏罢了"③。

第二，关于人的价值。

黑格尔认为，偶性的个人是伦理力量假以实现自己的工具。个人的生活，受到作为他们本质的伦理力量的调配与控制。他们被设定的角色和存在的价值，只在于伦理的自我设定和自我实现。正是通过这些偶性的个人，伦理精神使自己被观念着；也正是通过这些偶性的个人，伦理实体才使自己呈现出各种不同的形式、样态以及现实性。

第三，关于人的自由。

黑格尔主张，个人的主观性只有在伦理性的各种规定中（即各种义务中），才能达成定在。只有这样，个人才能体现其行为的客观规定性，以至于实现最后的实体性自由。在这里，有没有实际的现实社会历史的属性，在所不计。反倒是，个人的主观能动性和实践自由的各种创设，如若是离开了伦理实体的理念框架，就不能成立。个人的自由，必然安置在伦理性的自由里。正是在这种意义上，黑格尔才会说，个人的自由"只有在个人属于伦理性的现实时，才能得到实现"④。

2. 对市民社会的思辨诠释

黑格尔从思辨的角度定义了"人"，相应地，他也从思辨的角度对市民社会做出了诠释。

---

① ［德］黑格尔．法哲学原理［M］．范扬，张企泰，译．北京：商务印书馆，2016：188-189.
② ［德］黑格尔．法哲学原理［M］．范扬，张企泰，译．北京：商务印书馆，2016：190.
③ ［德］黑格尔．法哲学原理［M］．范扬，张企泰，译．北京：商务印书馆，2016：189.
④ ［德］黑格尔．法哲学原理［M］．范扬，张企泰，译．北京：商务印书馆，2016：196.

黑格尔先是将家庭和市民社会都安置在伦理的框架下，将它们共同看作是伦理理念析分出来的、两个理想性的环节和领域。并且认为，家庭是"直接的或自然的伦理精神"①。伦理在丧失了其统一的整体性之后——亦即在丧失了伦理之于家庭的最初规定之后——走向了相对性。这一走向是伦理性的东西进行反思的阶段，在此反思过程中形成并映现出来的现象界，即为市民社会。

这是黑格尔论说家庭和市民社会相互关系的第一层视域，也就是选取了伦理理念的自我分解和运动过程作为视角。在理念的分解过程中，"普遍性是以特殊性的独立性为出发点"②的。这一过程似乎是伦理的自我丧失，但其实，正如黑格尔所言，理念仍然以整体性和必然性存在于外界现象的背后，普遍性在必然、本源和整体的意义上仍然支配着市民社会。这使得，反思关系的形成和外在现象界的出现，只不过是"假象地映现"③罢了。市民社会是精神现象里的市民社会，这才是黑格尔市民社会观的理念本质。对于这一点，马克思后来在《巴黎手稿》中鞭辟入里讲得很清楚，他说，这一反思现象的本质无非是精神的自我展开和精神的自我对象化。

黑格尔论说家庭和市民社会相互关系的第二层视域，是从人的角度切入的。黑格尔认为，在相对意义上，家庭只是附属，它"在市民社会中是从属的东西"。市民社会的运动，不断向世人展现出无可比拟的力量和难以抗拒的权力，它"把人扯到它自身一边"④，在这种作用之下，家庭内部的成员相互间变得愈发疏离、漠远。就像是施展了魔法一般，家庭概念里的个人摇身一变，纷纷成为市民社会意义上的个人。他们逐渐摆脱了家长制宗法的等级束缚，砸碎了依附在他们人身之上的封建枷锁，最终使自己成为真正独立自主的个体。可见，市民社会的生成不仅替代了原始的无机的自然界，在更深远的意义上，它完成了对纯粹宗法家庭的组织替代。

然而，值得反复强调的是，黑格尔的市民社会终究是精神现象里的市民

① ［德］黑格尔.法哲学原理［M］.范扬，张企泰，译.北京：商务印书馆，2016：198.
② ［德］黑格尔.法哲学原理［M］.范扬，张企泰，译.北京：商务印书馆，2016：223.
③ ［德］黑格尔.法哲学原理［M］.范扬，张企泰，译.北京：商务印书馆，2016：222.
④ ［德］黑格尔.法哲学原理［M］.范扬，张企泰，译.北京：商务印书馆，2016：275.

社会。它作为伦理理念发展过程的一个特殊性领域而存在，构成了家庭和国家之间差别阶段的一个过渡环节。家庭向市民社会的过渡，是为了最终过渡到国家。理念的最终目的是要超出家庭和市民社会的有限性，把它们收归于自身、统一于自身，最后在国家中，达到自在自为以至无限的精神性存在。按照黑格尔的说法，市民社会——作为中介和假象——是被扬弃了的现象界，而"国家本身倒是最初的东西"①，它自在自为存在着并使自身显现在伦理的现实之中。这意味着，在黑格尔看来，支配国家行动的基本机理，是自我意识自在自为的理念目的，是被认识到了的绝对精神的运动规律，而绝不是家庭和市民社会本身的目的和规律。黑格尔说，作为单一性的家庭和作为特殊性的市民社会，只有通过国家，并以国家为唯一条件，才能在现实性的达成中，获得它们的客观存在。

综上所述，黑格尔伦理理念学说的推演逻辑是：单一性（家庭）—特殊性（市民社会）—普遍性/一般性（国家）。在黑格尔看来，家庭是伦理精神处在其外化自然状态里的直接形式，市民社会则是伦理精神处在其反思阶段的现象界表现。相对于国家的普遍性（或曰：一般性）而言，家庭和市民社会都是特殊性的规定和特殊性的存在。伦理精神通过国家制度和法律实现自己的客观化、现实化，所以，在这个过程中，调整家庭和市民社会的规则，在其现实性上，也就应该是国家的制度和法律——这就是黑格尔所说的"必然性中的理性东西的力量"②。

概而言之，对于黑格尔精神现象里的市民社会问题，我们大致可以从以下三个方面来把握和理解，即：（1）市民社会是伦理理念（绝对精神）在自我分解过程中呈现出来的特殊性领域、有限性领域；（2）市民社会是伦理理念（绝对精神）走向相对性、进行反思的一个环节，因而是反思的伦理精神的现象界；（3）市民社会是处在家庭和国家之间的一个差别阶段、过渡阶段，它是伦理理念（绝对精神）假以认识自己、实现自己的外化途径。

---

① ［德］黑格尔. 法哲学原理［M］. 范扬，张企泰，译. 北京：商务印书馆，2016：287.
② ［德］黑格尔. 法哲学原理［M］. 范扬，张企泰，译. 北京：商务印书馆，2016：300.

二、经济现象里的市民社会

黑格尔写作并讲授《法哲学原理》时，英法两国的古典政治经济学已经创立起来，并有了相当繁荣的发展。古典政治经济学理论的先驱——亚当·斯密于 1776 年在伦敦出版了他的《国富论》，法国自由主义经济学家萨伊于 1803 年在巴黎出版了《政治经济学概论》，其后，作为古典政治经济学杰出代表的大卫·李嘉图于 1817 年在伦敦出版了《政治经济学与赋税原理》，等等。这些政治经济学的著作对 18 世纪中叶至 19 世纪初英法两国的经济、政治和社会状况，进行了经济学的描述与理论上的概括。这些成系统的经济学观点的问世，引起了德国哲学大师黑格尔的极大关注。在《法哲学原理》（1821）的"伦理篇·市民社会章·需要的体系"第 189 节，黑格尔充分肯定了政治经济学所取得的理论成就，并高度评价它是"在现代世界基础上所产生的若干门科学的一门"。其中，特别提到了斯密、萨伊、李嘉图三个人的名字，称赞他们的思想具有科学的理智性。最后，黑格尔大加赞赏地说道，"这门科学使思想感动荣幸，因为它替一大堆的偶然性找出了规律"，以致最后在经济关系和经济运动的"有趣发展"里构建起关于经济现象的"有趣的奇观"①。

从黑格尔对政治经济学思想及其理论成就的赞叹与惊喜中，我们可以感受到黑格尔对这门科学的认同与接纳。事实上，政治经济学的相关概念、范畴和观点对黑格尔伦理体系的形成产生着巨大的影响。只要我们认真审察，就不难发现，《法哲学原理》整个"市民社会章"都是围绕着需要的体系在探讨，而需要的体系——包含劳动与财富、需要及其满足等所有要素——本身就是政治经济学研究和探讨的直接对象。所以，后来在《政治经济学批判·第一分册》（1859）序言中，马克思才会如此清晰而明确地说，黑格尔只不过是"按照 18 世纪的英国人和法国人的先例"，即按照一种沿用的术语习

---

① ［德］黑格尔. 法哲学原理［M］. 范扬，张企泰，译. 北京：商务印书馆，2016：232-233.

惯，将这种利益关系和财产运动所形成的经济现象概括为"市民社会"①。当然，与18世纪的英国人和法国人不同，黑格尔的概括方式是其特有的哲学式的。他用现象学和法哲学，完成了对"市民社会"经济现象的观念诠释与哲学凝练。

然而，黑格尔对市民社会的叙事自始至终充斥着一种"怪现象"。一种是精神现象里的市民社会，它是伦理理念自我外化、绝对精神自我展开而来的现象界；另一种则是经济现象里的市民社会，它是需要、需要的满足、满足需要的体系在经济事实中现实铺展而来的现象界。这两种现象界（或者说，两种市民社会的规定性），在各自生成基础、运行机理上，就其现实性而言，是不可调和的。这就是黑格尔市民社会观的矛盾之处，也是黑格尔思辨唯心主义法哲学体系"二律背反"的根源所在。对此，黑格尔只能为市民社会经济现象的存在，设定一个总的前提。那就是，让它隶属在精神现象的理念体系之中，成为思辨结构"阴影笼罩"的精神附庸。

如果说，精神现象里的市民社会是黑格尔关于市民社会的现象学解释，那经济现象里的市民社会则体现了黑格尔对市民社会经济学理解和法哲学理解的融合。

（一）市民社会的两个原则

市民社会的经济现象，指的是需要及其满足的体系以及它们运动的现象，而同时，这些都与人密不可分。因此，黑格尔首先就对存在于市民社会中的人进行了界定。他是从"具体的人"和"特殊的人"的角度来考量的。

需要强调的是，黑格尔所说的"具体的人"，从其现实性上其实并不具体，它的本质是伦理精神这一理念实体所表现出来的具体现实的偶性。因此观之，所谓具体的人，无非是抽象的人、是作为工具意义的人。在定义了"具体的人"之后，黑格尔又将这种具体的人放置在各种需要之中以及由这些相互需要所构成的整体之中考量，这便产生出特殊的人。所谓"特殊的人"，在黑格尔看来，是以需要及其满足为前提、以市民社会为中介的人。如果说，具体的人是处在精神现象中的话，那特殊的人就处在经济现象中。

---

① 中共中央马克思恩格斯列宁斯大林著作编译局．马克思恩格斯全集（第31卷）［M］．北京：人民出版社，1998：412．

首先，黑格尔认为，"具体的人作为特殊的人本身就是目的"①，这是因为，在市民社会中存在着各种各样的需要以及个人任性的多样性，它是"自然必然性与任性的混合体"。

其次，黑格尔认为，"每一个特殊的人都是通过他人的中介"②，也就是说，特殊的人与特殊的人之间是互为相关的。我与你相关、你又与他相关、他再与另外的他相关，如此相互以至无穷。每一个相关性的特殊（人）都是特殊性的相关（关系）。所以，黑格尔说，所谓"特殊的人"，其实是因需要、以中介而彼此聚合起来的人。换言之，他们不是零散、离析的存在，亦不是孤立、单独的个体，而是处在众多相互联系之中的关系人。更确切地说，他们都是"特殊性相关"的存在。非但如此，每一个特殊的人同时还无条件地以这种相关性的中介之总和（即市民社会）为中介。亦即，市民社会本身的存在又是以普遍性中介的形式呈现出来的。

第一个原则是基于目的性而言的。这种分析视角是以市民社会的价值属性为出发点，将市民社会看作是身处其间的每一个特殊的人满足其各种需要的体系，是价值目标达成的集合体。而第二个原则是基于相关性而言的。这种分析视角则深入到了体系的内部，具体分析了这种需要的体系如何得以构建起来。它是以市民社会的功能属性为出发点，将市民社会看作是身处其间的每一个特殊的人得以相关性存在的中介，是功能作用实现的联系体。

综上所述，黑格尔的逻辑层次可以展示如下：

（1）从伦理到"具体的人"。在这一过程中，伦理产生出具体偶性的人。其中，伦理是实体，人是工具——思辨的前提。

（2）从"具体的人"到"特殊的人"：在这一过程中，将"具体的人"放置在各种需要的整体之中考量，形成"特殊的人"——市民社会的原则之一。

（3）"特殊的人"与市民社会：众多"特殊的人"彼此需要，以市民社会的普遍性为中介——市民社会的原则之二。

---

① ［德］黑格尔. 法哲学原理［M］. 范扬，张企泰，译. 北京：商务印书馆，2016：224.
② ［德］黑格尔. 法哲学原理［M］. 范扬，张企泰，译. 北京：商务印书馆，2016：224.

（二）市民社会的三个环节

黑格尔认为，市民社会的三个环节分别是：第一，需要的体系。在劳动与需要的彼此达成和相互满足中，构建起需要的体系。需要和意志的满足是通过劳动的外化以及现实化的外在物而实现的，所以，劳动也可以说是"主观性和客观性的中介"。第二，司法。司法是伦理自由的现实性、是普遍物的现实反映、是伦理国家的普遍性对市民社会的特殊性的关照与保护。第三，警察和同业公会。它是共同利益对特殊利益的关怀，用来预防存留在上述两个体系中的偶然性。

1. 需要的体系

吸收了英法古典政治经济学关于需要、劳动以及分工等等的部分观点，黑格尔也认为，替需要准备和获得手段的中介就是劳动，它加工于自然界，产生价值和实用。需要的手段和满足这些需要的方法则导致劳动的细化，也使得需要和劳动都形成细分而显得繁复起来。可见，"无穷尽的殊多化和细致化"① 是需要、劳动和分工的必然趋势与显著特征。市民社会本身也相应地在这种殊多化和细致化中发展起来。

与黑格尔对人的理解一样，黑格尔所说的需要和劳动以及它们殊多的手段，也都是抽象的，是理念意义上的。这是因为，需要不过是市民社会的需要，劳动也不过是市民社会里的劳动，而作为特殊性领域的市民社会又不过是伦理反思现象界的假象映现，故而，唯有作为普遍性的伦理理念才是实在的定在，而需要和手段只是这种定在的反射、是假借实现理念自身目的的手段和工具。所以，黑格尔才会说："劳动中普遍的和客观的东西存在于抽象化的过程中，抽象化引起手段和需要的细致化，从而也引起了生产的细致化，并产生了分工。"②

黑格尔对他所理解的市民社会的第二个原则继续展开了阐述。他指出，主观的利己心不停地驱使着人们去追逐自身需要的获取和自我享受的满足；但与此同时，这种利己的行为本身却又促进了其他人需要和享受的达成。于

---

① ［德］黑格尔．法哲学原理［M］．范扬，张企泰，译．北京：商务印书馆，2016：237.
② ［德］黑格尔．法哲学原理［M］．范扬，张企泰，译．北京：商务印书馆，2016：239.

是，整个市民社会的普遍财富，便在"一切人相互依赖全面交织中"① 产生出来，并持续久远地增长起来。分享普遍财富的这种可能性，同时受到资本和技能两方面的制约，其中，技能又受资本的制约；起制约作用的还有个人禀赋和体质的差异，而这种差异则直接导致了个人在财富和技能上的不平等。黑格尔认为，理念包含的客观法，体现着伦理精神的特殊性，它在市民社会中，不仅不扬弃个人在禀赋和体质、理智和道德这种自然差异上的不平等，反而产生它，使它在各方面都表现为不平等。并且，黑格尔认为，平等的主张是空洞的勾当、消除不平等是不现实的。市民社会必然保持着自然状态的那种不平等。

以上述分析为基础，黑格尔接着阐述了等级差别形成的必然性。这其中包含着两个方面的含义：

（1）等级的差别如何形成：

黑格尔说，需要和手段是无限的、也是多样化的，它们在生产和交换的运动中同样也是无限交叉的，这就必然形成了诸多的需要体系。在每个因"固有的普遍性而集合起来"② 的体系中，它们的劳动方式和方法、满足需要的手段、包括所受到的理论和实践教育都大致相同或类似。于是，具有同种性质的集合体与其他的集合体彼此区分、共同存在，以至分化出各种各样特殊的体系和集团，这样就形成了等级的差别。概言之，生产和交换的手段的无限多样化依靠固有的普遍性而集合，并区分为特殊的体系，以至最终形成等级的差别。

（2）等级差别的形成如何成为必然：

为什么说等级差别的形成是必然的呢？黑格尔认为，特殊的需要产生特殊的体系、形成特殊的等级，是等级差别形成的首要原因。除此之外，每个人的特殊性又决定了分享普遍财富的方式和方法不同，这也使得不同的个体有着不同的体系归属。黑格尔无疑是想表达，市民社会是等级化了的社会，是社会等级的存在，是利己心与普遍物的结合，它必然保持着自然状态的那种不平等。

---

① ［德］黑格尔.法哲学原理［M］.范扬，张企泰，译.北京：商务印书馆，2016：240.
② ［德］黑格尔.法哲学原理［M］.范扬，张企泰，译.北京：商务印书馆，2016：241.

在这里，黑格尔实际上还是以先验性的存在来言说等级，认为等级是在概念（理念）自我分化的普遍差别中形成的。虽然市民社会的存在、等级的存在以及个人从属等级的状态是"以任性为中介"，但唯有承认"在市民社会和国家中一切都由于理性而必然发生"①，才能理解通常所称的自由。这样，他又将自由理念化了。

2. 司法

在需要的体系里，劳动满足需要、需要与劳动之间存在相互关联性。同时，这种关联性是抽象的反思，最初存在于法自身的内部中。黑格尔这里所说的法，指的不是具体的法律，而是指以观念形态存在的法，即理念法。因此，黑格尔所说的，需要以及满足需要的劳动给予法以定在——这种说法也是对理念法而言的。它们是理念法变成实存的基础。并且，正是对市民社会——需要及其满足的体系——这一现象界的、特殊性的保护，才使得法的理念成为实存、"成为外部必要的东西"②，并表现为立法和法律。总之，需要与劳动既是理念法变成实存的基础，也是人们制定法律的基础。

然而，黑格尔认为的劳动，在其实质性上，是抽象精神的劳动。这就导致了，在立法活动中，所要运用的是普遍抽象的思维，而不是停留在单纯中的感性。这无疑是在否认感性、否认感性的劳动、否认具体的劳动以及它们在社会生活中的客观基础作用。

在黑格尔看来，法是抽象的，那法的客观现实性又该如何表现呢？黑格尔指出，法的现实性是对意识而存在的，它的效力在于伦理抽象普遍性的自我规定。这样一来，必然就要求把"法"和"法律"严格区分开来。

在黑格尔那里，法是理念；而法律是一般的实定法。他把法和法律，分别理解为"自在的存在"和"设定的存在（Gesetztsein）"。法作为普遍的理念，是自在的存在；而法律作为一般的实定法，是设定的存在。只有这两种存在相统一、相同一时，"法律的东西才作为法而具有拘束力"③。

接下来，要问的是："普遍的理念法"（法）又是如何向"一般的实定

① ［德］黑格尔. 法哲学原理［M］. 范扬，张企泰，译. 北京：商务印书馆，2016：245.
② ［德］黑格尔. 法哲学原理［M］. 范扬，张企泰，译. 北京：商务印书馆，2016：248.
③ ［德］黑格尔. 法哲学原理［M］. 范扬，张企泰，译. 北京：商务印书馆，2016：251.

法"（法律）转化的呢？在黑格尔看来，"普遍的理念法"向"一般的实定法"的过渡必须具备两个条件：

第一，获得普遍性的形式。这种"普遍性的形式"，并不是立法本身及其活动的普遍性，而是法的理念的普遍性、思维规定的普遍性，亦即作为普遍物先验存在的理念法本身。

第二，获得真实的规定性。法被设定为法律，是通过意识而被知道，以达到其真实的规定性。设定的过程必须提供于意识，因为唯有思维才能提供最后的规定性。也就是说，想要进行真实的立法活动，就必须认识其中具有普遍性的东西。立法的活动不是别的，而仅仅是"认识即思维地理解现行法律内容的被规定了的普遍性，然后把它适用于特殊事物"①。

综上所述，法，一方面通过理念法对实定法的设定，作为自在的法的东西被设定在它的客观定在中，在法律中达到自己的定在；另一方面通过法律本身的适用，在法律内容方面达到自己的定在。

除此之外，在立法的问题上，黑格尔主张，一方面，要把一般原则性的东西规定得多一些，这样可以在特殊物与个别事物的领域，依原则性的一般规定加以适用；另一方面，无止境的详细规定也是在所难免的，因为规定下来的东西往往是有限的。存在于普遍物与特殊性之间的矛盾，就必然会引起法律之有限素材的不断发展，形成无止境的规定累积。而这归根结底，乃是因为作为"理性的普遍物"的法与作为"理智的普遍物"的法律是不同的。

观念在发展过程中，处于"自在的法"的阶段时，权利本身还是抽象的；到了市民社会之后，"自在的法"变成了法律，权利在获得承认的同时，达到了自身实存的定在。这种定在的形式，就是所有权及其手续。这也就是黑格尔所说的，法的定在和它纯粹的实定性主要适用于市民社会中，体现为所有权关系和契约精神。

3. 警察和同业公会

黑格尔这里所说的警察（Polizei），比我们现代所理解的警察的范围要广，它不仅包括本义上的警察事务和警察监督（Police），还广义地指代了具

---

① ［德］黑格尔. 法哲学原理［M］. 范扬，张企泰，译. 北京：商务印书馆，2016：250.

有行政职权的所有行政部门，是一个大行政（Government）的概念。在市民社会中，相互交织起来的需要及其体系必然导致共同利益的产生，也必然导致维持和保障共同利益的普遍部门与设施的产生，即行使普遍行政事务的警察（Polizei）的产生。普遍物必须扩展到特殊性的全部范围，即进入行政部门，而不单单只限于司法部门。用行政部门对社会进行治理是必需的，它既保障人身和所有权，又促进生活。

可见，警察的产生要追溯到市民社会之中，它是对相互交织起来的需要及其体系的维护和保障。同时，同业公会的存在也是基于需要和劳动。劳动组织的不同特征，使其分为不同的部门，即行业不同。这些工商业的行业协会和商会就构成了同业公会。

黑格尔认为，市民社会的成员及其利益的性质都是特殊的。不同行业的同业公会为了行业部门本身的内部利益，将这些有技能和正直特质的成员组合起来。这样，同业公会就成为"成员的第二个家庭"①，它的权责是照顾公会内部的利益以及接纳并关心会员。所以，同业公会是作为行业共同体而存在的。行业共同体可以看作是一种共同物的组合，不同行业的同业公会都是以该行业的独特业务和利益为目的，并以其范围为限。

三、"二律背反"的市民社会论

黑格尔的市民社会观表现为现象学、经济学与法哲学三者的混合。其中，对市民社会的现象学思考统领着对市民社会的经济学思考和法哲学思考。总体而言，黑格尔从精神现象和经济现象两个视域思考了市民社会。一方面，他把市民社会看成是伦理理念在自我分解中呈现出来的有限性的、特殊性领域；看成是伦理精神走向相对性，进行反思而呈现出来的现象界；还看成是处在家庭和国家之间的一种差别阶段、过渡阶段。而另一方面，他又把市民社会看成是个人需要的体系，以及包含了司法、警察和同业公会的集合；看成是"个人私利的战场""一切人反对一切人的战场"；进而看成是"私人利益跟特殊公共事务冲突的舞台，并且是它们二者共同跟国家的最高观点和制

---

① ［德］黑格尔. 法哲学原理［M］. 范扬，张企泰，译. 北京：商务印书馆，2016：283.

度冲突的舞台"①。总之，他也把市民社会看成是利益关系和需要体系的诸多运动的经济现象。

精神现象和经济现象，一个立足于抽象理念的外化现象界，一个立足于具体社会现象的经济现实。此二者在黑格尔市民社会思想中的二重性的"纠缠"，就必然会导致黑格尔市民社会观的"二律背反"。

我们举一个例子：

黑格尔理念学说的逻辑是：单一性（家庭）—特殊性（市民社会）—普遍性（国家）。家庭是伦理精神最初、最直接的自然规定；市民社会是伦理精神走向反思、而呈现出相对性的现象界。理念的最终目的是要收归家庭和市民社会的有限性于自身，最后在国家中，把它们统一起来，以达到自在自为以至无限的理念精神。关于这一逻辑，在《法哲学原理》的第260、262、263节中，都可以清晰地看到。然而，在第182节的"补充"部分，黑格尔在着重论述"市民社会的概念"时却又讲道，市民社会的"形成比国家晚"，"它必须以国家为前提"，并且"也必须有一个国家作为独立的东西在它面前"②。

一会儿说，伦理理念走向相对性的反思，从家庭过渡到市民社会，再统一收归于国家，最终在国家中实现绝对精神的自我意识。一会儿又说，市民社会在形成上要比国家晚，并且也必须以国家为前提。忽而是必然性的环节，忽而又变成了前提的一种结果。很显然，这两处的论述是相互矛盾的。

这一矛盾反映出黑格尔市民社会观的"二律背反"悖论。作为资产阶级社会的市民社会的出现确实是晚于国家，但作为"物质的生活关系的总和"的市民社会却是一切历史存在真正的基础，它决定国家，而不是以国家为前提。马克思后来在《德意志意识形态》第一卷的第一章"费尔巴哈"的第二节"B. 意识形态的现实基础"的第一目"1. 交往和生产力"之中，将这段从中世纪晚期到新兴资产阶级兴起的市民社会的现实发展史清晰完整地展现在我们的面前。马克思意在表明，市民社会的存在具有自身独立性，是客观的、物质的、始基性的。相反，封建的国家政权及其结构却不断地受制于市民社会的发展，而在这种受动中不得不逐渐改变其原有的国体与政体形式。

---

① ［德］黑格尔. 法哲学原理［M］. 范扬，张企泰，译. 北京：商务印书馆，2016：351.
② ［德］黑格尔. 法哲学原理［M］. 范扬，张企泰，译. 北京：商务印书馆，2016：224.

黑格尔"二律背反"市民社会论的根源，在于他抽象思辨的理念论学说，在于他颠倒的逻辑体系。要想解决这一"二律背反"，只有将家庭、市民社会、国家这些被黑格尔看成是伦理精神的各种不同形式与阶段的概念从虚幻的体系中解救出来，并使之现实化，如此才有可能。以唯物主义的现实视角对这些范畴重新予以审视，便可发现家庭、市民社会、国家的存在及其相互关系都是人类社会客观发展的历史及其辩证关系。并且，家庭和市民社会是基础，它们决定着国家。

我们再来举一个例子：

黑格尔在《法哲学原理》第192节中说，需要是市民社会的需要，劳动是市民社会的劳动，而作为特殊性领域的市民社会又不过是伦理精神进行反思的现象界，是抽象的、虚幻的、假象映现。所以，毫无疑问，"抽象也就成为个人之间相互关系的规定"①。这表明，黑格尔所理解的需要、手段、劳动、人与人之间的关系都是抽象的。对于这一点，马克思在《1844年经济学哲学手稿》中说得很清楚，他说，"黑格尔唯一知道并承认的劳动是抽象的精神的劳动"②。

然而，有趣的是，同样是在这一节，黑格尔又论述说，需要和手段作为一种"为他人的存在"，使得需要和手段的体系又是"具体的，即社会的"③。这说明，黑格尔面对人类活动的经济现实，也不得不承认体现在这其中共同配合、彼此需要而又相互联系的、具体的社会性。显然，这也是十足的矛盾和"二律背反"。在马克思看来，根本无须借助理念圆圈式的抽象运动，也无须借助绝对精神的外化过程，直接从现实可感知的、具体的个人出发，劳动和需要的社会性就能在客观的历史中得到现实的呈现，这自然也就打破了抽象本质的虚妄性。

关于这种矛盾和"二律背反"的例子，在《法哲学原理》"伦理篇"中俯拾皆是。马克思重点批判的第261节，就是关于国家和家庭、市民社会相

---

① ［德］黑格尔. 法哲学原理［M］. 范扬，张企泰，译. 北京：商务印书馆，2016：235.
② 中共中央马克思恩格斯列宁斯大林著作编译局. 马克思恩格斯全集（第3卷）［M］. 北京：人民出版社，2002：320.
③ ［德］黑格尔. 法哲学原理［M］. 范扬，张企泰，译. 北京：商务印书馆，2016：235.

互关系上的"二律背反"。即，国家，一方面体现为外在必然性和最高权力，另一方面又是内在目的本身。关于这一点的论述，我们将放在后面详尽说明。

四、黑格尔市民社会论的启示

精神现象和经济现象在黑格尔市民社会思想中的二重性的"纠缠"，造成了黑格尔市民社会论的"二律背反"。对此，马克思在《神圣家族》中十分形象地说，这是"思辨的幻影"的"纠缠"。在《德意志意识形态》中，马克思讲得更为透彻。他说，黑格尔的哲学思想是唯心主义的，但他在思想的历史中、在思想的辩证法中，却描绘了市民社会物质生产的活动。这是一种"实证唯心主义"①。

同时，我们也应该看到，黑格尔的某些方法论也给马克思以极大的启示。我们同样以市民社会的原则为例，来看黑格尔方法论中的可取之处。

黑格尔说，"每一个特殊的人都是通过他人的中介"②，彼此关联的存在。也就是说，特殊的人都是特殊性相关的存在。他们既互为中介，又以这种中介之总和为中介，于是，又便有了作为普遍性形式而存在的市民社会。可见，黑格尔在论述特殊的人时，并没有单个、孤立、机械地思考他们的存在，而是将个人与个人、个人与市民社会这种对偶关系作为理论分析的基本视域。这种基于关系性、关联性、联系性的方法论使黑格尔对市民社会的第二个原则的规定，较之古典政治经济学家们更为深刻。他确立起个人的相关性存在的问题域，也就是将个人放置在彼此联系而又互为对象的中介关系之中，暗含着从关系性视角重新界定个人存在的意义。这无疑给后来的马克思以极大的启发。

当马克思将现实的个人确立为自己所有历史科学的理论前提时，由这些"关系着"的现实的个人所引发的诸如分工关系、所有制关系、生产关系、社会关系等等这些历史唯物主义的基本范畴便跃然纸上，成为马克思发现历史之谜的重要逻辑线索。与此同时，基于现实的个人之生产领域的开启，逐渐

① 中共中央马克思恩格斯列宁斯大林著作编译局. 马克思恩格斯全集（第3卷）[M]. 北京：人民出版社，1960：16.
② [德]黑格尔. 法哲学原理 [M]. 范扬，张企泰，译. 北京：商务印书馆，2016：224.

促使着马克思不断思索"关系着"的现实的个人之生产的历史意义与理论内涵，这又成为科学共产主义学说的重要基石。生产与"关系着"的生产具有何种联系？"关系着"的生产与作为关系中介之总和的市民社会又具有何种深刻的内在关联？这些思考的范畴、这种思维方式，最终促成马克思将市民社会再一次升华，最终将它确立为"物质的生活关系的总和"，为后来在《德意志意识形态》中将市民社会界定为一切历史真正的基础打下了坚实的方法论基础。

黑格尔的市民社会观还提供了很多可供借鉴的方法论指导，如运动与发展的辩证法等等，这些我们将在后面章节的叙述中具体说明。

第二节　马克思《克罗茨纳赫笔记》中的市民社会批判

《克罗茨纳赫笔记》（Kreuznacher Hefte），又称：《1843 年历史政治札记》（Historisch-politische Notizen，1843），写于 1843 年 7-8 月间，共有五册，是马克思在克罗茨纳赫时期对历史、政治、法律著作进行摘录和评注所形成的众多读书札记的总称。其中，第一册是法国历史札记（Notizen zur Geschichte Frankreichs），第二册也是法国历史札记（Notizen zur französischen Geschichte），第三册是英国历史札记（Notizen zur Geschichte Englands），第四册是法国、德国、英国和瑞典历史札记（Notizen zur Geschichte Frankreichs, Deutschlands, Englands und Schwedens），第五册是与国家和宪法有关的德国、美国历史著作的札记及摘录（Notizen zur Geschichte Deutschlands und der USA und Exzerpte aus Staats und verfassungs geschichtlichen Werken）。总的来说，《克罗茨纳赫笔记》（以下简称：《笔记》）是一部关于国别史、政治史、法律史的摘录合集，尤其是对法国历史的阅读和摘录占了很大的比重。

为了更加清晰地知晓马克思的阅读足迹和摘录重点，进而把《笔记》中的市民社会批判搞清楚，笔者立足于《马克思恩格斯全集》（历史考证版）MEGA2 第 IV 部分第 2 卷（Karl Marx - Friedrich Engels - Exzerpte und Notizen. 1843 bis Januar 1845.），对《笔记》的文本内容做了一番系统的梳理。其情况，大致如下：

Karl Marx · Historisch-politische Notizen（Kreuznacher Hefte）

历史政治札记（克罗茨纳赫笔记）

第一册（Heft 1）①
C. G. 海因里希（Christoph Gottlob Heinrich）：《法国史》（Geschichte von Frankreich）（德文版） 60 页，编年摘录（提要）
第二册（Heft 2）②
C. G. 海因里希（Christoph Gottlob Heinrich）：《法国史》（Geschichte von Frankreich）（德文版） 20 页，编年摘录（提要）
C. F. E. 路德维希（C. F. E. Ludwig）：《最近五十年的历史》（Geschichte der letzten fünfzig Jahre）（德文版） 4 页，18 段，部分长、部分短的摘录
P. 达鲁（Pierre Daru）：《威尼斯共和国史》（Histoire de la république de Venise）（法文版） 2 页，4 段，摘录的是第四卷
C. 拉克雷特尔（Charles Lacretelle）：《法国复辟以来的历史》（Histoire de France depuis la restauration）（法文版） 1 页，2 段，短的摘录
卢梭（Jean-Jacques Rousseau）：《社会契约论》（Du contrat social）（法文版） $17\frac{1}{4}$ 页，103 段，短的和中等的摘录
J. Ch. 贝勒尔（Jacques-Charles Balleul）：《斯泰尔夫人遗著（法国革命大事纪实）考证》（Examen critique de l'ouvrage posthume de M. la Baronne de Staël）（法文版） 3 页，8 段，部分短、部分长的摘录
H. 布鲁哈姆（Henry Brougham）：《波兰》（Polen）（德文版） $1\frac{1}{2}$ 页，5 段，中等的摘录

---

① Karl Marx/Friedrich Engels. *Exzerpte und Notizen*［M］. Berlin：Dietz Verlag Berlin, 1981：9-60.

② Karl Marx/Friedrich Engels. *Exzerpte und Notizen*［M］. Berlin：Dietz Verlag Berlin, 1981：63-119.

续表

孟德斯鸠（Charles Montesquieu）:《论法的精神》（De l'esprit des loix）（法文版） $15\frac{1}{4}$ 页，109 段，大多是短的摘录
第三册（Heft 3）①
约翰·罗素（John Russell）:《从亨利七世的统治到近代英国宪政的历史》（Geschichte der englischen Regierung und Verfassung von Heinrichs VII. Regierung an bis auf die neueste Zeit vom Lord John Russell）（德文版） $20\frac{1}{2}$ 页，49 段，一般长短的摘录
J. M. 拉彭贝尔格（Johann Martin Lappenberg）:《英国史》（Geschichte von England）（德文版） 6 页，39 段，或很长、或很短的摘录
第四册（Heft 4）②
E. A. 施密特（Ernst Alexander Schmidt）:《法国史》（Geschichte von Frankreich）摘自:《欧洲各国史》（Geschichte der europäischen Staaten）（德文版）第二卷 5 页，38 段，部分中等、部分长的摘录 同时还附有:《欧洲各国史》（Geschichte der europäischen Staaten）（德文版）第四卷 22 段，中等的摘录，80 部著作的文献索引
夏托布里安（François-René Chateaubriand）:《1830 年 7 月以来法国的概况》（Ansichten über Frankreich seit dem Juli 1830）（德文版） $\frac{1}{2}$ 页，5 段，部分短、部分中等的摘录 夏托布里安（François-René Chateaubriand）:《关于放逐查理十世及其家族的新建议》（Die neue Proposition in Bezug auf die Verbannung Karls X.）（德文版） $1\frac{1}{2}$ 页，13 段，中等摘录
K. W. 朗西佐勒（Karl Wilhelm Lancizolle）:《论七月议会的起源、性质和结局》（Ueber Ursachen, Character und Folgen der Julitage）（德文版） $5\frac{1}{2}$ 页，32 段，极大部分是不长不短的摘录

---

① Karl Marx/Friedrich Engels. *Exzerpte und Notizen* [M]. Berlin: Dietz Verlag Berlin, 1981: 123-142.

② Karl Marx/Friedrich Engels. *Exzerpte und Notizen* [M]. Berlin: Dietz Verlag Berlin, 1981: 145-221.

续表

第四册（Heft 4）
W. 瓦克斯穆特（Wilhelm Wachsmuth）：《革命时代的法国史》（Geschichte Frankreichs im Revolutionszeitalter）（德文版） 9 页，部分长、部分短的摘录 同时还附有：《欧洲各国史》（Geschichte der europäischen Staaten）（德文版） 66 段，长短不一的摘录，117 部著作的文献索引
L. 兰克（Leopold Ranke）：《宗教改革时期的德国史》（Deutsche Geschichte im Zeitalter der Reformation）（德文版） 1 页，7 段，中等的摘录 L. 兰克（Leopold Ranke）发行：《历史—政治杂志》（Historisch-politische Zeitschrift von L. Ranke. 1832）（德文版） 7 页，55 段，一般长短的摘录
约翰·林加德（John Lingard）：《自罗马人第一次入侵以来的英国史》（Geschichte von England seit dem ersten Einfall der Römer）（德文版） 16 页，160 段，大部分不长不短的摘录
埃里克·盖耶尔（Erik Geijer）：《瑞士史》（Geschichte Schwedens）（德文版）摘自：《欧洲各国史》（Geschichte der europäischen Staaten）（德文版）第三卷 $11\frac{1}{2}$ 页，85 段，有长有短的摘录
第五册（Heft 5）①
约翰·克里斯蒂安·普菲斯特（Johann Christian Pfister）：《条顿人的历史》（Geschichte der Teutschen）（德文版）摘自：《欧洲各国史》（Geschichte der europäischen Staaten）（德文版）第五卷 21 页，编年摘录（提要）
J. 默瑟尔（Justus Moser）：《爱国主义的幻想》（Patriotische Phantasien）（德文版） 4 页，36 段，不长不短的摘录
C. G. 朱弗诺（C. G. Jouffroy）：《继承权的原则和法国与英国的贵族》（Das Princip der Erblichkeit und die französische und englische Pairie）（德文版） 4 页，29 段，大部分较短的摘录

---

① Karl Marx/Friedrich Engels. *Exzerpte und Notizen* [M]. Berlin：Dietz Verlag Berlin, 1981：222–278.

续表

第五册（Heft 4）
汉密尔顿（Hamilton）：《北美合众国的人与风俗习惯》（Die Menschen und die Sitten in den vereinigten Staaten von Nordamerika）（德文版） $7\frac{1}{2}$页，51段，部分短、部分长的摘录
尼古拉·马基雅维利（Niccolo Machiavelli）：《君主论》（Vom Staate）（德文版） 3页，20段，短的和不长不短的摘录

在笔记相关的摘录里，我们可以看到，马克思对市民社会问题的思考主要反映在如下的著作中：

一、《笔记》第三册中的市民社会批判

在对约翰·罗素（John Russell）的《从亨利七世的统治到近代英国宪政的历史》一书进行摘录时，出现了有关利益代表的论述。实际上，在《莱茵报》时期的政治实践中，青年马克思就已经认清了议会代表及其利益的真实本质。当来到克罗茨纳赫，看到约翰·罗素这部著作中涉及的核心范畴，如：特权、报刊、议会改革、利益代表等等，马克思内心产生出强烈的共鸣，因为这些都是他在《莱茵报》时期曾经思考和探索过的中心问题。因此，就不难理解，对于这部并不是非常有名的著作，马克思却极其认真地摘录了20页半，要知道这几乎占据了《笔记》第三册摘录总篇幅的80%。另外，如果从《笔记》（五卷本）全部的摘录情况来看，单部著作摘录超过20页的，仅有C. G. 海因里希（Christoph Gottlob Heinrich）的《法国史》（在《笔记》第一、二两册共编年摘录80页），以及约翰·克里斯蒂安·普菲斯特（Johann Christian Pfister）的《条顿人的历史》（在《笔记》第五册编年摘录21页），再就是约翰·罗素的这部著作了。这足以说明这部著作的分量。

另外，J. M. 拉彭贝尔格（Johann Martin Lappenberg）的《英国史》展示出这样一个关于历史动态发展的重要视域，即：（1）现代私有制的体系是历史长期发展的产物；（2）社会的不断发展，促使领主的保护最终替代了家族关系的法的担保。而这无疑给青年马克思以重大的启迪。整个《克罗茨纳赫

笔记》第三册，虽然是摘录著作最少、摘录总页数也是最少的一册，但它所传达的影响却不可小觑。

二、《笔记》第四册中的市民社会批判

E. A. 施密特（Ernst Alexander Schmidt）的《法国史》讨论了政治建构的制度基础问题以及制度发展演进的动态变化问题。其中，财产关系及所有制形式的历史变动是如何与政治制度的发展、更迭相对应的？城市与市民阶层的兴起又是如何影响历史发展进程的？施密特著作中的一些论述给马克思提供了重要的史实基础，这是否触发马克思去思索历史是如何动态发展的，我们不得而知。但有一点值得特别注意，虽然对该著作的摘录只有寥寥的 5 页，并不算多，但在摘录施密特的过程中，马克思另行罗列了 80 部著作的文献索引，这足以说明马克思当时内心的触动不可谓不大。

在摘录夏托布里安（François-René Chateaubriand）《关于放逐查理十世及其家族的新建议》的过程中，马克思意识到代议制可能存在着多种表现形式。它既可以采用共和的形式，又可以采用君主的形式。由于在《莱茵报》时期，马克思已经察觉出选举君主制的实质——主权在民实际上只是徒有其表，广大的人民群众根本没有资格、也没有机会参与到政事之中，所以，在对这部著作的具体摘录中，马克思将注意力更多地投入在代议制组成形式的问题上。

在对 K. W. 朗西佐勒（Karl Wilhelm Lancizolle）《论七月议会的起源、性质和结局》的摘录中，马克思进一步探讨了议会制度的共同本质：议会是等级关系的明显表现。所不同的只是，在英国与法国的议院（议会）中，他们等级关系反映的主体和等级利益代表的主体各不相同。马克思还特意提到菲埃维和康斯坦丁这两个人，说他们都反对封建中央集权制，拥护公社和行会的权利；康斯坦丁在要求一个世袭议会的同时，还要求一个选举的议会。这让马克思进一步认清了英法两国所谓"代议制"的本质无非是双重的幻想，即"统一的公民权利的幻想"和"代表大会是全民代表的幻想"。并且，特别指明：等级选举法无异于是人民主权的骗局。

在对 W. 瓦克斯穆特（Wilhelm Wachsmuth）《革命时代的法国史》的摘录中，马克思涉猎了很多法国大革命时期的史实、事件和政治主张。其中，

摘录该著作第一分册时，马克思注意到，从 1792 年起，平等的时代取替了自由的时代。至于"何为平等的时代"，即以什么来定义平等的时代，则分化出"社会的平等""法律的平等""财富的平等""真正的平等"这样一些具体的主张和政治的见解。摘录该著作第二分册时，马克思便特别留心各种关于"平等时代"的政治建构以及它们的理论基础。在摘录中，马克思提及的政治人物主要有肖默特、维尼奥德、罗伯斯庇尔、伊萨博等人。从摘录的重点来看，马克思对构成人世间多数的穷人，即无长裤党人（他们反对市民资产阶级）的组织、武装、统治与建制，要更感兴趣。

马克思对穷苦大众的悲悯之心、对他们生存状况的关怀之情，以及对"平民"统治的政治关切，在接下来对 L. 兰克（Leopold Ranke）《宗教改革时期的德国史》的摘录中得到了延续。兰克的著作共有三卷，但马克思选取摘录的只是第二卷中很小的一个部分。马克思形成的笔记也只有寥寥一页，共七段，摘录的内容主要集中在反对诸侯统治、拥护"平民"统治、主张一切生灵的自由平等这些方面。这显然是对上一部著作关注点的继续。马克思注意到，德国政治理论家托马斯·闵采尔也提出了与法国政治实践家罗伯斯庇尔（出现在上一部著作的摘录中）相似的政治主张。这就意味着，德、法两国的政治界——既包括政治理论界、又包括政治实践界——在为广大人民群众摇旗呐喊、奋力争取政治权利方面，有着共同的现实基础。这为马克思寻找人民主权的真正实现提供了重要的理论支撑。事实上，在《黑格尔法哲学批判》以及《论犹太人问题》的论述中，马克思就运用了此部分摘录的材料。另外，在摘录兰克的著作时，马克思还洞察到一个重要的理论问题，即：商品价格（物价）的上涨及背后的原因与大商行的垄断息息相关。可以说，群众运动的萌发与兴起在某种程度上，就源自于此。总的来讲，"平民"统治、平等学说、财产与等级的问题，是马克思此时关注的重点。尽管对兰克著作的摘录，在篇幅上，只有毫不起眼的一页、七段，但其内容本身的影响却是深远的。

紧接着，马克思在阅读由兰克发行的《历史—政治杂志》（两卷本）时，选取了其中的第一卷进行摘录。摘录的文章有：兰克的五篇文章（编写序号：[a][b][c][d][f]），萨维尼的两篇文章（编写序号：[e][g]），以及布隆茨利的一篇文章（编写序号：［h］）。在这七篇文章中，马克思着重关注的是兰克的两篇文章：［a］兰克《论法国的复辟时期》，［d］兰克《论1831 年最后几月里的一些法国传单》。马克思对这两篇文章的摘录篇幅比其他五篇文章的要多得多。

最需要注意的是，在摘录［a］兰克《论法国的复辟时期》这篇文章第41 页的第 28-32 行时，马克思写下了整个《克罗茨纳赫笔记》中最长的一段评注。从该段评注中，我们至少可以发现以下几点：

（1）马克思已经觉察到国家维系的基础在于各等级之间权利关系的相互调和。譬如，旧法国的基础在于王权同贵族权利、僧侣权利、高级市政权利以及同省、市镇这样的地方权利之间的相互协调。

（2）马克思注意到国王与立宪制度的关系取决于不同的政治体制。在波旁王朝的路易十八统治时期，"宪章"是由国王强令颁布施行的，所以，立宪制实质上成了君主的一种恩赐。而到了奥尔良王朝（七月王朝）的菲利普时期，情况完全反了过来。此时，国王反倒成了立宪制度的恩赐。也就是说，此时，王政是立宪制度的产物。对于决定者与被决定者的互易其位，马克思敏锐地指出，这既是历史事况的真实翻转，也是新旧两种世界观的截然相反。用哲学的语言来概括，那就是：革命的理论与实践使得"主体变成谓语，谓语变成主体"①。即，旧的君主政体（国王制定法律）变成了新的君主政体（法律造就国王）。

（3）在评注中，主谓分析法也被马克思拿来批判黑格尔国家观中的思辨主义本质和它的形而上学本性。马克思指出，被黑格尔当成主体的是国家观念，是国家观念中那些所谓的普遍因素；谓语是国家存在。然而，"在历史的现实中事况则与此相反，国家观念永远是国家存在的谓语"②。实言之，黑格尔的逻辑是主谓颠倒的。主语成了谓语，谓语成了主语。这亦表明，克罗茨纳赫时期的马克思已经认识到，观念的东西、意识的东西应该永远是物质的

---

① 北京图书馆马列著作研究室. 马恩列斯研究资料汇编（1981 年）［M］. 北京：书目文献出版社，1985：15.

② 北京图书馆马列著作研究室. 马恩列斯研究资料汇编（1981 年）［M］. 北京：书目文献出版社，1985：15-16.

东西、存在的东西的谓语，应该永远是被决定项。此时的马克思已经有了初步的、关于"社会存在决定社会意识"的认知基础。

（4）难能可贵的是，马克思在指出旧的国家学说是"旧世界形而上学的基础及其表达"① 之后，紧接着又指出，这种旧世界同时也是新世界、新世界观得以产生的土壤。在这里，马克思并没有将新旧两种世界"割裂"地孤立起来，而是以一种历史必然性、历史延续性的科学态度表明：正是在旧世界的土壤中才生长出新世界观的枝芽。新世界观的产生、新世界的到来，必然来自萌发它、催生它的旧世界的客观实在以及这种客观实在所构成的历史基础。换言之，在新旧两者之间，必然存在着一种"我从你中来、我亦改变你"的辩证关系。

总体来说，马克思的这段评注提纲挈领地反映了马克思对国家观、对市民社会相关问题进行探索的思维方式，无疑是整个《克罗茨纳赫笔记》的思想精髓。它反映出此时马克思的理论认识已相当深刻。这也难怪《马克思恩格斯全集》历来的编委都对此给予高度的关注和特别的青睐。比如，《马克思恩格斯全集》（法兰克福1927年版）第一卷的编者就将这段评注直接提到第一卷上册、作为整卷的导言加以评介，而事实上，这段评注本应位于原始手稿第一卷下册对应的摘录中。这无疑旨在彰显该段评注的重要性。

如果说，在《克罗茨纳赫笔记》中，除了对兰克《论法国的复辟时期》的那段重要评注之外，青年马克思的市民社会批判还主要是关于市民社会史实的摘录，以及对这些史实零星的理论洞察的话，那在同一时期创作的《黑格尔法哲学批判》则在政治哲学和法哲学层面集中体现了此时马克思对市民社会的认识和理解。

第三节　马克思《黑格尔法哲学批判》中的市民社会批判

《黑格尔法哲学批判》（1843年3月中至9月底，克罗茨纳赫）是马克思

---

① 北京图书馆马列著作研究室. 马恩列斯研究资料汇编（1981年）[M]. 北京：书目文献出版社，1985：16.

早期论稿中较为重要的一部，它在马克思发动哲学革命，进而创建唯物史观的探索之路和发现之旅上具有举足轻重的作用。这种重要性首先表现在，它是马克思第一部系统地批判黑格尔客观唯心主义哲学体系（在这里主要是客观唯心主义法哲学体系和国家学说）的开山之作。这一伟大的开端，自从它发端之时起，就昭示着青年马克思正逐步摆脱长期以来浸染其中，并为之熏陶、受其影响的黑格尔哲学思想和哲学体系的束缚与羁绊，标志着马克思迈向唯物主义和共产主义科学之路的开始。其次，这种重要性还在于，出现在《黑格尔法哲学批判》这部著作中的诸多理论范畴与批判话语反映了此时马克思思想体系的巨大变化。譬如：市民社会、国家与法、等级与阶级、私有财产等等之类的核心范畴自此起，一直始终地贯穿于马克思的整个科学批判生涯的全过程，同时也构成了他整个科学批判建构体系的重要组成部分。

一、文本及其相关问题

这部现存的手稿，马克思其实并没有加写标题。我们现在所称的、为大众所熟知的书名——《黑格尔法哲学批判》，是《马克思恩格斯全集》1927年历史考证版（MEGA1）的编者补加上去的。被加写的标题是：《黑格尔法哲学批判。黑格尔国家法批判（§§261–313）》（见 MEGA1 第 1 部分第 1卷）。之所以加注这样的标题，主要是因为在这部论稿里，马克思的评注全都是围绕着对黑格尔《法哲学原理》一书第 261 节至第 313 节的批判展开的。

《黑格尔法哲学批判》是一部未完成的手稿，并且是一部缺损的手稿。评注从第 261 节到第 313 节，共 XL 印张，每一印张又都分为四页，马克思在方括号中编写了罗马数字和阿拉伯数字。原始手稿的第 I 印张记载着对黑格尔《法哲学原理》第 260 节（§260）的评注，现已佚失。现存手稿起始自［Ⅱ.5］（即第 2 印张的第 5 页），终止于［157］（即第 157 页）。最后一页的前面，是第 XL 印张，马克思在上面编写有［XL.153］［154］［155］［156］。在最后的第 157 页上，马克思只简短地书写了两行字，即"目录。关于黑格尔转入解释"。

单就目录本身而言，它并非完整的。而且，马克思在分析完第 313 节（§313）之后突然戛然而止，中断了批判。所以，无论从哪种意义上讲，《黑格尔法哲学批判》都是一部未完成的手稿。

为了论述方便，我们现将黑格尔《法哲学原理》（Grundlinien der Philosophie des Rechts）中"伦理篇"的篇章结构及马克思的评注情况呈现如下：

手稿评注情况

第三篇 伦理 （§§142-360）

    伦理总论 （§§142-157）……………………………… 未评注

    第一章 家庭 （§§158-181）…………………………… 未评注

    第二章 市民社会 （§§182-256）……………………… 未评注

    第三章 国家 （§§257-360）

        国家总论 （§§257-259）…………………………… 未评注

        第一 国家法 （§§260-329）

        国家法总论 （§§260-271）

        （§260）………………………………… 已佚失

> （§§261-271）
>
> 一 内部国家制度本身 （§§272-320）
>
> 内部国家制度本身总论 （§§272-274）
>
> 王权 （§§275-286）
>
> 行政权 （§§287-297）
>
> 立法权（§§298-320）
>
> （§§298-313）

        （§§314-320）…………………………… 未评注

        二 对外主权 （§§321-329）…………………… 未评注

    第二 国际法 （§§330-340）………………………… 未评注

    第三 世界历史 （§§341-360）……………………… 未评注

方框中显示的是马克思实际批判评注的部分，即§§261-313。其隶属于《法哲学原理》的"伦理篇—国家章—国家法"的体系之中，范围涉及国家法的"国家法总论"与"内部国家制度本身"两个部分。

在"伦理篇"中，马克思没有评注关于"伦理"的总论部分（§§142-

157）；也没有评注关于"家庭"的部分（§§158-181）；更没有评注关于"市民社会"的部分（§§182-256）；也没有评注关于"国家"的总论部分（§§257-259），而是直接选取了"国家法"的部分（§§260-329）为批判的对象。事实上，在"国家法"中，有关"立法权"的§§314-320部分以及"对外主权"的§§321-329部分，马克思也并未涉及。

为什么批判会集中在"国家法"的部分呢？分析起来，大致有如下几点原因：

第一，与《莱茵报》时期的政治实践有关。

黑格尔在《法哲学原理》中阐述了抽象的、思辨唯心主义的国家理念学说，这与马克思在《莱茵报》时期（1842-1843）基于政治实践所形成的认识极为冲突。黑格尔的观念法学理论与客观现实世界是无法对接的，其矛盾也是无法调和的。尤其是在涉及物质利益和法权现实的时候，黑格尔法哲学的思辨性与物质法权关系的现实性之间的矛盾，就愈发激烈地突显出来了。为了解答这一疑惑，也为了消除这一苦恼，马克思开启了对黑格尔唯心论法哲学思辨体系的批判性反思和现实性解构。后来，马克思总结道，"我的研究得出这样一个结果：法的关系正像国家的形式一样，既不能从它们本身来理解，也不能从所谓人类精神的一般发展来理解"①。之所以批判全部直接集中在《法哲学原理》的"国家法"部分，是因为马克思发现，"法哲学和黑格尔整个哲学的神秘主义之大成"② 都汇集在这一部分。

第二，与马克思大学时代研习的是法律有关。

马克思在大学时，初涉的是法律学科，也曾想依照康德的学说构建起完整的抽象法理论体系，只不过后来，青年马克思不断地完成着自己的法学方法论转向，以至最终形成了法哲学唯物主义。毋庸置疑，马克思的法学理论功底是相当深厚的，所以，在后来接触到黑格尔的《法哲学原理》时，直接对其有关"国家法"的部分进行批判也是轻车熟路、信手拈来的事情。况且，

---

①　中共中央马克思恩格斯列宁斯大林著作编译局．马克思恩格斯全集（第31卷）［M］．北京：人民出版社，1998：411-412.

②　中共中央马克思恩格斯列宁斯大林著作编译局．马克思恩格斯全集（第3卷）［M］．北京：人民出版社，2002：12.

马克思在加入博士俱乐部、参加其研讨活动的时候，国家与法的问题也是他们关注、争论的核心议题之一。

第三，与黑格尔国家学说的思辨逻辑有关。

黑格尔理念学说的逻辑是：单一性（家庭）—特殊性（市民社会）—普遍性（国家）。家庭是伦理精神最初的自然规定。市民社会是伦理精神走向反思，而呈现出相对性的现象界。理念的最终目的是要收归家庭和市民社会的有限性于自身，最后在国家中，把它们统一起来，以达到自在自为以至无限的理念精神。这也就是说，家庭和市民社会被统一在国家之中。此外，"国家法"亦是黑格尔《法哲学原理》"伦理篇/国家章/国家法"逻辑结构中的重要组成部分，所以，在探讨黑格尔国家观的时候，就必定会涉及有关"国家法"的部分。

第四，与马克思对市民社会的非透彻理解有关。

一般而言，要想探讨 A 和 B 的相互关系，就至少要以单个的方式来分别地讨论 A、讨论 B，在此之后，才能客观、准确、深刻地探讨 A 和 B（A–B）的相关性。也就是说，马克思要想探讨市民社会和国家的相互关系，就应该以单个研究对象的方式来先行完成对市民社会和对国家（法）的分别探讨，才能在此基础上，以关系域的方式去探讨"市民社会—国家（法）"的相关性。

正如马克思在《政治经济学批判·第一分册》（1859）序言中所说的那样，"对市民社会的解剖应该到政治经济学中去寻求"①。这表明，对市民社会的深层次批判，必须深入到需要以及满足需要的方式、劳动以及劳动的方式、财富以及财富的表现形式（私有财产）、财产以及财产的法律保护（财产权）、产权以及产权的同类组织（同业公会）等等这些范畴中去。然而，此时的马克思尚未接受政治经济学的洗礼，尚未在政治经济学的语境中深入解剖市民社会，尚未完成对市民社会里私有财产的经济史观考察，所以，他尚不具备深入到这些政治经济学范畴内部进行思考与批判的能力。虽然，马克思在《黑格尔法哲学批判》的结尾部分，展开了对市民社会的等级要素、地产、

① 中共中央马克思恩格斯列宁斯大林著作编译局 . 马克思恩格斯全集（第 31 卷）［M］. 北京：人民出版社，1998：412.

私有财产、长子继承权等等相关问题的探讨；但是，正如我们在后面将要说明的那样，马克思在这一时期对市民社会的理解和对私有财产的认识，都是不全面、不透彻的。

除此之外，在方法论上，马克思此时对市民社会的分析、对私有财产的分析也都还囿于费尔巴哈"主谓颠倒"的方法论。这种异化史观的逻辑还没有被后来的感性对象化论、经济史观、辩证法、实践论以至唯物史观所取代，这就使得此时的马克思还不能从私有财产的历史嬗变和运动规律之中，准确地、辩证地、科学地理解和把握市民社会本身。

对市民社会和私有财产的全面理解与批判，是途径《德法年鉴》时期，到了《巴黎手稿》时期才渐趋成熟的。而对历史语境中的市民社会和私有财产问题的探讨，则是到了布鲁塞尔时期，在写作《德意志意识形态》的时候，才真正完成的。这也就是为什么在《黑格尔法哲学批判》中，虽然马克思曾两次表示要对黑格尔《法哲学原理》的"市民社会"章进行探讨，但终未涉及，而只是对"国家法"部分进行批判的最主要原因。

二、"市民社会决定国家"原则的确立

在前面，我们已经论述过，黑格尔的市民社会论是精神现象和经济现象"纠缠"下的"二律背反"。其中，精神现象里的市民社会观是实质和内核。它作为伦理走向相对性反思的现象彔，是"正—反—合"逻辑的中介和假象，是最终要被扬弃而收归到国家之中去的。亦即，黑格尔的市民社会，从本质意义上讲，自始至终是被国家伦理实体所控制、所支配，因而，它只不过是一个虚无的现象界。而国家，在黑格尔看来，却是伦理理念的现实、实体性意志的现实，也只有国家才是具体自由的现实。

马克思将黑格尔颠倒的逻辑"再颠倒"过来。指出，起支配作用的是市民社会本身，而国家只不过是市民社会的现实产物。换言之，是"市民社会决定国家"，而不是相反。马克思这一批判基调是在《黑格尔法哲学批判》开篇头两节§261、§262的批判中就十分明确地树立起来的。

马克思认为，黑格尔逻辑的矛盾性体现在：对于家庭和市民社会而言，国家一下子表现为"外在"的必然性，一下子又成为"内在"的目的。自然

就有这样的疑惑：国家到底是"外在"的呢，还是"内在"的呢？在马克思看来，这是黑格尔法哲学中无法解决的一个"二律背反"①。然而，这一悖论在黑格尔法哲学体系中是必然会出现的，这就好比说，黑格尔的"狡计"搬起石头砸了自己的脚。

这个"二律背反"的症结在哪里呢？马克思说，症结就在于，黑格尔不是从作为现实基础的家庭和市民社会的内在本身出发，也不是从它们的这种特殊本质与国家的现实关系出发，相反，他对问题的探讨是"从必然性和自由的普遍关系中引申出来的"②。换言之，每个具体的关系，本应该在现实的领域中为其寻找现实的规定，但在黑格尔那里，每每却是在"寻求相应的抽象规定"③。黑格尔试图架起从理念实体（一般观念）通往国家政治制度机体（特定观念）的桥梁，但这座桥梁未能架设成功，也根本不可能架设成功，因为，要想在抽象的概念与具体的设置之间架起一座现实联系的桥梁，这是绝对不可能的。

马克思笔调犀利，揭穿了黑格尔思辨的秘密。他说，黑格尔的现象，其实质是一种精神现象，是非现实的现象。黑格尔的法哲学、国家学以及整个哲学体系，是一种关于理念、概念和精神的自我衍变的逻辑推导与思辨运用，它的实质是"逻辑学的形而上学"④，即：露骨的、泛神论式的神秘主义。它把现实和现实性、现实的主体和现实的关系都看成是工具，看成是虚假的现象和逻辑的中介，看成是被理念扬弃的虚幻存在。这样一来，真正的现实反倒成了观念自我规定、自我外化的结果。现实中一切活生生的主体以及他们所有真实的关系，都成了观念内在思辨想象的产物，成了观念的外化形式，成了观念的规定和"谓语"。

马克思强调，国家应牢牢地竖立在自然基础（家庭）和社会基础（市民

---

① 中共中央马克思恩格斯列宁斯大林著作编译局．马克思恩格斯全集（第3卷）［M］．北京：人民出版社，2002：7-9.

② 中共中央马克思恩格斯列宁斯大林著作编译局．马克思恩格斯全集（第3卷）［M］．北京：人民出版社，2002：13.

③ 中共中央马克思恩格斯列宁斯大林著作编译局．马克思恩格斯全集（第3卷）［M］．北京：人民出版社，2002：14.

④ 中共中央马克思恩格斯列宁斯大林著作编译局．马克思恩格斯全集（第3卷）［M］．北京：人民出版社，2002：22.

社会）的现实之上。即，只有以此二者为基础，才能真正"燃起国家之光"①。这意味着，国家是从家庭和市民社会的前提之中产生出来的，是从它们现实的土壤之中萌发出来的，是从它们内在的物质关系之中脱胎出来的。所以，国家并不构成家庭和市民社会的"外在必然性"；相反，国家却缘起于家庭和市民社会的生存过程。这一生存过程是现实、可感知的物质活动过程，而不是被颠倒的、被观念着的精神意识过程。马克思最后说道，家庭和市民社会才应该是生产者、规定者和制约者，只有它们才有资格成为事实的出发点。观念只不过是经验事实的"谓语"、是现实的产物，它只能在现实的差别中产生出来。

在马克思看来，这其中的基本问题主要涉及三个方面。对它们的不同回答，是区分截然相反两种世界观的分水岭和试金石。

第一，何为主体？

黑格尔把家庭和市民社会里的各种差别及这些差别的现实性设定为观念的产物，这样，观念的东西就变成了主体的东西；而马克思却是把现实的人、现实的人的现实性以及它们同样现实的关系视作真实的主体。

第二，何为前提？

黑格尔理论的前提是各种概念、观念，他的理论是思辨的逻辑，即是被马克思称之为"被预先规定好并封存在圣宫（逻辑学）"②中精神本性的一种东西；而马克思新世界观的前提是历史的现实性，它是市民社会真实活动的客观存在。

第三，何为现实？

在马克思看来，黑格尔所谓的"现实"不是真实的现实本身，而是某种神秘的"现实"，更确切地说，是思辨结构的精神现实。因此，黑格尔哲学里的现实性，就其实质而言，是"抽象的现实性或实体性"，是伦理"实体性的

---

① 中共中央马克思恩格斯列宁斯大林著作编译局. 马克思恩格斯全集（第3卷）[M]. 北京：人民出版社，2002：9.

② 中共中央马克思恩格斯列宁斯大林著作编译局. 马克思恩格斯全集（第3卷）[M]. 北京：人民出版社，2002：19.

现实性"①。应该说，在这里，马克思抓住了问题的实质与核心，而且相当地敏锐。他的目光之所以如此犀利，很大程度上是得益于同时期费尔巴哈哲学"主谓颠倒"方法论带来的巨大启发。受费尔巴哈方法论的影响，马克思指出，黑格尔的出发点是错位的，主谓关系是颠倒的——"他不是从对象中发展自己的思想，而是按照自身已经形成了的并且是在抽象的逻辑领域中已经形成了的思想来发展自己的对象。"②

要想对黑格尔的思辨哲学体系展开批判，就要在原初意义上厘清"何为现实"这个根本问题，或者说，就要找到现实的本源，澄清现实的真正出发地到底在哪里。对此，马克思主张对黑格尔颠倒的关系进行再颠倒，使它从思辨精神的"天国"降到物质尘世的"人间"。马克思强调，现实应该是建构在尘世经验、客观事实和历史活动基础上的现实。他极力高扬并唯一肯定的现实性，不是别的什么东西，而是始终处在社会历史进程中"现实的人"的现实性及其活动的现实性。它表现为历史主体的生存过程以及他们的历史活动。一句话，马克思指向的是：市民社会的现实性。

在为《黑格尔法哲学批判》写下的《手稿索引》中，马克思记录了这样几个关键词，即"体系的发展的二重化""逻辑的神秘主义""作为主体的观念""矛盾"③。这表明，马克思已经清楚：颠倒的逻辑就是黑格尔理念论、"二律背反"的市民社会论以及虚妄国家观的根源所在。

马克思以法哲学唯物主义为基础，从现实的主体和现实的人出发，将"经验的现实性"④ 确定成家庭、市民社会和国家的共同基础。对黑格尔的二元论进行了无情地驳斥，对这种"逻辑学的形而上学"和"泛神论的神秘主义"进行了真实地祛魅，对黑格尔颠倒的逻辑进行了唯物主义的"再颠倒"

① 中共中央马克思恩格斯列宁斯大林著作编译局. 马克思恩格斯全集（第3卷）［M］. 北京：人民出版社，2002：23.
② 中共中央马克思恩格斯列宁斯大林著作编译局. 马克思恩格斯全集（第3卷）［M］. 北京：人民出版社，2002：18-19.
③ 中共中央马克思恩格斯列宁斯大林著作编译局. 马克思恩格斯全集（第3卷）［M］. 北京：人民出版社，2002：159-160.
④ 中共中央马克思恩格斯列宁斯大林著作编译局. 马克思恩格斯全集（第3卷）［M］. 北京：人民出版社，2002：52.

还原。在这一批判的过程中，马克思阐发了市民社会的现实性，确立起"市民社会决定国家"的基本原则，开启了唯物主义世界观和方法论的崭新篇章。

三、市民社会的政治哲学批判

马克思从国家制度、等级以及私有财产等要素出发，分别具体地解析了它们各自与市民社会的相互关系，因此，在政治哲学或法哲学的视域下，形成了市民社会的法哲学思考和政治哲学批判。

（一）国家制度与市民社会

这一时期，马克思对市民社会问题的阐发是放置在政治史观的语境之中来进行的，所以，从本质上讲，这是一种在政治哲学维度里进行的批判。马克思探讨的第一个基本范畴，是国家制度与市民社会的相互关系。

1. 黑格尔对国家制度的论述

黑格尔在《法哲学原理》中，阐明了国家权力划分的原则和方式。在黑格尔看来，第一，首要的原则在于去促成一个统一的有机体，即各种不同的权力必须在实存中，构成一个整体的概念。第二，环节，是合乎理性规定的环节，是实在合理性的环节。不同的环节在本质上的差别，是权力划分的基础。第三，由概念所设定的抽象环节，具体的表现形式是：立法权（普遍性）—行政权（特殊性）—王权（单一性），其中，司法权并不是概念的基本环节之一。从这些论述中，我们不难发现，黑格尔是以抽象理念论为基础来思考国家权力问题的。这是为了极力地替王权存在的合理性进行辩护。

在政治体制的问题上，黑格尔认为，王权——作为君主的决断——是绝对的。"王权本身包含着整体的所有三个环节"①，它具有总括性，是自我规定的最后的环节。也就是说，王权既是其他要素的现实性开端，又是它们的终极性归宿，由此就构成了一个封闭性的圆圈。黑格尔指出，只有在君主立宪政体中，才能形成国家职能和国家权力的理想性环节；也只有在君主立宪制国家，元首才是与理念内在统一的。国家只有通过君主，才能成为一个绝对确定的、自我确信的、单一性的东西。

---

① ［德］黑格尔. 法哲学原理［M］. 范扬，张企泰，译. 北京：商务印书馆，2016：332.

　　黑格尔注意到，人们时常反对君主。而反对的理由是，人们认为君主已经平庸化了；并且，君主的个体性及其主观性，会使国家的一切事态处于一种偶然的不稳定性之中。对于这一问题，黑格尔指责道，现代的人们不理解理念的发展，不理解理念内在发展的一般规律。亦即，他们没有理解从理念和概念出发，向对象和存在进行转化与推移的一般规律。因此，人们往往看不到君主制的合理性；往往看不到，君主的客观特质并不在于它要具有某种意义，相反，君主存在的作用只在于最终签署文件即可。

　　因此，黑格尔主张，君主立宪制国家是一个有着良好组织的国家，立宪君主制是一个理想性的国家制度。在这种国家制度中，客观性通过法律体现出来，主观性则通过君主体现出来。君主的最终决断，并不是平庸的、偶然的。它只是在原本就存在的客观性法律的基础上，注入了王权这一最终的、权威的主观形式。所以，黑格尔极力维护道，君主存在的合理性不能从medios terminos ［中名词］中得出。他说，除了以纯粹自身为根据的、与无限观念有关的思辨方法，其他任何探讨方法都毫无意义。实言之，在黑格尔看来，只有经过哲学的思辨，才能理解君主存在的合理性；同时，也只有哲学的思辨，才能思维地验证这一点。

　　在黑格尔的思辨结构中，国家制度的存在是自在自为的，它不是一种被制造出来的东西，也不是一种被规范决定的东西。于是，在涉及国家制度与立法权的关系问题上，黑格尔就会很自然地主张前者决定后者——亦即，国家制度是本体（实体），而立法权是派生。

　　2. 马克思对黑格尔观点的批判

　　在《克罗茨纳赫笔记》的摘录中，马克思从施米特的《法国史》一书中，了解到政治制度建构的基本问题以及政治制度发展的动态变化问题。从夏托布里安的《关于放逐查理十世及其家族的新建议》一书中，马克思涉猎到君主制和民主制的对比问题。在同一册，对兰克《宗教改革时期的德国史》的摘录中，马克思找到了为广大人民群众摇旗呐喊、争取政治权利的理论基础，为马克思探讨以人民主权为特征的真正民主制的实现提供了重要的思想依据与理论支撑。在汲取了这些资料的养分之后，在写作《黑格尔法哲学批判》之时，马克思对黑格尔的观点展开了猛烈地驳斥与无情地批判。

首先是，关于政治体制的问题。马克思深刻地阐述道，在以往出现的所有国家制度中，只有民主制才是"一切国家制度的本质"，也只有民主制才是"一切形式的国家制度的已经解开的谜"①。马克思说，"现实的人、现实的人民"②，在实现他们自身自由的创生发展中，建立起民主的国家制度。民主制，是人民自己的规定性，是人民自己的作品。只有在民主制中，实存的国家才找到了真正属于自己的现实基础。此外，马克思还说，民主制是以"社会化的人"③ 为前提的，它是真正适合人民本质的类存在物。

其次是，关于立法权与国家制度的问题。马克思历史地揭示出，"立法权完成了法国的革命"，"它完成了伟大的根本的普遍的革命"④。黑格尔极力替反动的君主立宪制政体进行辩护，其荒唐性与谬误性的根源就在于，他颠倒了市民社会的基础。黑格尔不懂得国家制度的来源，恰恰在于经验的、物质的市民社会及其现实的运动，而不是什么先验的、思辨的理念和同样抽象的环节。在这里，马克思不仅论说了市民社会的政治历史运动，而且还阐述了市民社会的立法权对国家制度的决定作用。这一重要的观点，在后来《德法年鉴》时期《论犹太人问题》一文中，得到了进一步更详尽的发挥与说明。总之，一句话，在马克思看来，黑格尔没有理解"市民社会的唯物主义的完成"⑤。

最后是，关于人民主权与新的国家制度的问题。分析完市民社会的政治历史运动，马克思马上又追问道，"人民是否有权为自己制定新的国家制度？"对此，他斩钉截铁、信心满满地说，"回答应该是绝对肯定的"⑥ ——人民理

---

① 中共中央马克思恩格斯列宁斯大林著作编译局．马克思恩格斯全集（第3卷）［M］．北京：人民出版社，2002：39.
② 中共中央马克思恩格斯列宁斯大林著作编译局．马克思恩格斯全集（第3卷）［M］．北京：人民出版社，2002：40.
③ 中共中央马克思恩格斯列宁斯大林著作编译局．马克思恩格斯全集（第3卷）［M］．北京：人民出版社，2002：40.
④ 中共中央马克思恩格斯列宁斯大林著作编译局．马克思恩格斯全集（第3卷）［M］．北京：人民出版社，2002：73.
⑤ 中共中央马克思恩格斯列宁斯大林著作编译局．马克思恩格斯全集（第3卷）［M］．北京：人民出版社，2002：187.
⑥ 中共中央马克思恩格斯列宁斯大林著作编译局．马克思恩格斯全集（第3卷）［M］．北京：人民出版社，2002：73.

应成为自己国家制度上的原则；而且，前进理应成为国家制度在运动上的准则。要做到这一点，在马克思看来，唯有经历一场真正的革命才能实现。

从上述的论述中可知，马克思将民主制看成是国家制度的本质和已经解开的历史之谜，看成是建立在现实的人和现实的人民基础之上的规定性，看成是"社会化的人"的历史作品。这不仅表明，马克思已经完全立足于经验可感知的社会历史现实，把现实的人的现实性作为自己批判的始基和出发点，从而打破了黑格尔理念精神抽象现实的思辨怪圈。而且也表明，马克思已经开始在社会化的层面，思考这些现实的人的相互关系和他们的历史活动本身；已经开始在革命化的层面，探索社会化的人民"联合起来"组建属于他们自己崭新国家的历史合法性和现实可行性。

需要强调的是，马克思在这一时期所认知的社会化，就其实质而言，还只是一种局限在政治法学领域的社会化，是一种法权关系维度里的社会化。这与马克思后来在《巴黎手稿》时期谈到的劳动关系的社会化、经济关系的社会化，以及在布鲁塞尔时期谈到的生产关系的社会化，不尽相同。

与此相对应，马克思在这一时期的市民社会批判也是一种建立在政治史观基础之上的市民社会批判，是政治哲学"解构—重构"规范意义上的市民社会批判。概言之，是法哲学唯物主义的市民社会批判。这与马克思后来在《巴黎手稿》时期形成的、建立在经济史观基础之上的市民社会批判，以及在布鲁塞尔时期达成的、构境在唯物史观场域之中的市民社会批判，不尽相同。

但不管怎么说，此时的马克思已经迈出了极为关键、极为重要的一步（尽管还带有强烈的费尔巴哈哲学思想的烙印），为唯物主义思想在社会历史领域的应用以及科学共产主义学说的创建打下了坚实的基础。

（二）等级与市民社会

马克思接着探讨的第二个基本范畴，是等级与市民社会的关系。

黑格尔关于等级的观点，大致包含如下两点：（1）等级要素。在黑格尔看来，普遍事务要想获得自在自为的存在，公众意识要想获取经验普遍性的存在，都必然要借助等级要素作为其中的媒介。（2）等级的分类。黑格尔将等级区分为政治意义上的等级和市民社会里的等级两种类型。其中，政治意义上的等级又包括行政权的等级和立法权的等级。行政权的各个等级，黑格尔又称之为"普遍等级",它们以普遍物为活动的目的,一方面不至于使王权被孤立,另一方面也不至于使自治团体、同业公会和个人的特殊利益被孤立。因此,行政权的等级在整个体系里,起到承接上下的中介作用。

马克思以批判黑格尔的等级观为契机,较为详尽地探讨了等级与市民社会的关系。

第一,围绕黑格尔所讲的"普遍等级"的"普遍事务",马克思指出,黑格尔所说的普遍事务"不会是人民的现实的事务"①,因此,它并不是真正的普遍事务。它的形式、它的存在,只是伦理精神和自我意识的投射与映现。于是,打破这种抽象的虚幻性,就在于使人民成为真正的普遍事务,使人民的意志成为真正的类意志,从而使它们获得真正的现实性和真实的定在。

第二,围绕黑格尔所讲的市民社会和政治社会、市民生活和政治生活、市民等级和政治等级相互分离的问题,马克思指出,黑格尔发现了这种矛盾,"这是他的著作中比较深刻的地方"②,但是,黑格尔的错误在于,他用这种表面的办法和肤浅的二元论来看待事情的本质。为了批判黑格尔的观点,马克思在《黑格尔法哲学批判》手稿的第38页([X.38])回顾了市民社会的历史,并指出,政治本位和政治属性是中世纪市民社会的基本特征。在那里,市民社会的诸要素——如财产、契约、商业、手工业行会以及社会团体等等——都是政治的,它们具有和政治共同体一样的政治属性。所以,在中世纪,市民生活和政治生活是同一的。而到了现代,市民生活和政治生活发生了分离,这就真正出现了作为特殊利益领域而存在的市民社会。非但如此,具有现代意义的政治国家纷纷建立起来,并逐渐走向繁盛。马克思最后总结道,市民社会在中世纪和它在现代世界,表现出各不相同的差异性——前者与政治共同体合而为一,后者与之相互分离。因此,如果只是简单笼统地谈论市民社会与政治社会、市民生活与政治生活、市民等级与政治等级的分离和对立,就难免流于表面和肤浅。

---

① 中共中央马克思恩格斯列宁斯大林著作编译局.马克思恩格斯全集(第3卷)[M].北京:人民出版社,2002:78.

② 中共中央马克思恩格斯列宁斯大林著作编译局.马克思恩格斯全集(第3卷)[M].北京:人民出版社,2002:94.

无疑，马克思的分析是极具历史感的，思想中有历史现实的张力。但需要说明的是，此时，马克思对市民社会史的回顾，总体而言还疏于简短、语言也略带晦涩，这大致是因为这一时期马克思的市民社会批判仍停留在法哲学市民社会批判领域的缘故。到了写作《德意志意识形态》时，在第一卷的第一章"费尔巴哈"的第二节"B. 意识形态的现实基础"的第一目"1. 交往和生产力"之中，马克思再次回顾了从中世纪晚期到新兴资产阶级兴起的这段市民社会发展史。那时的马克思经历了《德法年鉴》《巴黎手稿》《神圣家族》各时期，已然站在了唯物史观的理论制高点，对市民社会这段历史的理解与体悟自然也更加全面、深刻，论述也更加翔实、严整。

第三，关于市民社会内部等级分离产生人的异化的问题。马克思指出，"等级不仅建立在社会内部的分离这一主导规律上，而且还使人同自己的普遍本质分离"①。在这里，马克思不仅看到了市民社会内部等级分离的事实；而且还发现，这种分离导致了人本身同类本质的分离。这说明，马克思已经敏锐地洞察到人的本质的异化来源于等级的分离。

同样需要说明的是，马克思此时对人的异化的探讨，还不能站在市民社会经济史观的立场，从劳动的异化和私有财产的异化的角度来看待；更不可能站在历史唯物主义市民社会批判的立场，从生产方式、分工与所有制、阶级对立的角度来解析。这两个工作分别是在巴黎时期和布鲁塞尔时期最终完成的。在《黑格尔法哲学批判》中，马克思自己也坦言，"关于这一点要在《市民社会》这一章中做进一步阐述"②，而这只有在后来深入到经济学领域和人类历史领域，完成对市民社会的经济学解剖和历史唯物主义思考之后才能真正做到。

第四，关于市民社会等级的性质问题。对此，马克思指出，市民社会的等级就是私人的等级，它存在于"大大小小的偶然的整体（城市、村镇

---

① 中共中央马克思恩格斯列宁斯大林著作编译局. 马克思恩格斯全集（第3卷）［M］. 北京：人民出版社，2002：102.
② 中共中央马克思恩格斯列宁斯大林著作编译局. 马克思恩格斯全集（第3卷）［M］. 北京：人民出版社，2002：102.

等）"① 之中。探索思想的火光如果蔓延开去，对问题进行拓展，把它放到大历史观的尺度之下进行审视，自然而然就会提出这样的疑问：城乡是如何分离的？城乡之间的对立以何种形式表现出来？市民社会的城市在其中如何形成？如雨后春笋般苗壮成长起来的城市及其共同体具有哪些基本的特征……对于这些由此引发的思考，此时的马克思尚不能完整、准确地解答，这一工作也是在布鲁塞尔时期写作《德意志意识形态》时才得以完成的。

第五，虽然马克思没有详细分析市民社会等级形成的历史成因，但以政治哲学为视角，还是提纲挈领地阐发了等级转变的历史进程以及由此带来的性质上的差别。马克思说，"历史的发展使政治等级变成社会等级"，并且，"只有法国大革命才完成了从政治等级到社会等级的转变过程，或者说，使市民社会的等级差别完全变成了社会差别"②。同时，马克思也表示相关问题的进一步分析"留待批判黑格尔对市民社会的看法时再来阐述"。正如我们前面指出的那样，这一时期的马克思实际上也无法对市民社会的等级问题作出准确的评判。只有经过巴黎时期经济史观的洗礼，到布鲁塞尔完成唯物史观的构建后，这一问题才能得到科学的解答。

需要注意的是，马克思此处特别提到了丧失财产的劳动等级。这一思路可以看成是后来巴黎时期用经济哲学方法分析劳动异化的政治哲学基础，而且，它也成为阶级斗争学说、科学共产主义学说的重要理论出发点之一。

第六，关于等级差别的幻想的同一。黑格尔认为，市民社会内部的等级及其差别，在政治领域里的意义与其自身在市民社会领域里的意义是同一的，即存在着一个双重性的主体和"两个谓语的同一"。而马克思则指出，这种同一是"幻想的同一"③，是典型的二元论的表现。这种神秘主义汇集了黑格尔思辨哲学的整个奥秘。

---

① 中共中央马克思恩格斯列宁斯大林著作编译局. 马克思恩格斯全集（第3卷）[M]. 北京：人民出版社，2002：96.
② 中共中央马克思恩格斯列宁斯大林著作编译局. 马克思恩格斯全集（第3卷）[M]. 北京：人民出版社，2002：100.
③ 中共中央马克思恩格斯列宁斯大林著作编译局. 马克思恩格斯全集（第3卷）[M]. 北京：人民出版社，2002：103.

（三）私有财产与市民社会

马克思在《黑格尔法哲学批判》中谈到了私有财产的问题，表达了此时他对地产、长子继承权、私有财产等一些范畴关系的理解，进而在法哲学意义上叙述了私有财产在市民社会中的表现。

因为：（1）相较于国家的普遍财产而言，地产是独立、没有依赖性的。（2）对于行政权给予的恩惠，地产也没有依赖性。它是一种天然的私有财产。（3）对于社会的财富以及社会的需求，地产同样表现出无依赖性。它是一种自为的私有财产。所以，在《黑格尔法哲学批判》手稿中，马克思多次将私有财产和地产这两个概念加以并用，并互相注解。这说明，在当时马克思的意识中，地产等同于私有财产，地产具有私有财产的本性。

在马克思看来，地产的本质规定性即地产的私有性。作为土地私有化和封建世袭制的直接产物，地产的私有性（＝私有财产）取决于它内在的本性，是它固有的属性使然。作为私有财产的地产，一方面，因其宗法关系的不可让渡性使得它在市民社会中呈现出自我隔离的状态，"它的社会神经被割断了"①；但另一方面，宗法关系也恰恰因此在长子继承权中得到了巩固与强化。马克思用动物学世界观和纹章学这两个比喻来形容长子继承制，说它是封建宗法的世袭制度在私法和所有权方面的显著表现。还说，长子继承权是私有财产的化石，而且是最具鲜明性、最地道、最独立的私有财产。马克思最后总结道，等于私有财产的地产，它的私有性是通过长子继承权的形式具体表现出来，并且，"长子继承权，是私有财产的最高级形式"②。

我们可以看到，马克思在这一时期对私有财产的认知，主要是在地产和长子继承权的框架内进行的，其大致上呈现为："私有财产 ＝ 地产 ＝ 长子继承权"这样的表达式。显而易见，私有财产的统治只是被理解成限定在地产领域里的长子继承权的宗法统治。应该说，马克思此时对私有财产的认知是局部的，他还没有把对私有财产的认识提升到普遍的、反映一切奴役制度的

---

① 中共中央马克思恩格斯列宁斯大林著作编译局. 马克思恩格斯全集（第3卷）[M]. 北京：人民出版社，2002：123.

② 中共中央马克思恩格斯列宁斯大林著作编译局. 马克思恩格斯全集（第3卷）[M]. 北京：人民出版社，2002：124.

异化统治的高度上来。这深一层次的理解是从《德法年鉴》时期开始，途径《巴黎手稿》才逐渐认识到的。

在《巴黎手稿》中，马克思很明晰地指出，以长子继承权为特征的、带有封建属人性质的土地占有制度，只是私有财产统治的开始。地产，只是私有财产的第一个形式。也就是说，到了《巴黎手稿》时期，马克思把地产只是看作私有财产在自我演变过程中的初始形式，而不是它的全部形式。这意味着，地产和私有财产不能再简单地等同起来。除此之外，在《巴黎手稿》时期，马克思还认识到，具有属人特性的地产的统治必然彻底地卷入到私有财产的一般运动中去，而表现出纯粹的、完全的资本的一般统治。可见，直到那时，马克思对地产和私有财产相互关系的完整理解才建立起来；也直到那时，这一认识才真正具有强烈的历史辩证性。

除了对地产的理解是局部的以外，同样地，在克罗茨纳赫，马克思对长子继承权的理解也是局部的。此时的马克思还没有接触英法古典政治经济学，因而，也不可能完成对市民社会的政治经济学解剖以及对私有财产的经济史观辨析。进而，他对私有财产的历史嬗变、对私有财产的表现形式、对私有财产的内在关系等问题，都尚未形成意识。在这种情况下，马克思当然也就不可能知道，长子继承权并不是私有财产的最高形式。相反，私有财产的最高形式是它本身发展到最纯粹、最发达、最完全、最一般、最普遍的阶段后而表现出来的资本形式及其货币制度。彼时，私有财产及其私有本性的具体表现，当然就不是地产和长子继承权。私有财产彻底的私有性，当然不会任凭自己沉湎于地产所有权宗法继承的单纯幻想中，它必然会从封建制度的"襁褓"中挣脱出来，摇身一变，使自己淋漓尽致地展现在商品拜物教之中。这一理论认识是马克思在1844年开始研究政治经济学，直到1859年出版《政治经济学批判》时才逐渐形成的。

此外，在方法论上，这一时期的马克思对私有财产的分析还受限于费尔巴哈"主谓颠倒"的批判方法。马克思说："私有财产（地产）不为占有者自己的任意所左右……私有财产成了意志的主体，意志则成了私有财产的单纯的谓语。"① 还说，私有财产是例外特权的类存在。此时的马克思还不能准确地理解私有财产的本质，也不能在私有财产的形成和运动中对私有财产作出辩证的分析和科学的批判，而只能使用费尔巴哈"主谓颠倒"的方法论和一些费尔巴哈式的术语（如"类"）来进行一般意义上的批判。马克思对私有财产批判的辩证方法是在《巴黎手稿》时期掌握并运用起来的；至于私有财产对市民社会的意义以及市民社会对世界历史和共产主义的意义，则是途径《巴黎手稿》，最终在《德意志意识形态》的写作中才得以完整阐发出来的。

需要特别予以说明的是，在克罗茨纳赫时期，马克思已经看到了市民社会里存在着私有财产的普遍性。这是认识上的一个巨大提升。他说，"具有各自的细微差异的商业和工业，是各种特殊的同业公会的私有财产。宫廷官职和审判权等等，是各个特殊等级的私有财产。各个省是各个王侯等等的私有财产"，以至主权也是"皇帝的私有财产"②。也就是说，他把市民社会里各种存在的形态，看成是私有财产各自不同的表现。这样一来，马克思就在理论上形成了对等级世界的私有财产概括，并隐约意识到私有财产应作为一个具有普遍意义的重要范畴来加以研究。这就为后来马克思在《德法年鉴》时期探讨市民社会的私有财产本质埋下了伏笔、起到了理论上的铺垫作用。

在这一部分的结尾，马克思还叙述了古罗马私有财产法的一般特征，评价它是私有财产的理性主义，并拿它与日耳曼人私有财产法的神秘主义进行比较。这一思想的洞察在《德意志意识形态》第一卷的第一章"费尔巴哈"第二节"B. 意识形态的现实基础"的第二目"2. 国家和法同所有制的关系"的部分里，得到了进一步的深化。马克思在那里不仅详细地探讨了所有制（私有制）形式的种类和演变，而且还更加深入地叙述了私法和私有制度的发展。

---

① 中共中央马克思恩格斯列宁斯大林著作编译局. 马克思恩格斯全集（第3卷）［M］. 北京：人民出版社，2002：125.

② 中共中央马克思恩格斯列宁斯大林著作编译局. 马克思恩格斯全集（第3卷）［M］. 北京：人民出版社，2002：135.

第二章

巴黎时期马克思的市民社会批判Ⅰ：
《德法年鉴》

在旅居巴黎之后的《德法年鉴》时期（1843年10月中至1843年12月中），马克思的思想经历了一段特殊而重要的过渡阶段。一方面，马克思继续完成着对市民社会的政治哲学分析，此时，方法论基础仍然是克罗茨纳赫时期已建立起来的法哲学唯物主义。另一方面，通过对相关问题的探讨，马克思又把批判的旨趣导引到了对市民社会私有财产的宗教（即犹太精神）的批判上来；并且，通过对犹太精神的批判最终达成了对金钱异化的批判。这就意味着，马克思开启了对市民社会进行经济哲学思考和经济伦理批判的一次转向。这次转向至关重要，使得马克思逐渐意识到私有财产的问题才是市民社会的核心问题。沿着这一思路，就寻向到后来在《巴黎手稿》时期，对市民社会进行的政治经济学解剖和对私有财产进行的经济史观考察。因此，可以说，《德法年鉴》时期既是一个从政治哲学批判转向经济哲学批判的过渡期，也是一个从对市民社会和私有财产进行政治史观考察转向经济史观考察的分水岭。

除了上述两个方面之外，马克思在《德法年鉴》时期还有一个重要的思考维度，即，通过对市民社会政治解放的历史分析和辩证评析，最终把解放提升到了"真正的人的解放"的高度。并指出，德国要想实现有原则高度的跨越，就需要作为"市民社会的特殊阶级"的无产阶级的革命实践；而且，在马克思看来，革命的实践只能是革命的理论与革命的现实的高度统一。不言而喻，这一批判性的思考意义非凡。它第一次较为全面地表述了无产阶级的历史使命和实践唯物主义的基本观点，最终把该时期马克思的市民社会批判整体引向到科学共产主义的深处。

第一节　《论犹太人问题》中的市民社会批判

马克思在 1843 年 10 月中旬开始写作《论犹太人问题》时，刚刚结束了《克罗茨纳赫笔记》的摘录工作。此时的马克思对欧洲各国的政治史、政治思想史以及政治制度史都很了解。尤其是，在写作《克罗茨纳赫笔记》第五册时，摘录的汉密尔顿的《北美合众国的人与风俗习惯》（又译为：《美国人和美国风俗习惯》）；通过撰写《德国史和美国史摘记以及国家史、宪法史著作摘要》，收录的博蒙的《玛丽或美国的奴隶制》、托克维尔的《美国的民主制》等①，使马克思了解到美国的政治制度和宗教习俗的一些情况，极大地开阔了他的视野。在《论犹太人问题》一文中，马克思也是对这些著作反复提及、直接引注。在经过这些史料、学理上的丰厚"滋养"后，马克思对市民社会的认知得到了进一步的提升与飞跃。

一、化宗教神学问题为世俗历史问题

19 世纪 40 年代初，德国资产阶级反对派开展了对德国半封建政治状况的斗争，这是鲍威尔《犹太人问题》阐明观点的时代背景。鲍威尔认为，犹太人的解放在本质上是政治解放，所以，它应当服从于一般政治解放的规律。于是，他一方面主张，犹太人应该主动放弃自己的犹太教信仰，并从其束缚中挣脱出来、解放出来。另一方面，他认为，只要在国家层面和政治领域废除犹太教，就能实现犹太教的彻底废除和犹太人的彻底解放。这些主张和观点都表明了，鲍威尔实际上是以纯粹宗教问题的视角来狭隘地理解和看待犹太人问题的实质。他将犹太人解放的性质，完全等同于在政治上废除宗教约束，以求得政治解放的反封建的主张。

马克思认为，鲍威尔的理解仍然还是太抽象，而且过于片面了。他指出，

---

① Karl Marx/Friedrich Engels. *Exzerpte und Notizen*［M］. Berlin：Dietz Verlag Berlin，1981.

只阐明、只探讨谁应该获得解放？由谁来解放？这"无论如何是不够的"①。还需探讨"应该获得什么样的解放？以及解放属于哪一类解放"等问题。

与鲍威尔不同，马克思将犹太人解放的问题提升到、纳入更宏大、更深一层次的视野和架构中去。他主张通过革命斗争，推翻资产阶级市民社会的整个体系，完成对资本主义的彻底改造，唯有如此，犹太人问题才能得到现实的解决。马克思指出，鲍威尔的错误在于混淆了政治解放和普遍的人的解放的关系。为了将鲍威尔的错误论说清楚，马克思详细叙述了犹太人问题在各国的不同表现，即：在德国，它是纯粹的神学问题；在法国，它是政治解放不彻底的问题；在北美各自由州，它是资本主义政治制度发达条件下，对资本主义政治国家本身进行批判的问题。马克思在具体分析了美国的制度、宗教、风俗和习惯之后，意味深长地指出，要从"国家政治制度是否完成"这一角度历史地看待宗教和国家之间的相互关系。

马克思认为，"完成了的政治国家"是这样一种国家：它是民主制的，并且不需要宗教从政治上来充实自己。也就是说，在"完成了的政治国家"，宗教不再栖息在公法领域，它不再是政治国家的组成部分；相反，它被转移到了私法领域，成了市民社会的构成要素。马克思说，既然情势发生了历史性的变迁，那我们就应该立足于完成了的、发展了的、变化了的情势，在世俗历史的现实领域里，而不是在宗教神学的精神藩篱中，去探究犹太人问题的世俗本质，去寻求犹太人解放的真实途径。一言以蔽之，要化宗教神学问题为世俗历史问题，要用世俗的人的形式来反映同样世俗的人的基础。

不难发现，马克思解决问题的这个视角和方法，实际上是《黑格尔法哲学批判》研究思路的继续。在克罗茨纳赫，马克思从法哲学唯物主义的基本立场出发，以市民社会政治史观之搭建，现实地驳斥了黑格尔伦理理念国家观的虚幻本质。而我们知道，黑格尔国家观和市民社会论的本质，实际上是他的宗教哲学和精神哲学在政治哲学、法哲学领域的映现与投射。所以，彼时，马克思批判的锋芒，实际上是直指黑格尔宗教哲学和精神哲学之内核的。

虽然，鲍威尔和黑格尔的谬误各不相同，但他们思想上的缺陷和本质上

---

① 中共中央马克思恩格斯列宁斯大林著作编译局．马克思恩格斯全集（第3卷）［M］．北京：人民出版社，2002：167．

的弊端却是共同的，即：都受限于宗教神学观念的束缚，以至对历史的现实性和同样现实的世俗基础都视而不见。在巴黎，当马克思面对鲍威尔从宗教神学的立场出发看待犹太人问题的观点时，他毅然站在法哲学唯物主义的原则立场上，从现实的人的现实性和世俗历史的真实情状出发，展开了对其中所蕴含的宗教哲学实质的深刻批判。这一批判思路无疑是克罗茨纳赫时期的延伸和续展。为此，马克思最后总结道，我们要用历史来说明宗教，而不是用宗教来解释历史。

二、政治国家和市民社会的世俗对立

在化神学问题为世俗问题之后，接下来的工作就是要深入到世俗之中，现实地探寻犹太人问题的症结所在。与鲍威尔把犹太人问题归结为"宗教—国家"关系的问题不同，马克思认为，犹太人问题应归因于政治国家和市民社会的世俗对立，它是由这一对立所引发出来的问题。在马克思看来，政治国家和作为它的基础的市民社会之间的矛盾、冲突和对立，是犹太人问题的现实成因和世俗根源。

已然知晓：犹太人问题的现实根源可被归结到政治国家和市民社会的世俗对立之中，那接下来要问的是：为什么会存在这种对立呢？以及这种对立、冲突和矛盾又有哪些具体的表现呢？

马克思指出，在现有的政治体制和国家制度的框架内，政治国家看似表面上完成了对市民社会的统治，但这只不过是虚假的统治，是虚妄的假象。在物质条件和物质基础的领域里，政治国家不得不遵从市民社会的指令、服从市民社会的统治。一个是"浮于上的假象"，一个是"沉于下的真相"，这样一来，矛盾、冲突和对立就产生了。其直接的结果就是：在宗教人和政治人、市民社会的成员（bourgeois）和政治公民（citoyen）之间，形成现实的差异。身处其中的人们，过着双重的生活：一种是政治共同体的生活，人表现为政治公民（citoyen），这种情况下，人是政治存在物。另一种是市民社会的生活，人表现为市民社会的成员（bourgeois），这种情况下，人又是尘世存在物。对于这种生存情状的撕裂和二重化，马克思形象地比喻道，人在成为市民社会成员的同时，也披上了一层"政治的狮皮"。

可以发现，与鲍威尔仅仅关注政治国家和宗教的关系不同，马克思将犹太人问题的本质锁定在政治国家和市民社会的关系这一视域之上。这一方面表明，马克思已然明了，"政治国家—市民社会"的关系域才是问题探究的关键所在，而其中的市民社会又是关键中的关键、核心中的核心。另一方面也表明，马克思已然意识到，应该在某种矛盾、冲突和对立中（这种矛盾、冲突和对立应与市民社会有关）来构建解决问题的思路和框架。这不仅是说，犹太人问题现实解决的历史途径，是呈现在矛盾中的；而且还暗含着，应从矛盾的运动的视角来进一步拓展分析、寻求解答。毕竟，矛盾、矛盾的运动是事物存在和发展的形式。应该说，这样的思考是深刻的，视野也是独到的。能从物质的冲突、现实的矛盾、历史的对立的角度来发掘问题之基，已是了不起的事，而能从这种矛盾、冲突和对立之运动的角度去推进认识、加深思考，则更加彰显出青年马克思卓越非凡的才华和无与伦比的思想张力。

然而，马克思碍于此时的研究领域主要还是集中在政治史和政治哲学，而不像《巴黎手稿》时期那样专注于经济史和经济哲学；又碍于此时对黑格尔的很多方法论——诸如本质论的"必然的推论"、存在论的质的"三重推论"以及辩证法等等这样一些思维方式和方法——的利用和改造尚未开启、也尚未建立起来，所以，这一时期的马克思对市民社会的思考与认识，不可能做到像《巴黎手稿》时期那样从市民社会的内部入手去深入探讨，更不可能做到从市民社会内部矛盾之运动的角度来探幽发微。

于是，我们就看到，在《论犹太人问题》中，马克思的视域只能局限在市民社会和政治国家的相互对立之中。也就是说，处在相互对立两极的，一极是市民社会，另一极是政治国家。在这里，关于对立的思考还只是市民社会外在对立的思考（市民社会—政治国家），而不是深入到市民社会本身中去的关于其内在对立的思考。实际上，直到《巴黎手稿》时期，通过对市民社会的政治经济学解剖以及通过对私有财产的经济史观考察，马克思才最终搞清楚私有财产在历史的嬗变中所展示出来的"个别—特殊—普遍/一般"的运动规律。直到那时，马克思关于对立的思考才从事物（市民社会）的外部转移到事物（市民社会）的内部。直到那时，对市民社会内在对立的解剖、对私有财产内在关系的辨析，才得以完成。也直到那时，马克思才最终能在私有财产的历史运动中辩证地看待市民社会，以至能从私有财产内在关系的角度去具体分析劳动和资本的对立。

三、市民社会和私有财产以及犹太精神和金钱异化

我们已经得知，此时的马克思是将问题的探讨聚焦在"市民社会—政治国家"的对立关系上。这一思考的场域表明，他在一定程度上仍沿袭着克罗茨纳赫时期政治哲学批判的致思理路。然而，也要看到的是，马克思正逐渐走上了对克罗茨纳赫的超越之路。这条超越之路是沿着经济批判的方向前行的。

（一）马克思对市民社会和私有财产的分析

马克思将犹太人问题的现实根源归结为政治国家和市民社会的世俗对立，已经为犹太人问题的解决找到了世俗的基础和现实的方向，也已经知晓市民社会的问题是犹太人问题的中心问题和关键所在。如果沿着已有的思路和结论，将探索的路径继续延伸，接下来，就会很自然地发问：（1）市民社会的问题是犹太人问题的中心问题，那什么又是市民社会本身的中心问题呢？（2）与市民社会有关的世俗对立是犹太人问题的现实根源，那犹太人问题的深层次解答又应该在市民社会的何种问题中去深入探寻呢？

马克思认为，在思想之旅继续行进之前，有必要首先阐明现代市民社会的诞生史。马克思指出，资产阶级的政治革命实现了市民社会的政治解放，把市民社会从封建专制的政治桎梏中解放出来，从而使其摆脱了束缚己身的精神枷锁。他们倡导自由、平等、博爱，并以宪法的形式确立下来，成为资产阶级市民社会的基本人权。可是，在马克思看来，资产阶级市民社会的产生虽有其历史的进步性，但它所谓的"自由"，只不过是任意地（à son gré）支配、使用和处理私有财产的自由，是完完全全、彻头彻尾、自私自利的财产权自由，或者说是私有权自由；它所谓的"平等"，也不过是建立在私人占有和私有财产基础之上的平等，因而是满怀欺骗、带着虚伪、体现物性的平等；它所谓的"博爱"，更像是一幅充斥着各种凌辱、轻蔑和压榨的讽刺画，在里面，财产和财产的友爱、资本和资本的亲昵，一起戴着伪善的面具、打着博爱的幌子、扮成文明的模样，时刻张开它那阴险狡诈、可恶狰狞的獠牙。

于是，马克思愤恨道，资产阶级的人权宣言是资产阶级宪政制度最大的谎言，资产阶级市民社会是这个谎言在现实世界的丑陋景象和罪恶显现。

马克思接着分析道，citoyen 指称的是公民，homme 指称的是人（也就是市民社会的成员）。与公民权（droits du citoyen）不同，人权（droits de l'homme）"无非是市民社会的成员的权利，就是说，无非是利己的人的权利、同其他人并同共同体分离开来的人的权利。"① 所以，毫无疑问，资产阶级宪政《人权宣言》里说的"人"，是且仅是资产阶级市民社会里的人。它所标榜的人权，是那些完全利己私人的权利，亦即市民社会的成员的私利。它所标榜的"自由""平等""博爱"，也"不是建立在人与人相结合的基础上"，而是"建立在人与人相分隔的基础上"②。原本应该是作为类存在物、存在于社会共同体中的人，现在却被无情地拆散开了。在资产阶级市民社会里，他们撕裂成彼此分隔、相互疏离、各自"独立自在的单子"③，连接他们的唯一的纽带只有狭隘的需要和一己的私利。马克思披露道，在市民社会中，"实际上起作用的是异化"④。在这里，人被贬低成、降格成达到各自功利目的而彼此相互利用的工具。在这里，人们都是利己的私人，都是市民社会里相互斗争倾轧的私人。在这里，人成了完全异己力量的玩物，成了完全异化的人，从而丧失了一切人之为人的属性。总之，"一句话，人还不是现实的类存在物"⑤。

最后，马克思总结道，资产阶级市民社会实际上是人与人私利的战场。在这个战场里奉行的是私有财产的宗教，而私有财产的宗教，不是别的什么东西，它就是自私自利、利己主义的犹太精神，它是整个资产阶级市民社会

---

① 中共中央马克思恩格斯列宁斯大林著作编译局. 马克思恩格斯全集（第3卷）[M]. 北京：人民出版社，2002：182-183.

② 中共中央马克思恩格斯列宁斯大林著作编译局. 马克思恩格斯全集（第3卷）[M]. 北京：人民出版社，2002：183.

③ 中共中央马克思恩格斯列宁斯大林著作编译局. 马克思恩格斯全集（第3卷）[M]. 北京：人民出版社，2002：184.

④ 中共中央马克思恩格斯列宁斯大林著作编译局. 马克思恩格斯全集（第3卷）[M]. 北京：人民出版社，2002：178.

⑤ 中共中央马克思恩格斯列宁斯大林著作编译局. 马克思恩格斯全集（第3卷）[M]. 北京：人民出版社，2002：173.

信仰的根基。对于这一体认，马克思做了如下描述：其一，围绕私有财产的巧取豪夺而展开的战争，是市民社会尔虞我诈的掠夺本性；其二，关于私有财产及其利己权利的设定、规范和维护，是市民社会赖以构建、得以自转的私法基础；其三，对私有财产的极尽渴望、疯狂追逐和顶礼膜拜，是市民社会神化了的宗教精神。可以说，这样的分析是入木三分，鞭辟入里。至此，马克思已然明了：市民社会的中心问题即是私有财产的问题，从而，犹太人问题的深层次解答应在对市民社会私有财产的深入分析中去继续探寻。

（二）马克思对犹太精神和金钱异化的批判

在批判鲍威尔的《现代犹太人和基督徒获得自由的能力》一文时，马克思又进一步阐明，犹太精神——作为私有财产的宗教、作为市民社会的精神——的世俗基础，就是功利需要和利己主义，而这个"实际需要和自私自利的神就是金钱"[①]。这样一来，马克思通过对犹太精神的批判就又达到了对金钱异化的批判。

马克思对金钱异化的批判是从以下几个方面展开的：首先，马克思揭露，金钱既剥夺了自然界的价值，又剥夺了人的世界的价值，因而最终形成了整个世界的异化统治。同时，私有财产和金钱异化的统治，又形成了同样异化的自然观和世界观。其次，马克思阐明，金钱是异己的本质，整个资产阶级市民社会实际上是在金钱的异化之中进行生产。在这种异己的本质中，人们无时无刻不受到来自异己力量（金钱）的支配与控制。金钱异化不仅导致了人的存在和人的本质之间的相互分离，并且还导致了人的劳动和人本身之间的相互异化。再次，马克思指出，金钱的异化、人的异化和社会的异化，此三者构成了资产阶级市民社会的异化现实。

马克思最后总结道，对金钱的崇拜是功利主义、利己主义的实际需要，因而也就是犹太精神的彻底表现。人类要从市民社会尔虞我诈的掠夺本性中解放出来，要从对私有财产的极尽渴望、疯狂追逐和顶礼膜拜的宗教精神中解放出来，要从私有财产巧取豪夺的战争中解放出来，最直接的表现就是：人类要从金钱的异化中解放出来。马克思说，只有彻底地消灭金钱的异化，

---

① 中共中央马克思恩格斯列宁斯大林著作编译局. 马克思恩格斯全集（第3卷）[M]. 北京：人民出版社，2002：194.

才能彻底清除市民社会里的犹太精神和私有财产的宗教，犹太人问题才能得到彻底解决。到那时，社会就成为真正的人的社会，人也才成为社会的、真正的类存在物。

可以看出，对犹太精神、对私有财产的宗教、对金钱异化，马克思的批判是犀利的、透彻的、革命性的。当然，关于这一时期马克思的金钱异化批判思想，有以下几点需要进一步地说明：

第一，对金钱异化的批判，意味着马克思开启了对市民社会进行经济哲学思考和经济伦理批判的一次重要转向。

前已述及，在克罗茨纳赫时期，马克思对市民社会的解析是建构在政治史观的基础之上的，他主要是从国家制度与市民社会、等级与市民社会、私有财产与市民社会等政治哲学的维度，来形成对市民社会的批判。相应地，彼时，马克思对市民社会私有财产的理解，还主要局限在封建地产和长子继承权的认知框架之下。这表现为，他将依托于封建宗法政治的地产视为私有财产的全部形式，即：私有财产 ＝ 地产 ＝ 长子继承权。

而到了《德法年鉴》时期，在《论犹太人问题》一文中，马克思不仅推进了对市民社会基础性地位的体认，而且通过分析，还进一步指出，市民社会的核心问题在于私有财产的问题。此时，马克思对私有财产的理解不再仅限于封建性质的地产及其长子继承权的宗法政治制度，而是涉及了"金钱"这一经济形式的核心概念。何为私有财产？从"封建地产（政治批判）"的视角到"金钱异化（经济批判）"的视角的转向，意味着马克思获得了对私有财产的全新理解，这也构成了他对市民社会进行经济哲学思考和经济伦理批判的一次重要转向。这次转向至关重要，它成为马克思接下来在《巴黎手稿》时期，立足于经济史观的完整视域，全面考察市民社会和私有财产的一个关键性过渡。

第二，马克思此时对金钱异化的批判，还带有一定的局限性。

与此同时，我们也应该看到，金钱是不是货币？货币是不是资本？单纯贵金属意义上的金钱、作为货币的货币和作为资本的货币是怎样的一种关系？等等，诸如此类的问题，还没有进入马克思此时的思考域。马克思对这些问题的思考与解答，是到了《巴黎手稿》时期，通过对市民社会进行政治经济学解剖和对私有财产进行经济史观考察才最终开启的。在《巴黎手稿》时期，我们将看到，马克思逐渐揭示出，私有财产在历史的嬗变中，经历着"个别、特殊、一般（普遍）"的运动规律。在这种运动中，单纯贵金属意义上的金钱是私有财产的个别形式，而作为资本的货币则是私有财产的一般（普遍）形式。所以，虽然在《德法年鉴》时期，马克思对私有财产的认知相较于克罗茨纳赫，有所提升、有所深化，但他此时对金钱（异化）的分析、对私有财产的理解，仍然带有一定的局限性。

第三，在对金钱异化的批判性分析中，马克思还潜在地表达出劳动异化的某些思想。

在具体分析和批判金钱异化的过程中，马克思已经隐约地察觉到，人的存在和人的本质也会因金钱异化而发生分离，这必然也会导致人的劳动与人本身相互异化。换言之，此时的马克思在金钱异化的基础上，已经前瞻性地生成了劳动异化思想的引子。这一思想在后来的《巴黎手稿》时期得到了进一步的升华，发展成更加系统、更加深刻、更加独到的异化劳动学说。

最后，值得一提的是，马克思的金钱异化批判与几乎同一时期赫斯的货币异化思想有着异曲同工之妙。但正如前面说到的那样，马克思在金钱异化的基础上，已经前瞻性地生成了劳动异化思想的引子，从批判金钱异化潜在地走上了批判劳动异化的思想之旅，这就同赫斯的思想在本质上界分开了。关于这一点，我们将在下一章中重点阐述。

四、从市民社会的政治解放到普遍的人的解放

通过对犹太精神的批判，马克思不仅达到了对金钱异化的批判，而且还达到了对基督教市民社会的批判。马克思清醒地认识到，"只有在基督教的统治下，市民社会才能完全从国家生活分离出来，扯断人的一切类联系，代之以利己主义和自私自利的需要"①，把一切人的关系变成对人来说都是异化的关系，并使人的世界分解成原子式的彼此倾轧、相互争斗的私人的世界。

马克思清醒地认识到，私有财产是市民社会的功利应用，并且，只有在

---

① 中共中央马克思恩格斯列宁斯大林著作编译局. 马克思恩格斯全集（第3卷）[M]. 北京：人民出版社，2002：196.

资产阶级政治国家从理论上完成了这种自我异化之后，即以法律的形式确立起私有财产的统治之后，市民社会的犹太精神才能得到普遍性的存在，普遍私利的社会也就这样建立起来了。对此，马克思尖锐地披露道，国家并没有实际废除私有财产，相反，它倒是以私有财产作为自己的前提。资产阶级国家以宪法和法律的形式取消选举权和被选举权的财产资格限制，只是资产阶级蒙蔽人民、欺骗人民、麻痹人民的政治手段，只是一种虚幻的假象，因为在资产阶级市民社会里处处都是以私有财产的多寡作为衡量人本身的价值的尺度。所以，毫无疑问，"政治解放本身并不就是人的解放"①。

然而，马克思也清醒地认识到，"犹太精神不是违反历史，而是通过历史保持下来的"②。这表明，马克思对犹太精神、对市民社会的私有财产并不是一味地加以否定，而是能从整个人类文明进展的运动视角理性地看待犹太精神产生的历史性。这表明，在《论犹太人问题》一文中，马克思的思想已经具有很强的历史辩证性。

首先，在马克思看来，资产阶级的政治解放有其历史进步的一面。市民社会的政治革命和政治解放推翻了封建专制的统治，摧毁了一切封建等级的特权，砸碎了束缚市民社会的封建枷锁，消除了市民社会的封建性质。按照马克思的说法，它是既完成了封建主义的解体，同时也实现了市民社会唯物主义的完成。这是因为马克思看到，封建制度的瓦解与利己主体的出现，资产阶级政治国家的建立与市民社会分解成独立的自然个体并催生自然权利（droits naturels）的形成等等，所有这一切都是同一历史过程相伴而生的产物。所以，作为实存，市民社会有着它的历史必然性。"利己的人的自由和承认这种自由，更确切地说，是承认构成他的生活内容的那些精神要素和物质要素的不可阻挡的运动"③ 则很好地诠释了市民社会的这一历史必然性。值得一提的是，这了不起的思想在后来的《巴黎手稿》和《德意志意识形态》中都

---

① 中共中央马克思恩格斯列宁斯大林著作编译局．马克思恩格斯全集（第3卷）[M]．北京：人民出版社，2002：180.

② 中共中央马克思恩格斯列宁斯大林著作编译局．马克思恩格斯全集（第3卷）[M]．北京：人民出版社，2002：194.

③ 中共中央马克思恩格斯列宁斯大林著作编译局．马克思恩格斯全集（第3卷）[M]．北京：人民出版社，2002：188.

得到了充分的延展和发挥。在那里，马克思站在更深刻、更宏阔的历史视角，将私有财产自我扬弃的运动和共产主义的生成以及整个历史序列的交替发展都看成是同样不可阻挡的历史运动。

其次，在马克思看来，资产阶级政治革命和政治解放的消极性也是不言而喻的。它把人划分成市民社会里彼此孤立、原子式的个人；把共同体贬低成自私自利个体的集合。本该以现实的人和真正的人的形式存在的人，在资产阶级市民社会里，却扭曲成：只有当他们以利己的人、抽象的人的形式存在（即以异化的形式存在）时，才能获得承认。于是，马克思敏锐地指出，正如市民社会的政治革命和政治解放使利己的人的世界和人的关系回归于单独自然个体的人一样，社会主义的革命和普遍的人的解放将重新使这些分散的、孤立的、原子式的个人组织成类存在物。这种类存在物，即表现为真正的人的社会。在其中，将重新组织起类存在的（社会的）、固有的类力量，并把这种类力量完全归还给社会的人本身，使它不再成为同人的本质相分离、相异化的一种存在。马克思说，这才是真正的解放、人的解放。可见，对资产阶级市民社会向社会主义真正的人的社会跨越的阐发，进而提出把真正的人的世界和真正的人的关系归还给社会的人本身的主张，是马克思探讨犹太人问题的最终旨归和价值导向。这就为接下来马克思在政治经济学领域继续深入探讨市民社会、私有财产和共产主义问题指明了前进的方向。

第二节　《〈黑格尔法哲学批判〉导言》
中的市民社会批判

如果说，在《论犹太人问题》里，马克思是通过驳斥鲍威尔把犹太人问题归结为宗教和国家的关系问题来主张普遍的人的解放的话，那在同一时期完成的《〈黑格尔法哲学批判〉导言》（以下简称：《导言》）一文中，马克思则重点批判了德国的宗教、德国的现状和德国的哲学，以此来探讨德国的革命解放以及实践、现实、理论之间的相互关系。在该文中，马克思坚持理论与实践相结合、实践和现实相统一的方法论立场，通过对德国的历史现状和德国市民社会各阶级状况的分析,具体阐发了德国革命解放的历史途径和最终目的,从而第一次较为全面地表述了无产阶级的历史使命和实践唯物主义的基本观点。

一、对德国现状的批判

《导言》一开篇,马克思就开宗明义地讲,对德国的宗教展开批判,其目的是把颠倒的世界以及颠倒的世界意识还原回来,进而把真正的人的世界和真正的人的关系归还给人本身。实言之,这一批判的目的,即在于:探寻人自己的现实性,从而建立起人本身的现实基础,让人民能够围绕"自己现实的太阳转动"①,去追寻并得到属于他们自己的现实的幸福。所以,马克思才说,哲学的迫切任务是要立足于世俗现实,揭示出"此岸世界的真理"②,真正为人的现实生活和幸福去服务。

然而,反观德国的哲学,它却是"观念历史的遗著(œuvres posthumes)"③,是代表陈腐旧制度(ancien régime)世界观的反映,是落后的历史在观念形态上的表征。为此,马克思愤懑说道,一定要对德国哲学展开批判,这就是当前迫切任务的中心所在。接着,马克思具体批判了两派观点,并指出了它们的错误。

一派称之为"实践政治派"。他们主张从事政治实践活动,并要求否定哲学。应该说,这一派的主张在某些方面还是有可取之处的。但问题是,仅仅通过"背对着哲学,并且扭过头去对哲学嘟囔几句陈腐的气话"④,就能否定哲学吗?显然不能。这种形式无异于掩耳盗铃、自欺欺人。何况,德国人民有哲学的思维传统,他们一向都是在哲学的头脑里萌生出对现实生活反观映

---

① 中共中央马克思恩格斯列宁斯大林著作编译局.马克思恩格斯全集(第3卷)[M].北京:人民出版社,2002:200.

② 中共中央马克思恩格斯列宁斯大林著作编译局.马克思恩格斯全集(第3卷)[M].北京:人民出版社,2002:200.

③ 中共中央马克思恩格斯列宁斯大林著作编译局.马克思恩格斯全集(第3卷)[M].北京:人民出版社,2002:205.

④ 中共中央马克思恩格斯列宁斯大林著作编译局.马克思恩格斯全集(第3卷)[M].北京:人民出版社,2002:206.

照的思想闪电。所以，这一派的缺陷在于，他们不仅没有把哲学融入具体的实践中去，政治实践缺乏哲学理论的指导，而且更没有使哲学与德国历史的现实性紧密地结合起来。

另一派称之为"起源于哲学的理论政治派"。他们主张，对现实世界的批判要通过对哲学的批判来完成。但问题是，仅仅通过批判哲学，就能达到对现实的批判吗？显然也是不能的。所以，这一派的缺陷即在于，他们完全沉湎在自己批判的世界里，对德国的现状只懂得纯粹观念意义上的、拘泥于哲学范围本身的批判。纸上谈兵而不诉诸任何实践，夸夸其谈从而严重脱离实际。

总之，这两派观点，在马克思看来，要么是政治实践缺乏哲学理论的指导，要么是哲学理论脱离政治实践的行动，因而，它们都是片面的、狭隘的，都没有实现哲学理论与政治实践的现实统一。

同时，在彼时的德国还存在着历史法学派。历史法学派的观点，在哲学基础和政治主张上，都同黑格尔的历史哲学和法哲学观点相对立。事实上，对于以萨维尼和胡果为代表的历史法学派，黑格尔在《法哲学原理》的第211节，就曾明确提出过反对见解。在《莱茵报》时期，马克思在研究包括胡果、萨维尼等人的法律著作时就指出：历史法学派并没有找到法律产生的真正根源，也没有为法律提供合乎历史（规律）本身的合理解释；反而是其消极面，如黑格尔的法哲学体系一样，严重地阻碍了德国进步思想的发展。在马克思看来，历史法学派对法的本质、法的生成所谓的"追本溯源"，依旧是出于"轻佻精神"①的臆想和虚构，是与法律关系产生的真实基础和现实成因相违背的。马克思发表在《莱茵报》上的政论文《历史法学派的哲学宣言》毫不留情地揭露出胡果等人的自然法所具有的实则为奴隶制辩护的反动本质。当然，从思想史的角度看，我们应做如下说明：在《莱茵报》时期，马克思的批判话语仍然受到理性主义方法论的束缚。到了巴黎之后，撰写《导言》之时，马克思已经建立起"市民社会决定国家"的法哲学唯物主义方法论基础，已经站在理论与实践相结合、实践和现实相统一的原则立场上。

---

① 中共中央马克思恩格斯列宁斯大林著作编译局. 马克思恩格斯全集（第 1 卷）[M]. 北京：人民出版社，1995：229.

于是，当马克思此时再对历史法学派进行评论时，其论说的语境与思域已跟《莱茵报》时期截然不同了。应该说，是前进了一大步。

最后，马克思总括性地指出，"抽象而不切实际的思维"是所有这些错位的思想观念体系及其理论主张的流弊和通病。他们洋洋自得、自以为是，完全沉湎于构建虚假的人和抽象的人，满足于构造虚妄的现实和想象的现实，而对真实的生活世界视而不见，"置现实的人于不顾"①。如此一来，他们思维的狭隘、鄙陋和自大就暴露无遗，并且，总是与德国历史现状的片面、落后和低下保持着同步。

马克思说，在现代各国，陈旧腐朽的旧制度都已归为陈迹、已然是隐蔽的缺陷了，可是在德国，它却是公开的完成，滑稽地受到统治者的追捧和欢迎。马克思慷慨激昂继续说道，德国的现状是历史的落后、是一种时代的错乱，因为它是拿布满历史废旧物上的灰尘去装饰自己敷粉的发辫，把各国过去的悲剧当作自己现在的喜剧在演。何其荒谬、何其可笑！马克思疾声呐喊："一定要开火！"② 既要向德国陈腐的旧制度开火，又要向这种制度在哲学上继续着的抽象观念宣战。历史终将证明，旧制度作为世界制度的丑角，注定是要以悲剧来收场的。

二、市民社会的特殊阶级——无产阶级

如何才能使这一开火的斗争——"搏斗式的批判"③ 超出德国旧制度的现状呢？对此，马克思创造性地提出了两点思考：其一，要把真正的人作为理论的出发点，并把它提升到批判应有的高度上来；其二，市民社会、政治经济学和财富的统治，这些范畴是现时代应当考虑的主要问题，尤其是"工

---

① 中共中央马克思恩格斯列宁斯大林著作编译局．马克思恩格斯全集（第3卷）［M］．北京：人民出版社，2002：207.
② 中共中央马克思恩格斯列宁斯大林著作编译局．马克思恩格斯全集（第3卷）［M］．北京：人民出版社，2002：202.
③ 中共中央马克思恩格斯列宁斯大林著作编译局．马克思恩格斯全集（第3卷）［M］．北京：人民出版社，2002：202.

业以至于整个财富领域对政治领域的关系"① 要格外引起重视。

基于这两点思考，马克思深入到德国市民社会的内部，分析了当时市民社会各阶级的状况。他指出，在德国，封建诸侯与专制君主在斗争、行政官僚与王公贵族在斗争、资产阶级与所有这些封建等级在斗争。虽然他们彼此的斗争对象和斗争形式不尽相同，但上述市民社会的各阶级都有一个共同的特点，即"有节制的利己主义"②。这种利己主义带有明显的狭隘性，这就决定了德国要实现的革命将与法国革命有显著的不同。在法国，革命的性质是部分的纯政治的革命，即市民社会的一部分为自己的阶级争取到纯政治的解放，并且，解放者的角色是由市民社会各个不同的阶级依次来担任的。相反，在德国，若只是市民社会的一部分实现政治解放——无论它是由哪个阶级来担任解放者的角色，只要它仍是一部分的解放——对整个社会来说，它就只能是"乌托邦式的梦想"。由此，马克思指出，德国将实现的革命，其性质不可能是部分纯政治的，而只能是彻底的全社会的革命，它革命的理想是全人类的解放。

要实现这一革命理想，就一定要在市民社会中形成这样一个特殊的阶级：它与整个社会亲如兄弟、同全体人民荣辱与共；它具有远大的理想和开阔的胸怀，它使自己同社会融为一体，并把自己看成是整个社会的总代表；它还要具备革命的大无畏精神，能够为了全社会、全人类的普遍解放而拼搏不止、奋斗不息。唯有如此，这个"市民社会特殊阶级"③ 所要完成的革命、所要实现的解放，才会与全体人民的革命和解放一致起来。马克思最后充满激情地说，德国需要的正是这种彻底的革命。

在阐发了德国革命的性质和这个"市民社会特殊阶级"的使命之后，接着，马克思回答了两个问题：（1）这个特殊阶级是什么阶级？（2）它如何在市民社会中产生出来？马克思指出，它是被戴上锁链的阶级，是丧失了一切

---

① 中共中央马克思恩格斯列宁斯大林著作编译局．马克思恩格斯全集（第3卷）［M］．北京：人民出版社，2002：204.

② 中共中央马克思恩格斯列宁斯大林著作编译局．马克思恩格斯全集（第3卷）［M］．北京：人民出版社，2002：211.

③ 中共中央马克思恩格斯列宁斯大林著作编译局．马克思恩格斯全集（第3卷）［M］．北京：人民出版社，2002：211.

又必将成为一切的阶级，它"就是无产阶级这个特殊等级"①。在马克思看来，一方面，私有财产形成了两个截然对立的等级——解放者等级和奴役者等级，所以，无产阶级是市民社会工业运动和私有财产的产物。另一方面，无产阶级宣告了世界制度和社会状况的实际解体，所以，无产阶级也成了这种急剧解体的产物。

如果细心回顾马克思在《黑格尔法哲学批判》中的论述，就可以发现，那时马克思就曾探讨过等级与市民社会的问题。在《导言》中，马克思再次谈论了市民社会的等级。但比较而言，《导言》中的分析要更加深入、更为深刻。这主要体现在如下几个方面：

第一，在克罗茨纳赫时期，马克思批判的重心是黑格尔思辨唯心的法哲学体系，这就使得当时的批判主要集中在两个方面上，即：打破黑格尔"普遍"等级学说的抽象性，以及揭穿黑格尔关于市民等级和政治等级二元论关系的矛盾性。所以，那时主要是以"破"为主；而且，并未实际探讨由谁来承担"破"的主体的问题。

移居巴黎之后，马克思不仅接触到了各式各样的社会主义学说，使得他对社会主义思潮和共产主义思想有了更加强烈的感触；而且还通过探讨"市民社会的犹太精神是私有财产的宗教"这一重要问题，使得他对市民社会的政治解放和普遍的人的解放的相互关系也有了更为深刻的认识。这些体悟都反映在了《导言》之中。于是，当马克思写作《导言》，再次论及市民社会的等级问题时，他一改以往"主谓颠倒"的批判方法，而是诉诸更加深入现实的阶级分析方法，在对市民社会各阶级的状况进行透彻剖析的基础上，提出了"市民社会特殊阶级是无产阶级"这一核心的思想范畴，从而将德国革命与解放的实际可能性历史地、现实地"立"了起来。

第二，在克罗茨纳赫时期，马克思虽然已经看到市民社会内部等级相互分离的事实，进而发现这种分离导致了人本身同类本质的分离，但是，在当时，马克思并没有详细分析等级分离和等级形成的历史成因。

到了巴黎之后，马克思的思考更深了一步，他将市民社会等级的分离和

---

① 中共中央马克思恩格斯列宁斯大林著作编译局. 马克思恩格斯全集（第3卷）[M]. 北京：人民出版社，2002：213.

形成放在整个社会历史运动与发展的进程之中来考察，得出"德国无产阶级只是通过兴起的工业运动才开始形成"① 的结论；并且，还阐明了无产阶级是迄今为止的世界制度和整个社会急剧解体的产物的观点。这无疑是极为重要的一步认识。

第三，在克罗茨纳赫时期，马克思对私有财产的理解大体是："私有财产＝地产＝长子继承权"这样的表达式。于是，私有财产的统治，就只能被理解为限定在地产领域的长子继承权的宗法统治。应该说，马克思那时对私有财产的认知是局部的，他还没有认识到私有财产其实是一种普遍的异化的统治、是一切奴隶制的代名词。在《论犹太人问题》中，马克思涉及了金钱这样的经济形式。在那里，对私有财产的认知，从地产的角度转到了金钱，这就构成了马克思对市民社会和私有财产进行经济哲学思考和经济伦理批判的一次重要转向。

在《导言》中，历史分析法和阶级分析法的运用，使得马克思洞察到工业以至整个财富领域对市民社会的统治。这就促使马克思去深入思考市民社会和私有财产的问题。我们看到，马克思对私有财产有了更深刻的理解，他把私有财产看成是整个世界制度的异化。这样一来，他就把对私有财产的否定，提升到对整个私有制度、奴役制度的否定上来。"无产阶级要求否定私有财产"，他们要求否定的不是哪一个方面或者哪一个领域里的私有财产，而是对整个私有财产社会和私有财产制度的彻底否定。至此，马克思才真正将市民社会等级分离的问题、解放者和奴役者阶级对立的问题、私有财产普遍统治的问题以及无产阶级对私有财产主张彻底否定的问题，等等一连串的关系紧密地联系起来了。

第四，在克罗茨纳赫时期，马克思是从私利心和利己性的角度来界定市民社会等级属性的。

写作《导言》时，马克思充分地阐明和详细地论述了，无产阶级——作为失去一切、但为了一切、又必将成为一切的等级——它不是为了某一个阶级的部分解放，而是为了真正的人的解放、为了全人类的解放。所以，在马

① 中共中央马克思恩格斯列宁斯大林著作编译局. 马克思恩格斯全集（第3卷）［M］. 北京：人民出版社，2002：213.

克思看来，无产阶级作为市民社会的一个特殊阶级，其特殊性就表现在：它是"一个并非市民社会阶级的市民社会阶级"①。一方面说它是市民社会阶级，是说它在市民社会中形成，是市民社会工业运动的产物。另一方面又说它不是市民社会阶级，是说它并"不要求享有任何特殊的权利"，它要求的不是市民社会的一部分实现解放，而是一切社会领域的彻底解放。此处，看似矛盾的表达，实则彰显了马克思对市民社会阶级、市民社会等级属性的全新理解、辩证理解，与克罗茨纳赫相比，这里的分析要更具历史感、时代感和使命感。

三、无产阶级的历史使命与人民的革命实践

马克思通过对市民社会各阶级的分析，提出了无产阶级及其解放的革命主张；又通过阐述理论、革命和实践的关系，提出了实践唯物主义的现实主张。在这里，市民社会仍然是马克思立论的切入点。他探明到，不仅在市民社会和政治国家之间存在着不一致，而且，在市民社会和市民社会本身之间也存在着不一致。马克思指出，理论的需要没有满足实践的需要是问题的症结所在。德国过去的理论因为不彻底，所以说服不了人；正因为说服不了人，所以掌握不了群众；而掌握不了群众，也就不能变成改造旧世界的批判武器。所以，只有彻底的理论才能成为彻底的"批判的武器"，也只有人民群众的物质力量和革命运动才能成为彻底的"武器的批判"。前者是革命的理论，后者是革命的实践。

马克思对"实践政治派"和"起源于哲学的理论政治派"的批判也好，对历史法学派的批判也好，都在于表明他们没有实现理论与实践的现实对接，都在于表明他们没有在真正的人的高度上，实现理论和实践的统一。在马克思看来，理论的彻底性应该表现为：从批判德国的宗教出发而来的彻底性。同时，解放的立足点就应该建构在"人是人的最高本质"这一学说之上。德国只有实现有原则高度的（à la hauteur des principes）实践，才能把革命提高到真正的人的高度上来，也才能一个筋斗跨越自身的和世界各国的障碍去实

① 中共中央马克思恩格斯列宁斯大林著作编译局．马克思恩格斯全集（第3卷）［M］．北京：人民出版社，2002：213.

现真正的人的解放。

有原则高度的实践怎样才能达成呢？或者说，在什么样的条件下，才能实现有原则高度的实践呢？马克思指出，达成的条件在于：实现哲学（头脑）和无产阶级（心脏）的紧密结合，即实现哲学理论和革命实践的统一。这意味着，哲学必然要成为无产阶级革命的哲学，成为真正的人的哲学，成为革命强大的头脑。同样，无产阶级也必然要用这革命的、科学的、实践的哲学来武装自己，于现实社会中身体力行，开展自我解放、全人类解放的革命运动。只有这样，德国陈腐的旧制度才能被推翻，无产阶级才能自豪地向世界宣告全人类的解放事业开启了历史的新纪元。

第三章

巴黎时期马克思的市民社会批判 II：《巴黎手稿》

在《巴黎手稿》时期（约 1844 年 5 月底 6 月初至 1844 年 8 月，巴黎），青年马克思希冀通过"解剖"市民社会，来达成对市民社会本身的深刻认识。这是对《德法年鉴》时期思考的继续。于是，马克思开始着手研究古典政治经济学、批判古典政治经济学。其理论成果为：《巴黎手稿》，即《1844 年经济学哲学手稿》（Ökonomisch-philosophische Manuskripte，1844）和以摘录性质居多的《巴黎笔记》，即《巴黎历史学-经济学研究笔记》（Historisch-ökonomische Studien，Pariser）。

这一时期，马克思的思想可谓交融并汇、丰富多彩、蔚为大观。其表现在，一方面，就求索和考察市民社会的视野和思路而言，马克思由政治史观的法哲学领域彻底转向到了经济史观的经济哲学领域，从而视野更加开阔、思路更加明晰；另一方面，就研究和探讨市民社会的方法和目的来说，也显得更加科学而合理。马克思将异化观、感性对象化论、经济史观、辩证法、劳动实践观和革命实践观等诸多方法论，融会贯通地灵活运用起来；并以此为基础，阐明了"同一条道路理论"。马克思指出，市民社会及其私有财产在其自身感性的经济现实和经济运动之中，必将实现其自我异化态的积极扬弃。相应地，市民社会经济哲学批判的最终旨趣，应该是实现人的价值和人的本质的积极回归。基于此，科学共产主义的理论品格也进一步得到了彰显。

第一节　市民社会的解剖与方法论的融合

市民社会问题，是马克思在克罗茨纳赫时期和《德法年鉴》时期开展研究时的重点指向与核心所在。此后，马克思的研究计划原本是打算借助政治史的研习，来深度批判黑格尔的法哲学，但这一构想尚未实施就戛然而止了。非但如此，对国民公会史的研究也搁置了。马克思将时间和精力全部集中到一块他完全陌生、但又不得不去开垦的新大陆——政治经济学。

一、解剖市民社会：涉猎政治经济学的缘起

青年马克思转向政治经济学时的心境，可以通过其在《巴黎手稿》（《1844 年经济学哲学手稿》）序言中的自述窥探一二。在这篇写在第三手稿末尾处的《序言》里，马克思高度赞赏了魏特林、赫斯和恩格斯，称他们的著作"内容丰富而有独创性"①。尤其是后两位，给哲学家马克思以不小的触动。马克思体悟到，"对市民社会的解剖应该到政治经济学中去寻求"②。

在《国民经济学批判大纲》中，恩格斯强调，国民经济学的本质在于，它是"一个成熟的允许欺诈的体系、一门完整的发财致富的科学"③。他从国民经济学发展的历程出发，通过对国民经济学体系、要素和范畴的探讨，剖析了劳动在经济生产中应有的地位与意义。恩格斯指出，劳动是财富之源、是生产的基本要素、是人的自由活动的表现，可是它却"很少受到经济学家的重视"④。恩格斯接着强调，劳动和资本还处在尖锐的现实对立之中。由于私有制和私有财产本身存在固有的缺陷，因而，这种尖锐的对立与冲突必然引发一场轰轰烈烈的社会革命。

恩格斯对经济哲学的历史分析以及对经济伦理的道德批判，如金声玉振，掷地有声。当身为哲学家的青年马克思读到此篇时，眼前为之一亮、精神为之一振，拍案叫绝、兴奋不已。直到 1859 年，马克思出版他的巨著《政治经

---

① 中共中央马克思恩格斯列宁斯大林著作编译局 . 马克思恩格斯全集（第 3 卷）［M］. 北京：人民出版社，2002：220.

② 中共中央马克思恩格斯列宁斯大林著作编译局 . 马克思恩格斯全集（第 31 卷）［M］. 北京：人民出版社，1998：412.

③ 中共中央马克思恩格斯列宁斯大林著作编译局 . 马克思恩格斯全集（第 3 卷）［M］. 北京：人民出版社，2002：442.

④ 中共中央马克思恩格斯列宁斯大林著作编译局 . 马克思恩格斯全集（第 3 卷）［M］. 北京：人民出版社，2002：458.

济学批判·第一分册》时，在序言中还不忘赞叹恩格斯的《大纲》是"批判经济学范畴的天才大纲"①。

应该说，在国民经济学的批判性探讨上，恩格斯最初是走在马克思前面的。赫斯也同样如此。在赫斯那里也有类似的表达。在《货币的本质》一文中，赫斯披露道，国民经济学的本质是"尘世的发财致富的科学"②，它只会根据人的钱袋的大小和重量来判断一个人、评价一个人。也就是说，在资本主义社会，人的价值是用金钱（货币）的尺度来衡量的。一个人拥有的金钱（货币）越多，在资本主义社会，他的价值就越大。对此，赫斯予以了猛烈的批判。同时，还指出，从古代的奴隶制形式到中世纪浪漫主义的奴隶制形式，再到现代基督教市民社会的奴隶制形式，奴隶制自身经历了漫长的发展。在现代市民社会，即在现代商业世界（Sacherwelt）中，它的奴役本性的表现就是货币。赫斯痛斥道，国民经济学是彻头彻尾的"利己主义的理论、利己主义的逻辑"，是关于自然的生活和人的生活"颠倒的世界观"③。在这种颠倒的世界关系里，"货币是相互异化的人的产物（das Product der gegenseitig entfremdeten Menschen），是被外化了的人的（der entäußerte Mensch）产物"④。

从上面的论述中，可以看出，赫斯的目光还是相当犀利的。事实上，赫斯也看到了国民经济学的伪善、欺诈与虚妄，也对此做出了无情的揭露与猛烈的鞭挞。赫斯论述的逻辑侧重于异化史观——重在阐明货币的异化属性以及资产阶级市民社会的现代奴役制在这种异化货币中的自我实现。比较而言，恩格斯的论述侧重于经济现实的逻辑——重在阐发劳动在经济生活中的意义及其与资本的尖锐对立，并以此来论证社会革命爆发的必然性与现实性。

虽然，赫斯和恩格斯的批判侧重点不同，但他们各自独到的见解都给了青年马克思很大的启发。在《巴黎手稿》的整部手稿中，我们都可以看到恩

---

① 中共中央马克思恩格斯列宁斯大林著作编译局 . 马克思恩格斯全集（第31卷）［M］. 北京：人民出版社，1998：413.

② ［德］赫斯 . 赫斯精粹［M］. 邓习议，编译，方向红，校译 . 南京：南京大学出版社，2010：146.

③ ［德］赫斯 . 赫斯精粹［M］. 邓习议，编译，方向红，校译 . 南京：南京大学出版社，2010：144.

④ ［德］赫斯 . 赫斯精粹［M］. 邓习议，编译，方向红，校译 . 南京：南京大学出版社，2010：146.

格斯思想影响的痕迹，只不过，马克思的《手稿》更具哲人的风采。在与《巴黎手稿》同时期的一篇政论文章《评一个普鲁士人的〈普鲁士国王和社会改革〉一文》中，我们也可以看到赫斯的思想给马克思的启迪。在文中，马克思认为，国家和奴隶制的存在是彼此结合、不可分割的，历史上如此，现代亦如此。并且，他拿古典古代的奴隶制与现代资产阶级市民社会的奴隶制相对比，从历史的角度阐明了国家和奴隶制的紧密联系。马克思说："这种市民社会的奴隶制是现代国家赖以存在的天然基础，正如奴隶占有制的市民社会是古典古代国家赖以存在的天然基础一样。"① 比较而言，赫斯着重于揭示货币是奴隶制的完成以及货币的异化本质，马克思则更倾向于论述市民社会、奴隶制与国家三者之间的必然联系。

马克思的笔调之所以会有所不同，这是因为：其一，在写作此篇政论檄文时，出于立论需要的考量而使然。其二，马克思论述市民社会、奴隶制与国家的紧密关联，意在表明：只有消灭了市民社会的奴隶制，才能彻底铲除现代国家身上这颗"天然基础"的毒瘤。要做到这一点，只有扬弃市民社会的私有财产，才有可能。为此，马克思说道，与社会革命"相适应的实践"，完成社会革命所要具备的"解放的积极因素"②，只有在社会主义中、只有在无产阶级身上，才能被真正地找到。

二、异化观的提升：劳动的异化和社会关系的异化

恩格斯关于经济伦理的现实批判、赫斯关于货币异化的思想，还包括费尔巴哈宗教异化的思想，以及蒲鲁东关于所有权（财产权）经济异化的思想等，都对此时的马克思造成了巨大的影响。这使得马克思在写作《巴黎手稿》第一手稿时，异化观是其中重要的批判思路和方法论基础。

（一）异化劳动学说

尽管如此，马克思思想的脚步却从未停歇。他在赫斯货币异化思考的基

---

① 中共中央马克思恩格斯列宁斯大林著作编译局. 马克思恩格斯全集（第3卷）[M]. 北京：人民出版社，2002：386.
② 中共中央马克思恩格斯列宁斯大林著作编译局. 马克思恩格斯全集（第3卷）[M]. 北京：人民出版社，2002：391.

础上，做了进一步的思考。司时，对自己在《德法年鉴》时期《论犹太人问题》中，基于犹太精神和金钱异化批判而引发的关于劳动异化和人的异化的思考，也做了进一步的探索。最终，建构起成熟、完整而新颖的异化劳动学说。

马克思窥探出，无论是金钱异化批判，还是货币异化思想，它们都有一定的局限性。因为，简单的金钱异化批判和单纯的货币异化观，都仅仅只是将问题的关注点，聚焦在"物"（金钱、货币）的上面。如此一来，除了能表明"物"（金钱、货币）和人之间的异化关系以外，恐难以再延伸出什么深刻的见解了。

马克思探明到，如果从"劳动"的视角来深入思考和重新审视"异化"的问题，则会更加深刻一些。因为，劳动，就其本身而言，既是一种行为，又是一种关系。首先，就劳动是一种行为而言，它能产生出结果；而且，从劳动的结果，也能反映出劳动行为的属性。亦即，行为与结果相互关联。其次，就劳动是一种关系而言，它可以通过反映人与人之间的关系态，折射出人自身的本质属性；而且，从人的本质，也能反观人与人之间的关系态。亦即，关系与本质相互关联。概括起来说，如果将异化观的视角聚焦在"劳动"的身上，就会很自然地得到：行为的范畴、结果的范畴、关系的范畴、本质的范畴，这四种不同的维度。更关键的是，这四种不同的维度还是浑然一体、彼此联系的。

正是基于这样的思考，马克思建构起异化劳动的学说。马克思先是确认了劳动异化的四种表现，它们是："劳动产品的异化；劳动行为的异化；人的类本质的异化；人与人相异化。"它们分别对应于劳动异化的四种不同的维度，即："结果的异化；行为的异化；本质的异化；关系的异化。"

以这种分析为基础，马克思又"从异化的、外化的劳动的概念得出私有财产的概念"①。此时，马克思运用的方法论是：黑格尔关于本质论阶段"必然的推论"中的假言推论。黑格尔在《逻辑学》中认为，"一切事物都是推

---

① 中共中央马克思恩格斯列宁斯大林著作编译局．马克思恩格斯全集（第3卷）［M］．北京：人民出版社，2002：278.

论"①；并认为，推论是判断和概念的统一。按照存在论和本质论的不同，黑格尔将推论分为存在论阶段的推论和本质论阶段的推论。其中，假言推论隶属于本质论阶段"必然的推论"之中。它的范式是：假如存在甲，就会出现乙；现在有了甲，所以就有乙。

马克思发现，异化劳动生产出站在劳动之外的人对劳动的统治，即生产出私有财产及其关系。于是，马克思假言推论说，假如存在异化劳动，就一定会出现私有财产；现在既然劳动是异化的，所以，私有财产的出现就是必然的。马克思总结道："因此，私有财产是外化劳动即工人对自然界和对自身的外在关系的产物、结果和必然后果。"② 只是到了后来，这种因果关系就变成相互作用的关系了。

在异化劳动和私有财产的关系得到阐明之后，马克思又论述了四点结论：

第一，社会从私有财产中解放出来，是通过消除它的因，即通过消除异化劳动的方式来实现的。而消除异化劳动，又是通过工人解放的政治形式来达成的；并且，在工人的解放中，还包含着普遍的人的解放。第二，可以借用异化劳动和私有财产这两个因素，来阐明国民经济学的其他一切范畴。后者诸范畴只不过是前者两因素（异化劳动和私有财产）特定的展开。第三，可以借用私有财产对真正人的财产的关系，来规定私有财产的普遍本质。第四，私有财产的起源问题，可以转换为异化劳动对人类发展进程的关系问题。

毫无疑问，比起自己在《德法年鉴》时期阐发的金钱异化批判以及赫斯的货币异化思想，此时马克思提出的劳动异化学说，视野更加宏阔、洞见更加深刻。

黑格尔在谈及科学（哲学）方法论的根本原则时指出，"方法并不是外在的形式，而是内容的灵魂和概念"③。这意在表明，方法不是搭建在认识对象之外，而是源生于概念本身的运动之内。虽然，黑格尔言说的"方法"，指称的是逻辑自身的本性，亦即指称的是逻辑自身的辩证运动形式；但是，它作

---

① ［德］黑格尔. 逻辑学（下卷）［M］. 杨一之，译. 北京：商务印书馆，1976：347.

② 中共中央马克思恩格斯列宁斯大林著作编译局. 马克思恩格斯全集（第3卷）［M］. 北京：人民出版社，2002：277.

③ ［德］黑格尔. 小逻辑［M］. 贺麟，译. 北京：商务印书馆，1980：427.

为一般意义上的辩证思维方法,其方法论的"合理内核"却是实实在在的,也是普遍适用的。

借助辩证思维方法,我们可以发现,赫斯货币异化思想方法论的本质缺陷就在于:其仅仅关注事物的外在形式,即只看到了"物"的表象——货币;只看到货币是奴隶制的完成,却不懂得奴隶制本身只不过是私有财产在社会历史形态上的制度呈现罢了。在这里,真正"内容的灵魂和概念",应该是私有财产。有鉴于此,马克思敏锐地指出,对金钱异化和货币异化的思考,应该被理解为关于私有财产异化的思考。这样一来,对问题的考察才会更加全面、更加科学。此外,马克思还主张,市民社会从古典古代的以奴隶占有制为表现形式的市民社会,发展到现代资产阶级商业世界的市民社会,这一历程的演变,应被看成是私有财产自身在历史长河中的不断变化,而不应该把分析的目光仅仅局限在奴隶制本身的框框里。又由于在私有财产和异化劳动之间,存在着天然的、必然的联系,所以,对问题的分析也会自然延展到劳动异化的领域中去。

在《巴黎手稿》接下来的理论叙事中,我们将会看到,私有财产在历史发展的不同阶段上,其表现形式和异化形态各不相同;但从整体观之,私有财产的面貌及历史嬗变又是前后承续、自然完整的。马克思科学地证实:贵金属、地产、资本都是私有财产的表现形式,它们是私有财产在不同时期的历史面貌。具体而言,作为金钱的货币(贵金属),只是私有财产的"个别"形式。作为资本的货币,则是私有财产的"一般"形式(或曰:"普遍"形式)。在马克思看来,就作为资本的货币而言,所谓的"货币异化",只不过是私有财产发展到其完成形态的一种异化表现而已。

正如列宁在《黑格尔〈逻辑学〉一书摘要》中所指出的那样,黑格尔的方法论意在表明(虽然是以颠倒的方式表明),"概念是运动的各个方面、各个水滴(='事物')、各个'细流'等等的总计"[①]。列宁的论述给予我们以明确的启示:应该把事物本身及其运动发展,看成是一个完整的、辩证的自然历史过程,而不应该把它形而上学地割裂开,只看到其中的某一个方面、

---

① 中共中央马克思恩格斯列宁斯大林著作编译局. 列宁全集(第55卷)[M]. 北京:人民出版社,1990:123.

某一粒水滴或者某一条细流。

由此可见，只有从"（a）劳动的异化、私有财产的异化；（b）异化劳动和私有财产的关系"以及"（c）私有财产的历史运动"出发，才能在事物运动的整个过程中、在这一运动的总计中、在事物之间的因果联系中，全面地、完整地、辩证地、科学地、准确地认知和把握事物（劳动和私有财产）。关于这些体认，马克思在《巴黎手稿》第一手稿的"地租"部分、在第二手稿的"私有财产的关系"部分、在第三手稿的"私有财产和劳动"部分以及"片断"中的"货币"部分，还有《詹姆斯·穆勒〈政治经济学原理〉一书摘要》（记载在《巴黎历史学—经济学研究笔记》九本札记中的第四本和第五本），都做了进一步的诠释和展开。

综上所述，继《论犹太人问题》之后，青年马克思再次将市民社会的核心问题——它的灵魂和概念——锁定在私有财产和劳动这对范畴之上。这次，马克思的理论建制更加完备。异化劳动学说，不仅使得马克思能科学地辨析私有财产和劳动的关系，以及私有财产的相互关系；而且还能使马克思在私有财产的现实运动中、在它的辩证发展中，历史地理解、科学地认知私有财产的异化和对这种异化所进行的积极的扬弃。

（二）社会关系的异化

马克思在《詹姆斯·穆勒〈政治经济学原理〉一书摘要》（以下简称：《穆勒评注》）中，进一步表达了劳动异化的相关观点，而且还拓展式地阐发了社会关系异化的思想。

詹姆斯·穆勒在《政治经济学原理》一书中，将货币视为财产转让的中介和手段，即交换的媒介。对此，马克思犀利地指出，穆勒的描述看起来煞有介事，但实际上却是彻头彻尾的抽象主义——他犯了和李嘉图学派同样的错误。马克思说，现实中的情况其实是这样的：起初，货币是用来代表物，充当交换的媒介，货币的价值取决于物的价值；而如今，物却要为货币马首是瞻，对这个媒介唯命是从。如果一个物不能取得货币意义上的价值衡量，那这个物就是没有价值的。换句话说，原本是媒介手段的货币，现在却成了被顶礼膜拜的目的。可见，货币的意义被颠倒了。

在马克思看来，交换活动本应是真正的"社会的、人的运动"，本应反映出真正的"人的关系"①；但是现在，"人的、社会的行为异化了"②，所以，交换本身和作为交换媒介的货币，相应地，也就都异化了。马克思分析指出，在上述关系中，社会行为的异化和人的关系的异化是因；交换本身的异化和交换媒介（货币）的异化是果。

　　前面我们已经述及，在《巴黎手稿》的第一手稿中，劳动的异化产生出私有财产。也就是说，在那里，异化劳动是因，私有财产是果。而在此处，在《穆勒评注》中，因和果又有了新的表现。同一时期，呈现出两种不同的因果推导。对此，我们自然会提出这样的疑问：它们之间是否存在着一定的关联性？这两种不同的推导有没有等价性？

　　经过对比和思考，我们发现，《穆勒评注》中所谓的"人的、社会的行为"，无非是《巴黎手稿》中所说的"人的社会化的劳动"。同样地，《穆勒评注》中所谓的"人的、社会的行为异化"，也就是《巴黎手稿》中所说的"劳动的异化"或"异化劳动"。可见，两处的原因项，其实是等价的。根据等效原理和因果律，可知，两处的结果项也应该是等价的（如下图所示）。

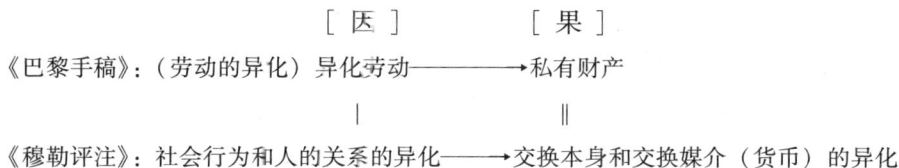

［因］　　　　　　　［果］

《巴黎手稿》：（劳动的异化）异化劳动————→私有财产

　　　　　　　　　　　　　　　　｜　　　　　　　　‖

《穆勒评注》：社会行为和人的关系的异化————→交换本身和交换媒介（货币）的异化

　　既然如此，在同为结果项的私有财产和交换、货币之间，就必然存在着紧密的联系。

　　马克思认识到，私有财产和货币的关系就在于"私有财产必然发展到货币"③；并且，货币代表着"为了私有财产的私有财产"，代表着"为了私有

---

① 中共中央马克思恩格斯列宁斯大林著作编译局.马克思恩格斯全集（第42卷）[M].
　　北京：人民出版社，1979：20.
② 中共中央马克思恩格斯列宁斯大林著作编译局.马克思恩格斯全集（第42卷）[M].
　　北京：人民出版社，1979：18.
③ 中共中央马克思恩格斯列宁斯大林著作编译局.马克思恩格斯全集（第42卷）[M].
　　北京：人民出版社，1979：19.

财产的社会"，以及代表着"为了社会的私有财产"①。此时，马克思对货币和私有财产的理解已达到一定的高度。但仍需要注意的是，在《穆勒评注》中，马克思还没有"劳动是私有财产的主体本质"的认识，这是到了《巴黎手稿》第三手稿的写作时，才获取的体认。此外，虽然马克思在《穆勒评注》中已经意识到了现代国民经济学同货币主义（又称货币体系 système monétaire）的差别，但却没能从整个经济史观完整视域的角度来合理解释两者之间的差别，而是把论证仅仅局限在货币本质的领域里来言说两者之间的对立。关于这一问题的科学解答，同样是到了《巴黎手稿》第三手稿，才得以完成的。

在分析了私有财产和货币的关系之后，马克思接着又分析了私有财产和交换的关系。马克思指出，交换——作为"类精神"②的体现——理所应当要成为"社会的、类的行为，社会的联系，社会的交往"③。只要细心留意，就可以发现，马克思在这里的表述，实际上是对前面的论述——即，把交换视为"社会的、人的运动"和"人的关系"这一思想——的进一步提升。

总的来说，马克思在社会联系和社会交往的层面，给交换的真正含义重新定了位，从而也深化了对"人的关系"和"人的本质"的感知与体悟。在马克思看来，生活在现实世界里的人们，在积极生存自我、创造自我的过程中，彼此交往、相互联系，从而生发出社会化的人的本质。于是乎，人的本质，并非出自观念上抽象异化（外化）的反思，也不应成为"同单个人相对立的"④抽象异己的力量。相反，人的本质，应是一种人的真正的社会本质。它基于社会联系和社会交往而产生，反映人的现实活动、现实生产和真实的

---

① 中共中央马克思恩格斯列宁斯大林著作编译局．马克思恩格斯全集（第 42 卷）［M］．北京：人民出版社，1979：19.

② 中共中央马克思恩格斯列宁斯大林著作编译局．马克思恩格斯全集（第 42 卷）［M］．北京：人民出版社，1979：24.

③ 中共中央马克思恩格斯列宁斯大林著作编译局．马克思恩格斯全集（第 42 卷）［M］．北京：人民出版社，1979：27.

④ 中共中央马克思恩格斯列宁斯大林著作编译局．马克思恩格斯全集（第 42 卷）［M］．北京：人民出版社，1979：24.

生活，因此，"人的本质是人的真正的社会联系"①。

马克思接着指出，在资产阶级市民社会，真正的社会联系异化了，真正的社会交往也异化了。而且，国民经济学把这种异化的社会联系和社会交往的产物——私有财产——以抽象理论的形式、非人道主义地确定了下来。于是，交换，在私有制的范围内、在私有财产的统治下，就成了"异己的、物化的私利"②。这样一来，交换，就彻底丧失了作为"类活动"的本质和作为"类精神"的反映。于是，社会联系和社会交往变成了一种异化的现实存在。这使得，"我同你的社会关系……也只是一种以相互掠夺为基础的假象"③。在这种假象中，自私自利的企图秘而不宣，尔虞我诈的伎俩层出不穷，而这却是市民社会的真相——人与人私利的战场。

综上所述，马克思以社会联系和社会交往的异化为视角，建构起社会关系的异化，并以此来批判存在于市民社会私有制统治之下的物化的、异己的人与人的关系和交往。所以，在《穆勒评注》中，马克思对社会关系的探讨依旧是沿袭着异化观的基本思路，他还没有站在感性论的立场上，去看待和思考社会关系的感性现实性。这一工作是到了《巴黎手稿》第三手稿，才得以展开的。

诚然，在《穆勒评注》中，马克思也说，"我们的生产同样是反映我们本质的镜子"④，但需要注意的是，马克思这里说的"生产"，仍然是放置在"异化"语境之中的生产概念。它重在强调：人的本质（＝社会的本质＝社会关系）的异化，反映出生产的异化。它意在表明：生产，应该肯定人的生命的真正表现，应该证实人的社会的真正本质，应该成为个体与类之间的真正中介，应该直接让人在对产品物质的直观中感受到凝结其中的乐趣。实际

---

① 中共中央马克思恩格斯列宁斯大林著作编译局．马克思恩格斯全集（第42卷）［M］．北京：人民出版社，1979：24．
② 中共中央马克思恩格斯列宁斯大林著作编译局．马克思恩格斯全集（第42卷）［M］．北京：人民出版社，1979：34．
③ 中共中央马克思恩格斯列宁斯大林著作编译局．马克思恩格斯全集（第42卷）［M］．北京：人民出版社，1979：35．
④ 中共中央马克思恩格斯列宁斯大林著作编译局．马克思恩格斯全集（第42卷）［M］．北京：人民出版社，1979：37．

上，在这里，马克思表述的是一种对"生产"所做的经济伦理评判和道德价值追求，而与科学实践意义上的"生产"观和"生产"概念，仍有很大的差距。事实上，将社会关系放置在感性的生产实践的视域之下去考察；将它定义为，基于生产而产生的"人对人的社会关系"，即"生产的社会关系"；进而，最终将它科学而准确地归结为"生产关系"——这一路的探索，是经由《神圣家族》到了《德意志意识形态》，才真正完成的。

不管怎么说，马克思在《穆勒评注》中，已经注意到了"社会关系"的范畴，并阐发了"社会关系异化"的思想，这是《穆勒评注》中的一大理论亮点。除此之外，马克思还深化了对异化劳动的理解。同样是以"交换"为切入，马克思指出，"交换关系的前提是劳动成为直接谋生的劳动"①，并且，异化劳动在谋生的劳动中达到了自己的顶点。马克思悲愤地说，谋生劳动存在的事实表明，工人的异化现实和悲惨境况已经到了无以复加的程度，他们已经沦为社会需要的奴隶，他们活着只是为了谋生。在其中，不仅劳动对劳动对象是异化的，而且劳动对劳动主体同样也是异化的。最后，马克思将异化劳动、谋生劳动和交换这三个范畴联系起来，通过剖析私有制范围内的分工，阐明：异化，不仅以自我异化的形式存在，而且还以相互异化的形式表现出来。其结果就是：劳动、资本和地产——作为存在于资产阶级市民社会里的三要素——它们之间的一切关系都是彼此割裂、相互分离的。

总之，此时的马克思已经认识到，在异化劳动、谋生的劳动、货币、交换、分工、私有财产、社会关系的异化这些范畴之间，存在着天然的、不可分割的必然联系。对其中一个的分析，必然会涉及其余，它们共同构成异化学说的统一体。这种认识，可以说，是马克思在《穆勒评注》中所达到的思想高峰。

三、新方法的开启：感性对象化论和实践观

异化（Entfremdung）和外化（Entäußerung）这两个术语，在马克思以前的德国哲学家和他们的著作里，就已经广泛地使用了，但将异化和外化用于

---

① 中共中央马克思恩格斯列宁斯大林著作编译局. 马克思恩格斯全集（第 42 卷）［M］. 北京：人民出版社，1979：28.

分析劳动、资本、私有财产、社会关系等范畴，马克思却是第一人。在《巴黎手稿》的第一手稿中，马克思创立了异化劳动学说。他全面完整地阐述了异化劳动的四种表现形式；并且，使得资产阶级市民社会里的一切经济范畴，都最终归结于异化劳动和私有财产这两个基本的要素。在《穆勒评注》中，马克思通过对社会行为的异化和人的关系的异化的分析，探讨了交换本身的异化和交换媒介（货币）的异化。以此为基础，又进一步提出了社会关系异化（含社会联系的异化、社会交往的异化）的思想，从而开辟了异化观的新视野和新境界。至此，马克思的异化观已经达到了相当高的理论水准。

然而，无论是劳动的异化，还是社会关系的异化，其方法论基础都是异化观。异化观，从本质上讲，是一种对"颠倒的关系"进行思维的方法论。它内在蕴含的逻辑是：有一种非颠倒的本原态作为原初的存在，而所谓的异化态，则是这种本原态颠倒之后的异化表现。

如此说来，劳动的异化态，即异化劳动，也应该有一个原初的存在。那我们要问：劳动的本原态是怎样的呢？为了解答这个疑问，我们不妨把问题本身再转化一下。由于，异化劳动表征着劳动的非现实化，或者可以说，它是劳动的异化现实。对劳动的非现实化，进行去异化之后，得到的自然是劳动的现实化。所以，劳动的本原态，就应该是劳动的现实化。因此，当我们问：劳动的本原态是怎样的？即是问：劳动的现实化是怎样的？（如下图所示）

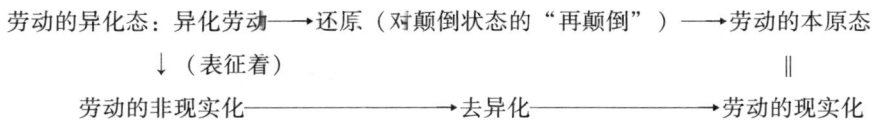

劳动的异化态：异化劳动 ──→ 还原（对颠倒状态的"再颠倒"）──→ 劳动的本原态
　　　　　　↓（表征着）　　　　　　　　　　　　　　　　　　　　‖
　　　　劳动的非现实化 ──────────→ 去异化 ──────→ 劳动的现实化

于是，对劳动本原态的分析，就转化为对劳动现实化的分析。接下来的关键，就是如何解析"现实化"。而这就需要运用到感性论。感性论是费尔巴哈哲学的伟大功绩。在费尔巴哈那里，感性的理论表达有两个基本的意涵，即：（1）现实的存在都是感性的存在，"感性也就是现实"①。（2）在人的感

---

① ［德］费尔巴哈. 费尔巴哈哲学著作选集（下卷）［M］. 荣震华，王太庆，刘磊，译. 北京：生活·读书·新知三联书店，1962：514.

性的基础上，会自然生成人的对象性的现实。费尔巴哈认为，感性和对象性是统一的，它们共同指向现实。这即是说，感性、对象性、现实，都是人的本质属性。概言之，人是感性对象性的现实存在物。

基于费尔巴哈的启发，马克思阐释说，"劳动的现实化就是劳动的对象化"①。当我们谈论劳动的现实化时，实际上谈论的就是劳动的感性对象化。何为劳动的本原态？这个问题，已经有了答案，即：劳动的本原态 = 劳动的现实化 = 劳动的感性对象化。只不过，在资产阶级市民社会私有制的统治之下，所有的情况都发生了异化，"劳动的这种现实化表现为工人的非现实化，对象化表现为对象的丧失和被对象奴役"②。

从上面的论述可以看出，马克思叙事的方法论是感性对象化论。这是与异化观完全不同的一种新的方法论。马克思通过体察自然界的感性和人的劳动的感性对象性，发现，以感性对象化为本质特征的劳动生产，理应成为人的自由而有意识的生命活动。正因为劳动是这种人的自由而有意识的生命表现，大自然才感性对象化地呈现在人们的面前，并成为人的劳动的作品和他的劳动的现实成果。

在马克思找到劳动的本原态（劳动的现实化）即劳动的感性对象化之后，还有一个问题亟待解决，那就是：劳动的现实化（感性对象化）是以何种方式表现出来的呢？

为了进一步解答这个疑问，马克思又批判性地运用了费尔巴哈的另一个方法论——"类学说"。在《未来哲学原理》中，费尔巴哈指出，个别的、孤立的人，不能体现人的本质，"人的本质只是包含在团体之中，包含在人与人的统一之中"③。费尔巴哈用"类"这个概念，来指称人与人相统一的团体；并认为，类是真理的最高体现，是真理的最高所在。不仅人的活动存在于类之中，而且，人的道德伦理及其现实性、真理性，也都以类作为最高的

---

① 中共中央马克思恩格斯列宁斯大林著作编译局．马克思恩格斯全集（第3卷）[M]．北京：人民出版社，2002：268.

② 中共中央马克思恩格斯列宁斯大林著作编译局．马克思恩格斯全集（第3卷）[M]．北京：人民出版社，2002：268.

③ [德]费尔巴哈．费尔巴哈哲学著作选集（上卷）[M]．荣震华，李金山，等译．北京：生活·读书·新知三联书店，1959：185.

评判标准。正是在这个意义上，费尔巴哈才会如是说，凡是"跟类的本质相一致的，就是真的，跟类之本质相矛盾的，就是假的"①。

在《巴黎手稿》中，马克思批判性地运用了费尔巴哈的"类"概念，强调指出，"人是类存在物"②，人都把类作为自己的对象。如此，便可以得出结论说：感性对象化的劳动，自然也就是人的感性的、现实的类活动。思路推进到这里，上述疑问似乎得到了解答——马克思是借助"类"概念来具体言说劳动的现实化和感性对象化的。然而，如果认真推敲、仔细揣摩，我们就可以发现：虽然，马克思也使用了"类"的概念，虽然这一方法论是源自费尔巴哈的"类学说"，但在费尔巴哈和马克思之间，"类"的具体意涵却是不同的，两者有着根本的区别。

正如1845年春，马克思在《关于费尔巴哈的提纲》中所揭示的那样，费尔巴哈理解的"类"，是"一种内在的、无声的"③共同性。它建立在纯粹的感性直观的基础上，是把众多抽象的人类个体简单拼凑起来的直观反映论。所以说，费尔巴哈的"类"实际上是一种内凝的、僵硬的、静观的抽象概念。与之截然不同，马克思笔下的"类"则是另一番景象和意境。他始终站在人类现实的生产生活的基石之上，坚持从感性对象化的角度、从劳动实践的角度，来具体把握和解说"类"。这就使得马克思所说的"类"，具有了劳动活动的含义，具有了生产生活社会化的属性，以及具有了一种自由创造的能动本性。简言之，马克思笔下的"类"，指称的是劳动的实践性。

在马克思看来，无论是作为生产活动、生存活动的类生活，还是作为自由活动、自主活动的类特性，抑或是作为能动活动、创造活动的类本质，都是劳动本身实践性的现实反映。如此说来，马克思实际上是用"实践"，来诠释劳动的现实化和感性对象化。或者可以说，马克思描述的是一种"实践的类"的概念。所以，马克思才不无感慨地说，正是"通过实践创造对象世界，

---

① ［德］费尔巴哈.费尔巴哈哲学著作选集（下卷）［M］.荣震华，王太庆，刘磊，译.北京：生活·读书·新知三联书店，1962：194.
② 中共中央马克思恩格斯列宁斯大林著作编译局.马克思恩格斯全集（第3卷）［M］.北京：人民出版社，2002：272.
③ 中共中央马克思恩格斯列宁斯大林著作编译局.马克思恩格斯全集（第3卷）［M］.北京：人民出版社，1960：5.

改造无机界"，人才能以此"证明自己是有意识的类存在物"①。

值得一提的是，马克思在《巴黎手稿》第一手稿中，使用的这个"类"，到了第三手稿，就逐渐被更加精确的概念——"社会"所取代了。事实上，在写作《巴黎手稿》时，马克思就曾给费尔巴哈去过一封信（1844 年 8 月 11 日）。信中反问道，"建立在人们的现实差别基础上的人与人的统一，从抽象的天上降到现实的地上的人类这一概念。如果不是社会这一概念，那是什么呢？"② 马克思对费尔巴哈重新恢复了唯物主义的权威是赞赏的，但是要知道，毕竟费尔巴哈的"类"是凝固的、静止的、抽象的共同性，而只有马克思的"实践的类"以及"社会"的话语，才是真正立足现实的生产和生活，它描绘出一种全新的图景——人的能动性、创造性、实践性的现实共同性。

分析到这里，我们回过头去，看看刚才那个问题：劳动的现实化（感性对象化）是以何种方式表现出来的？此时，问题已经有了解答。那就是：在马克思那里，劳动的现实化（感性对象化）是以"实践"的方式呈现出来的。

四、方法论的融合：初涉经济学研究时的思想交织

当马克思来到巴黎，在涉猎政治经济学、解剖市民社会的伊始，我们看到，《巴黎手稿》的第一手稿阐发了劳动的异化，《穆勒评注》探讨了交换本身的异化和交换媒介（货币）的异化，又提出了社会联系的异化、社会交往的异化、社会关系的异化等思想。可以说，无论是《巴黎手稿》的第一手稿，还是《穆勒评注》，异化观都是一个重要的批判思路和方法论基础。

然而，我们也应清晰地看到，如果没有辩证法，仅凭单纯的异化观来完成批判，其内在是有缺陷的。因为，异化观的固有逻辑是：（1）本原态→异化→异化态，以及（2）异化态→去异化→本原态。从实质上讲，这是一种正而反、反而正的单线思维逻辑（正—反—正），也就是"颠倒—再颠倒（还

---

① 中共中央马克思恩格斯列宁斯大林著作编译局. 马克思恩格斯全集（第 3 卷）[M]. 北京：人民出版社，2002：273.

② 中共中央马克思恩格斯列宁斯大林著作编译局. 马克思恩格斯全集（第 47 卷）[M]. 北京：人民出版社，2004：73-74.

原）"的思维逻辑。所以，如果没有黑格尔的辩证法，单凭异化观本身，是很难导出对异化进行扬弃的思想来的。"扬弃"异化并不是简单的"去异化"的"还原"，也不意味着简单地回复到原初的状态，而是要求一种"正—反—合"的逻辑，即通过否定之否定的"扬弃"，以达到更高阶段上的"回复"。所以说，单纯异化观的使用，只能描述这个颠倒的世界和被颠倒的关系（"解释世界"），却无法做到对世界的创造和改造（"改变世界"）。这就是为什么费尔巴哈的宗教异化、赫斯的货币异化、蒲鲁东的经济异化，虽然都提出了异化的思想，但都未能真正改变现实世界的原因所在。

在《巴黎手稿》的第一手稿中，马克思尚未真正认识到辩证法的革命性意义，这是到了第三手稿的创作时，才得以体认的。于是，我们就看到，在第一手稿中，在没有辩证法作为强大方法论支撑的背景下，为了解决异化观固有的逻辑困境，初涉经济学研究的马克思另辟蹊径，采用了感性对象化论和实践观作为一条可行的方法论道路。可是，此时马克思阐发的实践观，还没有达到后来逐渐形成的那种辩证的历史实践观的科学高度。从本质上讲，第一手稿中的实践观主要还是一种用来指称劳动的实践观。当然，这也是与第一手稿中"异化劳动和私有财产"这部分的主题遥相呼应的，是对异化劳动的一种对照性的阐发。

马克思批判性地运用感性对象化论和实践观，阐明了人对感性自然的能动创造，论说了感性对象化劳动的实践性，诠释了人的劳动实践的类本质。概言之，马克思从感性对象化和实践的角度，解答了劳动现实化的问题。同时，在行文过程中，马克思还特意比较了人和动物的本质差别。指出，人类的劳动是自由的、有意识的、审美的、能动的、有创造性的实践活动，是可以用来改造对象世界、创造对象世界的实践力量。毫无疑问，这是一条关于劳动实践的探索路径。它有别于同一手稿中建立起来的、关于劳动非现实化的异化劳动学说；也有别于在《穆勒评注》中所阐发的社会交往异化、社会关系异化的思想。

不难发现，在初涉经济学时，马克思就表现出多种研究方法的交汇与融合，其中有异化观、感性对象化论、实践观。这也反映出此时马克思的思想正经历着多种思维的交织与碰撞。碰撞的火花催生出异化劳动学说和劳动实践观，这已经是了不起的成就了。但是，《德法年鉴》时期已经形成的认识——私有财产是市民社会的核心问题——仍然有待于在经济学的领地里继续深耕、深入探索。此外，《德法年鉴》时期已经形成的另一种思考——从市民社会的政治解放到普遍的人的解放的共产主义问题——也仍然需要在深入研究私有财产的历史、私有财产的本质以及私有财产的运动的基础上，真正探索出一种辩证的方法论、找寻到一条切实可行的现实途径。基于此，接下来，马克思就开启了对私有财产的经济史观考察。

第二节　私有财产的运动与经济史的考察

马克思发现，在国民经济学家的描述中，"社会是市民社会"①，私有财产和异化劳动是资产阶级市民社会经济学的两个基本范畴。在这样的体系里，劳动、资本、社会行为、人的关系、交换、货币、社会交往、社会关系等都是异化的。如果要找到一个事物，作为这些诸多要素共同的纽带，那这个事物就是：私有财产。在马克思看来，私有财产的问题无疑是市民社会的核心问题，它涉及其余、牵扯其余。因此，为了更深刻地了解市民社会、更科学地解剖市民社会，就应该从私有财产本身出发，回溯私有财产的历史起源和发展。而要做到这一点，就必须回归经济史本身，完成对私有财产的经济史观考察。具体而言，就是要在经济史观的整体视域中，全面厘清私有财产的历史嬗变、主体本质（包括关系种类），并在这些现实的运动范畴中，充分认清私有财产的各种形式及其运动规律。

一、私有财产的历史嬗变

方法论是所有科学研究的首要前提。在前面，我们已经讨论过，马克思从异化劳动导出私有财产，并揭示两者之间的关系时，所使用的方法论是黑格尔逻辑学本质论中的假言推论。而在此处，马克思要想深入探讨私有财产

---

① 中共中央马克思恩格斯列宁斯大林著作编译局.马克思恩格斯全集（第3卷）[M].北京：人民出版社，2002：353.

的现实运动及其规律，就必然要从私有财产的存在本身开始研究，这就会涉及黑格尔逻辑学存在论中的推论。

（一）方法论基础：黑格尔逻辑学关于质的"三重推论"

黑格尔认为，存在论阶段的推论包括两种：一种是"质的推论"，另一种是"量的推论"。其中，"质的推论"表现为相互变换的三式，即：

（1）E（个别）—B（特殊）—A（一般/普遍）；

（2）A（一般/普遍）—E（个别）—B（特殊）；

（3）B（特殊）—A（一般/普遍）—E（个别）。

从这三式的表达，可知，每一个环节既可以是首项，也可以是中介，还可以是末项。如果用黑格尔的话语来叙述，那就是：每一环节可取一极端，亦可成为一中介。实言之，在"质的推论"中，环节和环节都是可以互易其位的。黑格尔认为，一切现实的事物都是理性的东西的外化和派生，而"一切理性的东西都是三重的推论"①。所以，便可以这样理解：一切事物都是"一个由特殊而与个别结合在一起的普遍的东西"②。

当然，我们首先要明确的是，黑格尔关于一切事物都是理念的衍生、一切事物的发展都是概念的推论——这样的说法无疑是唯心主义的。但是，正如恩格斯在《自然辩证法》中所指出的那样，黑格尔"三重推论"的分类法及其关联论，所蕴含的"内在真理性和内在必然性是明明白白的"③。恩格斯高度评价道，在思维规律、自然规律（也包括历史规律）中，都能找到这种分类法和关联论的内在根据和现实表现。列宁在《黑格尔〈逻辑学〉一书摘要》中也高度肯定了黑格尔的伟大功绩。说，黑格尔这一"最普通的逻辑的'式'"，描绘出"事物最普通的关系"④（虽然是以颠倒的方式）。还说，马克思将黑格尔"三重推论"方法的合理形式运用到政治经济学的研究中去，尤其是在《资本论》第一卷中，能看到这种方法的成熟使用。列宁总结说，

---

① ［德］黑格尔. 小逻辑［M］. 贺麟，译. 北京：商务印书馆，1980：364.

② ［德］黑格尔. 逻辑学（下卷）［M］. 杨一之，译. 北京：商务印书馆，1976：347.

③ 中共中央马克思恩格斯列宁斯大林著作编译局. 马克思恩格斯全集（第20卷）［M］.
北京：人民出版社，1971：567.

④ 中共中央马克思恩格斯列宁斯大林著作编译局. 列宁全集（第55卷）［M］. 北京：人
民出版社，1990：148.

黑格尔逻辑学关于"（抽象的）概念的形成及其运用，已经包含着关于世界客观联系的规律性的看法、信念、意识……即使是最简单的概括，即使是概念（判断、推理等等）的最初的和最简单的形成，已经意味着人在认识世界的日益深刻的客观联系"。并感慨道，"必须探求黑格尔逻辑学的真实的含义、意义和作用。要注意这点"①。

综上所述，黑格尔关于"E（个别）、B（特殊）、A（一般/普遍）"的分类法，关于质的"三重推论"的方法论极为重要。它不仅揭示出一切事物在其发展演变中的内在环节，而且还阐明了这些环节的必然联系和客观规律。正因如此，我们在认识事物的客观发展时，在认识它的内在环节时，在认识环节的运动规律时，必然要高度重视黑格尔这一方法论的重要地位和伟大意义。

（二）方法论运用：私有财产的历史嬗变及其运动规律

在《巴黎手稿》中，马克思是如何具体运用黑格尔的这一方法论来分析私有财产，从而完成对私有财产历史嬗变的考察的呢？接下来，我们就要分析这个问题。

在前面，我们已经述及，在克罗茨纳赫，马克思对私有财产的认知主要是局限在政治史观和政治哲学的视域之下，具体而言，就是集中在封建地产和长子继承权的框架之内。彼时，马克思还不具有经济学的完备知识，也还不拥有经济史观的完整视角，所以，他还没有认识到私有财产本身存在着历史的嬗变；他还没有意识到私有财产的历史嬗变和市民社会摆脱封建桎梏束缚，逐渐获得政治解放的历史进程其实是同步的、共时的、对应的；他还没有察觉到私有财产在这一历史进程之中，必然会发展到它最一般、最纯粹、最发达、最普遍的完成形式。因此，在克罗茨纳赫，私有财产仅仅被表述为"私有财产 = 地产 = 长子继承权"。也就是说，依托于封建宗法政治的地产，被视为私有财产的全部形式。

来到巴黎之后，经过《德法年鉴》时期的探索，马克思已经搞清楚市民社会和私有财产的宗教有着本质的联系。而这之后，马克思接受了政治经济

---

① 中共中央马克思恩格斯列宁斯大林著作编译局. 列宁全集（第55卷）［M］. 北京：人民出版社，1990：149-150.

学的洗礼。在写作《巴黎手稿》时，他已然明晰：以长子继承权为特征的土地占有，只是私有财产发展的初始阶段。也就是说，"地产是私有财产的第一个形式"①。

此时，马克思体认到，私有财产的演变和市民社会的发展，不仅是共时性的，而且还是共态性的。从封建等级观念的枷锁中解放出来的资产阶级市民思想和从王权贵族政治的牢笼中挣脱出来的资产阶级市民社会，对于中世纪封建宗法等级社会而言，犹如一道晴天霹雳。它使得工商业城市——作为领主地产的对立面——得以形成并蓬勃发展起来了。与此同时，现代意义上的动产也真正出现了，它是工业运动的产物，是名副其实的"现代之子，现代的合法的嫡子"②。动产释放出工业运动奇迹般惊人的力量，滋生出城市文明的土壤，创造了包罗万象、丰富多彩的工业和商业。

在历史的滚滚洪流中，封建地产权贵的没落和新兴资本贵族的崛起是同一个历史过程的产物。地产逐渐集中到了资本的手中，资本的主人俨然成了土地的主人，而昔日土地的主人则必须归顺到资本的门下。就这样，曾经附着在地产身上的封建的政治性消失了，取而代之的是资本的统治。曾经稳定安逸的领主垄断也不复存在了，取而代之的是资本的竞争。在市民社会里，资本的统治和动荡激烈的竞争成了唯一的秩序。地产作为曾经身份、地位和等级的象征，从耽于幻想的宝座上坠下，退化成不折不扣、完全受资本控制、摆布和制约的商品，从而具有了纯粹资本的属性。毫无例外地，地产也遵循着资本运动的一般规律。总之，一句话，"中世纪的俗语'没有无领主的土地'被现代俗语'金钱没有主人'所代替"③。

动产最终战胜了不动地产，动产的资本化无情地迫使不动地产跟着资本化。其结果就是：作为资本的"货币必然战胜其他形式的私有财产"④，而使

① 中共中央马克思恩格斯列宁斯大林著作编译局．马克思恩格斯全集（第3卷）[M]．北京：人民出版社，2002：293．
② 中共中央马克思恩格斯列宁斯大林著作编译局．马克思恩格斯全集（第3卷）[M]．北京：人民出版社，2002：286．
③ 中共中央马克思恩格斯列宁斯大林著作编译局．马克思恩格斯全集（第3卷）[M]．北京：人民出版社，2002：262．
④ 中共中央马克思恩格斯列宁斯大林著作编译局．马克思恩格斯全集（第3卷）[M]．北京：人民出版社，2002：287．

自己摇身一变，成为私有财产最纯粹、最一般、最发达、最普遍的完成形式。

由此可见，在私有财产本身的发展中，领主式的、带有宗法属人性质的封建地产，只不过是私有财产的特殊形式。按照马克思的说法，它"还带有地域的和政治的偏见"，它还受到浪漫主义的羁绊，也就是说，它还是"没有完成的资本"①。而另一方面，在私有财产经过它自身由特殊而普遍的逻辑运动之后，达到了它的完成形式——资本，从而成为私有财产最纯粹、最普遍的一般形式。

不言而喻，作为"特殊"形式的地产，在私有财产的整个历史嬗变中，必然要发展成作为"一般"（"普遍"）形式的资本。换言之，地产必然会卷入到私有财产的资本运动中去，而最终变为纯粹资本的一种形式。稍加揣摩，就可以发现，地产的资本化（私有财产的"特殊"形式）和资本全面统治的自我完成（私有财产的"一般/普遍"形式），在逻辑上的联系，就表现为私有财产自身"三重推论"的展开。在现实中，也可以看到，私有财产发展的现实历史与这种"三重推论"的理论逻辑相印证。这正是黑格尔方法论的伟大之处。

综上所述，马克思在经历《德法年鉴》时期的过渡之后，在《巴黎手稿》中加深了对私有财产的认识。他对先前从政治史观的视域出发去分析市民社会问题的研究方向，进行了调整，另辟蹊径，转而诉诸市民社会经济史观的理论视角。他不再把法哲学意义上的、具有政治属性的地产，单单看成是私有财产的全部形式；而是体悟到地产必然会卷入到私有财产的资本运动中去，而演变成纯粹资本的一种形式。最终，马克思认识到，私有财产在其嬗变的历史运动中遵循的规律，是客观的、必然的、辩证的。它表现为：事物发展最普遍的逻辑的"式"。这就是私有财产由特殊而普遍的现实历史之路。不难看出，此时的马克思已经能自觉地将黑格尔"三重推论"的方法论，具体运用到对私有财产历史嬗变的考察中去，从而体现出逻辑（方法论的逻辑）与历史（客观现实的历史）的高度统一。

---

① 中共中央马克思恩格斯列宁斯大林著作编译局. 马克思恩格斯全集（第3卷）[M]. 北京：人民出版社，2002：288.

二、私有财产的主体本贡

继在第一手稿的"地租"部分探讨过地产和资本的关系之后,在第三手稿中,马克思进一步全面阐述了私有财产诸形式的历史发展和完整联系。马克思指出,像金银这样的贵金属是私有财产的"个别"形式,地产是私有财产的"特殊"形式,资本则是私有财产的"一般/普遍"形式。非但如此,马克思还发现,私有财产经历的"E(个别)—B(特殊)—A(一般/普遍)"的演变过程,在理论形态上的反映正好对应从货币主义和重商主义、到重农主义、再到亚当·斯密及其以后经济学的发展历程。分析到这里,私有财产的问题——作为市民社会的核心问题——已经解决了一部分,即已经搞清楚了它的历史嬗变、表现形式及其运动规律。然而,还有一个重要的理论堡垒需要去攻克,那就是:私有财产和劳动的关系问题。

(一)私有财产和劳动关系的考察

在第一手稿中,马克思曾探讨过私有财产和异化劳动的因果联系,这是一条沿袭着异化史观的逻辑展开的致思理路。如果按照另一条经济史观的思路去思考,私有财产和劳动的关系又会是怎样的呢?

如前所述,在经济史观的视域之下,私有财产是以资本的形式为其一般表现的。而资本,无非又是劳动的积累。于是,可以导出这样的关系式:

$$\boxed{私有财产}的一般 = 资本 = 积累的 \boxed{劳动}$$

从上述关系式中,不难发现,在私有财产和劳动之间存在着内在的、紧密的关联。又由于已经得知:私有财产有着表现形式上的变化,那这是否也意味着:劳动同样存在表现形式上的变化呢?如果劳动也存在表现形式上的变化,它是否也遵循"E(个别)—B(特殊)—A(一般/普遍)"的运动规律呢?还有,私有财产的表现形式与劳动的表现形式,两者是不是相互对应的呢?

基于这样的思考,马克思继续开展探索。他发现,无论是货币主义还是重商主义,都只将金银这样的贵金属视作财富的唯一形式,以及将贵金属

（金银）的实际占有看成是获取财富的唯一途径。马克思说，这种对财富的理解和保有方式都是外在的、片面的。它没有依托"人"本身，没有把对财富的认识移到"人"自身之中，所以，它只能是一种"在人之外存在的"① 财富观念或财富形式。货币主义和重商主义——这两种经济体系（确切地说，是同一体系的两个分支）——的理论缺陷就在于：它们只注重物物交换的贸易，而不注重劳动生产；它们都不懂得生产劳动的真切含义，都不知道只有劳动生产及其发展才是社会财富形成的真正根基和不竭源泉。

与货币主义者和重商主义者对财富的理解和认识不同，重农学派的倡导者已经看到，财富（私有财产）不是某种外在的、离开人的、仅仅作为物象存在的东西；相反，财富（私有财产）的内容和形式恰恰都在于"人"本身——它就存在于人的劳动（这里指的是农业劳动）之中。该学派摒弃了货币主义和重商主义"见物不见人"的财富主张，认为，土地作为一种自然的要素，想要结出财富的果实，就必须与人力的要素相结合。也就是说，要有农业生产的耕作劳动作用于土地要素之上。而财富，也就是私有财产，则应被理解为：农业劳动和自然土地这两个要素相结合以后所得到的产出或产物。不难看出，实际上，重农学派已经承认了——虽然这种承认只是一种特殊意义上的部分承认——只有作为主体的"人"及其劳动（农业劳动）才是产生财富真正的泉源。换句话说，重农学派实际上已经承认"财富的本质就在于财富的主体存在"②。

将财富（私有财产）的本质"移入劳动中"③，是经济学理论认识上的一大进步，这也是重农学派的重大功绩。该学派出现以后，人们对私有财产的认知便发生了转变。人们不再从一种在人之外存在的、单纯的"物"（贵金属）的属性来理解私有财产，而是从一种内在于人的、基于劳动本身的"人"的属性来理解私有财产。这一从"物"到"人"的纳入式过程，反映出私有

---

① 中共中央马克思恩格斯列宁斯大林著作编译局．马克思恩格斯全集（第3卷）[M]．北京：人民出版社，2002：290.

② 中共中央马克思恩格斯列宁斯大林著作编译局．马克思恩格斯全集（第3卷）[M]．北京：人民出版社，2002：292.

③ 中共中央马克思恩格斯列宁斯大林著作编译局．马克思恩格斯全集（第3卷）[M]．北京：人民出版社，2002：291.

财产的本质不是外在的,而是内在的。它来源于"人"的主体性,是一种主体本质,并且在主体"人"的劳动之中产生出来。

重农学派因为突显农业劳动的主体地位,所以,它对地产的理解就不再是以长子继承权为代表的封建宗法性质的了,而是从农业劳动出发,把农业生产宣布为地产的本质。这样一来,它实际上消解了地产封建政治的身份属性,并在此种意义上完成了"封建所有制在国民经济学上的解体"①,从而开启了立足于主体的、从生产劳动出发,来对私有财产进行国民经济学解析的思考之路。

然而,虽然重农学派体现出了进步性,但它的片面性、狭隘性和妥协性也十分明显。该学派宣称,只有农业才是生产劳动的唯一形式,只有农业生产才是唯一的生产。这种观点的偏狭性和谬误性表现在,他们将农业的生产方式妄自尊大地"推崇"为仅有的生产形式。他们没有察觉,土地(地产)在新兴工业化的历史潮涌里,势必会卷入到私有财产的一般运动(即资本的运动)中去。这就不可避免地使得,农业和其他任何生产部门一样,都必将成为工业化的组成形式,从而成为最一般意义上的生产。换言之,它们都将变得"毫无区别"②。

正如马克思所指出的那样,当工业世界开始崛起、当工业能量的发展使得一切财富都变成工业的财富时,一种世界主义的、具有普遍性的、能摧毁一切封建旧形式界限和束缚的、根植于市民社会的现实能量,就会被完全地召唤和淋漓尽致地发挥出来。现代工业发展的历史现实已经昭示:在资产阶级市民社会,农业必将实现其自身的工业化和资本化。其结果就是:地产的主体本质(农业劳动)被扬弃了,它扯掉了封建的外衣,被包含在工业的主体本质(工业劳动)之中。于是,整个资产阶级市民社会的劳动,最终都以工业劳动这最一般的形式确立下来、统一起来了。

可见,重农学派虽然革新了对私有财产和地产的认知,但它对工业世界

① 中共中央马克思恩格斯列宁斯大林著作编译局.马克思恩格斯全集(第3卷)[M].北京:人民出版社,2002:291.
② 中共中央马克思恩格斯列宁斯大林著作编译局.马克思恩格斯全集(第3卷)[M].北京:人民出版社,2002:292.

和工业成果持有的态度却是鄙夷的、否定的。它只肯定了农业劳动和农业生产的主体地位，却没有看到工业劳动和工业生产的时代意义和历史必然。所以，重农学派的进步性并不彻底，相反，其落后性还很严重。从这个意义上讲，该学派又是"封建所有制在国民经济学上的变革、恢复"①。马克思之所以有这样的评价，主要是基于以下两点：第一，在重农学派那里，土地（地产）是尚未完全剥离其自然属性和自然特殊性的一种存在。它还不是资本，还不是私有财产的一般。第二，劳动也仅仅被看成是单纯的农业劳动，是同土地这样一种特殊的自然要素紧密结合在一起的、特定的劳动。重农学派对劳动的理解，是从自然规定性的角度展开的，还没有上升到一般劳动（即劳动的普遍性和抽象性）的高度上来认识。最后，马克思总结道，以魁奈为代表的重农主义学说，是从货币主义和重商主义体系到启蒙国民经济学的过渡。自亚当·斯密以降的启蒙国民经济学，才真正将工业劳动视为自己体系的原则。

　　仔细揣摩，可以发现，劳动的存在方式（或曰：表现形式）同样经历着历史的嬗变。"劳动起初只作为农业劳动出现，后来才作为一般劳动得到承认。"一般劳动即工业劳动，它作为"完成了的劳动"②，是劳动的一般形式。相应地，只有当劳动发展到工业劳动这最普遍、最一般的劳动的时候，私有财产才真正具有最普遍、最一般的形式和意义，从而才完成对人的最全面、最普遍的统治。

　　（二）私有财产和劳动关系的总结

　　通过上面的分析，我们已经看到，私有财产和劳动之间存在着不解之缘。具体而言，表现在以下几个方面：

　　第一，私有财产的本质是一种主体本质，其本质属性缘起于作为主体的"人"以及人的劳动本身。主体本质的含义意味着，我们不能脱离主体"人"、人的主体性和主观能动性，来孤立地谈论私有财产；也不能脱离人的

---

① 中共中央马克思恩格斯列宁斯大林著作编译局．马克思恩格斯全集（第3卷）[M]．北京：人民出版社，2002：291．

② 中共中央马克思恩格斯列宁斯大林著作编译局．马克思恩格斯全集（第3卷）[M]．北京：人民出版社，2002：293．

劳动，来单纯地谈论私有财产的本质。这些都是虚妄而不切实际的。对私有财产的理解，对私有财产本质的认识，必须与人的劳动紧密联系起来。

第二，私有财产和劳动的演变形式是：

（1）在劳动还只是物物交换、物物贸易的"个别"劳动的时候，私有财产的形式也是"个别"的，即贵金属。这在理论形态上的体现，即为货币主义和重商主义体系。此时，劳动与私有财产相外在。

（2）在劳动部分地、特殊地被承认为私有财产的本质之后，私有财产的形式就是"特殊"的，即地产。这在理论形态上的体现，即为重农学派。此时，对私有财产的认知，是部分地纳入劳动之内来把握的。此时，私有财产的主体本质表现为地产的主体本质——农业劳动。

（3）在劳动作为一般意义上的劳动存在，并完全地、全面地被承认为私有财产的本质之后，私有财产的形式就是"一般"的、"普遍"的，即资本。这在理论形态上的体现，即为亚当·斯密及其以后的国民经济学。此时，对私有财产的认知，是完全地纳入劳动之内来把握的。此时，私有财产的主体本质表现为工业的主体本质——工业劳动。它是完成了的劳动，是劳动的一般形式。

第三，从前述的演变可知，和私有财产的形式一样，劳动的形式也遵循"E（个别）—B（特殊）—A（一般/普遍）"的运动规律。并且，在每一个发展的环节上，私有财产的形式和劳动的形式也是彼此对应的。（如下图所示）

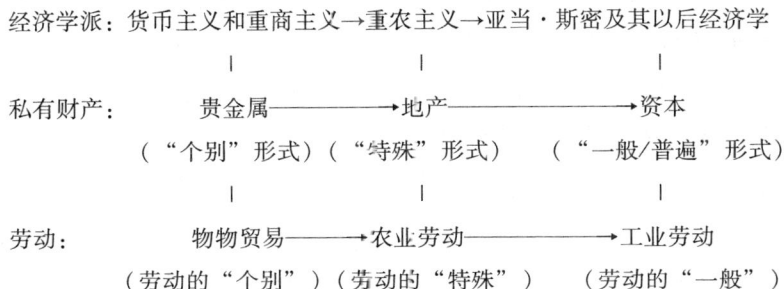

经济学派：货币主义和重商主义→重农主义→亚当·斯密及其以后经济学
　　　　　　　　│　　　　　　　│　　　　　　　　│
私有财产：　　贵金属————→地产————————→资本
　　　　　（"个别"形式）（"特殊"形式）　（"一般/普遍"形式）
　　　　　　　　│　　　　　　　│　　　　　　　　│
劳动：　　　　物物贸易————→农业劳动————————→工业劳动
　　　　　（劳动的"个别"）（劳动的"特殊"）　（劳动的"一般"）

第四，从私有财产的历史嬗变中，我们还可以得知，私有财产的运动规律是私有财产内在各环节之间的必然联系。它们的形式、它们的关系，都将在私有财产自身的历史发展中逐渐得到显现。也就是说，我们能从私有财产的运动中，看到这种发展的历史必然性，也能看到各环节之间相互联系的历史必然性。所以，这些不同形式的规定就构成了一个不可分割的整体，它们彼此是内在统一的。至于劳动，也是如此。因此，当我们研究事物的规律时，就要从其不同规定、不同表现、不同形式的内在统一之中来理解和把握。而且，还要从这种内在统一的必然联系之中来分析和认识。

第五，进入工业文明后，私有财产以资本的形式为其表现，劳动以工业劳动的形式为其表现。所以，在这种情况下，私有财产的关系就内在地包含着"作为劳动的私有财产的关系"和"作为资本的私有财产的关系"① 以及它们的相互关系。于是，在资本主义市民社会里，无产和有产两大阶级的对立，就可以理解为劳动和资本两大范畴的对立。而劳动和资本的对立，其实又是私有财产"内在关系上"的对立，从而也就是能使这一矛盾得到最终解决的"能动关系上"的对立②。如此一来，借助黑格尔关于"矛盾"的辩证法，就可以使对这一矛盾的能动关系的分析得到合理的阐释。也就是说，私有财产在其现实运动中，必将实现自我异化的扬弃，而共产主义正是这种扬弃了的私有财产的积极表现。这就构成了马克思接下来的思考路径。

（三）相关问题的后续发展

私有财产和劳动的关系，是马克思在《巴黎手稿》中分析市民社会的重要维度。关于这一维度的思考直接延续到了《德意志意识形态》的创作当中。马克思在《德意志意识形态》"费尔巴哈章"中，论及交往的逐渐扩大导致地域局限性和生产制约性的逐渐消除时，以及在论及共产主义以生产力的高度发达和世界意义上交往的普遍发展为前提时，还专门提到私有财产和劳动在它们自身发展过程中所经历的"E（个别）—B（特殊）—A（一般/普遍）"的变化形式。此外，马克思还以反诘的方式解答了如下问题：（1）私

---

① 中共中央马克思恩格斯列宁斯大林著作编译局．马克思恩格斯全集（第3卷）［M］．北京：人民出版社，2002：283.

② 中共中央马克思恩格斯列宁斯大林著作编译局．马克思恩格斯全集（第3卷）［M］．北京：人民出版社，2002：294.

有财产如何在历史上采取各种不同的形式；（2）地产如何根据各种不同的现有条件而发展；（3）作为不同的个别相互交换产品的贸易如何通过供求关系统治世界、物化世界、异化世界等等①。这些都可以看成是《巴黎手稿》时期马克思形成的关于私有财产的历史嬗变、私有财产的表现形式以及私有财产和劳动的相互关系等认识，在《德意志意识形态》中的延续和深化。

另外，特别要注意的是，在《巴黎手稿》（1844）中，马克思是在"市民社会—私有财产"的历史嬗变、三体本质以及表现形式的视域和背景下，来研究"劳动"的。所以，在这一时期，马克思对劳动的理解，除了劳动的异化形式（异化劳动）、劳动的对象化形式（对象化劳动）、劳动的实践形式（劳动实践）之外，还有劳动与私有财产相匹配、相对应、相关联的"E（个别）—B（特殊）—A（一般/普遍）"的表现形式和运动规律。其方法论基础是黑格尔逻辑学关于存在论的"三重推论"。

纵观马克思的学术生涯，在《巴黎手稿》之后的50年代、60年代，经过政治经济学批判诸多手稿的准备，到1867年出版《资本论》第一卷时，马克思对劳动的研究、认识和理解则是另一番全新的、成熟的、深邃的、独到的思想语境和体悟心境。此时，唯物主义的历史观和辩证法早已建立起来了（《德意志意识形态》，1845-1846）。反观1844年的马克思，他的第一个伟大发现还处在酝酿的阶段和诞生的前夜——马克思还是马克思主义之前的马克思。所以，我们看到，在《巴黎手稿》时期，马克思对"劳动"的整个理解都是围绕市民社会的私有财产这一语境来展开的。对于这一点，也可以从《政治经济学批判·第一分册》（1859）序言的自述中窥见。经过多年对经济学研究的积累、沉淀和思考，在作为《政治经济学批判·第一分册》续篇的《资本论》第一卷中，马克思明确表示，"我要在本书研究的，是资本主义生产方式以及和它相适应的生产关系和交换关系"②。可见，晚年马克思对生产方式、生产关系、交换关系这样一些更加科学、更加准确的概念和原理已经

---

① 中共中央马克思恩格斯列宁斯大林著作编译局. 马克思恩格斯全集（第3卷）[M]. 北京：人民出版社，1960：40.

② 中共中央马克思恩格斯列宁斯大林著作编译局. 马克思恩格斯文集（第5卷）[M]. 北京：人民出版社，2009：第一版序言8.

驾轻就熟，并能将它们运用到对资本主义社会的全面分析和科学批判中去。此时，晚年马克思对劳动再进行研究时的视角、语境、路径以及方法论基础，已经和 23 年前青年时代的《巴黎手稿》截然不同了。在《资本论》第一卷中，他是从商品——资产阶级社会的"经济的细胞形式"①（而不是笼统的、宏观的、历史的私有财产形式）——开始的。马克思有一个很形象的比喻，说这是对经济形式所做的微观的、具体的"显微解剖学"②。他指出，商品具有使用价值和价值两个因素，而此二因素又根源于生产商品的劳动的二重性。即，一切的同一劳动，就其具体对象化于物，表现为特殊的、有一定目的形式的、有用的劳动而言，它是具体劳动；而就其作为凝结在物中，体现出相同的、无差别的、单纯的人类劳动本身而言，它又是抽象劳动。其中，具体劳动创造商品的使用价值，抽象劳动形成商品的价值。这就是马克思首次批判性揭示并论证的"劳动二重性"学说，它是"理解政治经济学的枢纽"③。在整个马克思主义政治经济学理论体系中，无论是对价值的分析，还是对剩余价值理论的建构，都是建立在劳动二重性学说的基础之上的。

如果说，在《巴黎手稿》中，对市民社会私有财产和劳动的分析最终导向了马克思的第一个伟大发现——唯物史观，那在《资本论》中，对劳动二重性和价值的分析则最终导向了马克思的第二个伟大发现——剩余价值理论。而且，我们也看到，这前后两个时期在方法论的使用上也不尽相同：《巴黎手稿》所使用的方法论是在经济史观视域下的"E（个别）—B（特殊）—A（一般/普遍）"的三重推论；而《资本论》所使用的方法论则是在辩证唯物主义和历史唯物主义基础上的"从抽象上升到具体"的逻辑方法论。

虽然，从研究的范畴、研究的方法、研究的术语等方面来讲，两个时期存在着差别，但如果我们从马克思学术生涯的整个思维逻辑的发展线条上来审视和深思的话，就可以发现，青年时代对"市民社会—私有财产—劳动"

① 中共中央马克思恩格斯列宁斯大林著作编译局. 马克思恩格斯文集（第5卷）[M]. 北京：人民出版社，2009：第一版序言8.

② 中共中央马克思恩格斯列宁斯大林著作编译局. 马克思恩格斯文集（第5卷）[M]. 北京：人民出版社，2009：第一版序言8.

③ 中共中央马克思恩格斯列宁斯大林著作编译局. 马克思恩格斯文集（第5卷）[M]. 北京：人民出版社，2009：第一版序言55.

的分析，以至对"劳动实践—生产实践—辩证的历史实践（科学实践：唯物主义的历史观和辩证法）"的分析，和晚年时期对"资本主义生产方式—劳动二重性—价值—剩余价值理论"的分析，其实是彼此关联、一以贯之的。所以，横跨半生的这两个时期在整体性上，是前后连接贯通、逐渐科学成熟、进而探幽发微的承继性关系，即它们共同构成一个"整体的马克思"。因此，所谓"马克思的思想存在前后断裂"的说法、所谓"存在着'早期马克思'和'晚期马克思'两个割裂的马克思"的说法，就都是无稽之谈，不能成立了。

第三节　对辩证法的改造与共产主义问题

马克思通过经济史观的考察，弄清楚了私有财产在历史的嬗变中所呈现出来的表现形式及其运动规律，并阐明了私有财产的主体本质以及私有财产和劳动的相互关系。至此，市民社会的核心问题，即私有财产的问题，已经得到了较为完整的诠释。但是，马克思对市民社会进行解剖，对私有财产进行考察的最终目的，并不是仅仅为了研究市民社会和私有财产本身。就像在《德法年鉴》时期，马克思对市民社会和私有财产进行政治史观的考察，是为了从市民社会的政治解放导向普遍的人的解放一样，在《巴黎手稿》时期，马克思对市民社会进行经济学的解剖，对私有财产进行经济史观的考察，其最终的旨趣也是在于从私有财产的历史嬗变和现实运动中，阐明自我异化及其扬弃走的是"同一条道路"，即市民社会在其私有财产的矛盾运动中，必将实现对自身积极的扬弃，而最终导向共产主义的真正实现。基于此，在方法论上，对黑格尔的辩证法进行唯物主义的改造，就成为马克思接下来要完成的工作。

一、黑格尔辩证法思想的直接来源

费尔巴哈在其《黑格尔哲学批判》中曾有过一句经典的评判，他说，"黑格尔是通过谢林为中介的费希特"①。这实际上表明了，费希特哲学和谢林哲学是黑格尔哲学思想的直接来源。想要理解黑格尔，就必须先理解费希特和谢林。

在德国古典哲学的发展进程中，康德首次将主体统觉的能动性纳入认识论当中，这是康德哲学的功绩。但是，他泾渭分明地划定了自在之物与现象界之间的绝对对立，并将自在之物设定为处在彼岸世界的、作为纯粹思维本体的、一种自我意识的先验存在。这就使得，自在之物既不在现象之中，又被排除在认识之外。如此一来，康德"批判哲学"的主色调，就成为唯心主义的二元论和不可知论的了。

费希特改造了康德先验意识论中的形式主义，他除了肯定康德的能动性原则之外，还提出了自我意识的否定性原则。在费希特看来，自我意识的活动，内在地遵循着"同一""反设"和"根据"这三条"绝对第一的、无条件的原理"②。具体而言，自我意识首先在"同一性原理"的基础上，完成自我对自我的设定。尔后，又基于"反设原理"，推演出否定的自我作为自己的对立面，即推演出对自我反设的非我。最后，再依照"根据原理"，将自我设定和自我反设的意识行为，统一到"自我 = 自我"的归复之中。于是，从整体上看，自我意识就完成了一个"正—反—合"的内在演变过程。

应该说，费希特关于意识进行自我推演的逻辑，是具有一定的辩证性的。然而，正如马克思在《资本论》第一卷中所言，费希特哲学的非我对自我反设（或对设）的行为，就好比是"照镜子"③，从中得到的只是虚像，而不可能是实像。这意味着，在费希特那里，物质世界的客观实存，即现实的、经验的实体，其实是全然被抹去了的。他唯一保留、承认和创设的，只有纯粹意识的主体。即使费希特祈盼着通过"绝对的自我"来弥合客体的缺失，以图达成主体与客体的统一，但这终究只是徒劳。费尔巴哈就曾指出过，费希

① ［德］费尔巴哈．费尔巴哈哲学著作选集（上卷）［M］．荣震华，李金山，等译．北京：生活·读书·新知三联书店，1959：64.
② ［德］费希特．全部知识学的基础［M］．王玖兴，译．北京：商务印书馆，1986：6.
③ 中共中央马克思恩格斯列宁斯大林著作编译局．马克思恩格斯文集（第5卷）［M］．北京：人民出版社，2009：67.

特始终没有真正解决"纯粹的自我和现实的、经验的自我之间的矛盾"①。由此观之，"自我哲学"虽然带有一定的辩证性，但它始终是囚禁在纯粹主体意识范围之内的，也就是说，这种辩证性只是一种"跛脚的"、纯粹关于"我思"的辩证性。

谢林对费希特极端的唯我论感到不满，试图在"我思"和"我在"之间寻找某种调和。在谢林看来，统一的理性世界，应该展现为这样的一个世界，即：在自我的绝对之中、在自我的同一之中，"能够从思想世界过渡到现实世界，并能得到客观实在性"②。这意味着，在谢林那里，物质世界或自然界是具有实在性的。谢林肯定了这一点。然而，他又说，虽然客观的东西和主观的东西各不相同、存有差别，但是，统辖着两者、并作为它们绝对一致的理性，却是绝对无差别的。换言之，客观实存（"我在"）和主观思维（"我思"），共同消融在"绝对同一"的理性世界之中。谢林在《我的哲学体系的阐述》中，用 A ＝ A 的同一律表示了他所认为的世界的最高法则。

既然客体和主体都消融在"绝对同一"之中，那它们各自的表现又是怎样的呢？谢林进一步指出，处在"绝对同一"之中的客体与主体分别展现出各自不同的样态，这些样态便构成了绝对同一的"因次"（Potenz）。其中，物质世界或自然界是低的因次，它们以客观性（或实在性）为特征；真理的认识、艺术的审美以及自我表象的世界则是高的因次，它们以主观性（或理想性）为特征。于是，这些不同的因次，在"绝对同一"之中此消彼长、共同交融，就构成了完整的"因次的序列"。

在《我的哲学体系的阐述》中，谢林还认为，出现在因次序列里的主体和客体，"（根本）不可能存在什么量的差别以外的差别"。这即是说，主体和客体之间"任何质的差别都是不可设想的"。这样一来，谢林实际上是否认了事物之间存在着质的差别，而仅仅将量的多少、巨细以及量的此消彼长的变化，看成是事物之间存在差别的唯一表现。正因如此，谢林实际上看不到

---

① ［德］费尔巴哈. 费尔巴哈哲学著作选集（上卷）［M］. 荣震华，李金山，等译. 北京：生活·读书·新知三联书店，1959：62.

② ［德］谢林. 先验唯心主义体系［M］. 石泉，梁志学，译. 北京：商务印书馆，1977：13.

矛盾和对立的存在。他也无法理解：引起事物存在、推动事物运动、导致事物变化的真正根源、真正动因和真正"冲力"，其实是"质"的东西，而这种"质"的东西就是事物内在的矛盾本身。由此观之，谢林关于"量的差别是一切有限性的根据"的论断，无疑是静观的、片面的。"同一哲学"所描绘出来的宇宙图景，只不过是一种无声无息、没有生命的静态图式罢了。

综上所述，一方面，谢林纠正了费希特哲学中的唯我论倾向，让"我思"和"我在"形成了"同一"。但是，另一方面，因为谢林的"同一"是静观的、内凝不动的、绝对无差别的同一，是片面的、否认质的差别的"绝对同一"，所以，他实际上又抛弃了费希特哲学中的合理内核——能动的否定原则以及体现出对立面差别的反设原理——而最终倒退到了斯宾诺莎那里，完成了一种对斯宾诺莎实体学说的形而上学复辟。如此看来，费尔巴哈在《关于哲学改造的临时纲要》中的观点"谢林的理性主义是表面的，他的反理性主义才是真实的"① 颇有道理。与其说，谢林的浪漫主义哲学有某种"绝对理性"的东西，倒不如说，他绝对无差别的"同一哲学"是典型的非逻辑、非理性的神秘主义。

二、黑格尔辩证法思想的具体阐述

黑格尔对费希特关于自我意识的能动性和否定性的原则予以了肯定，认为这是费希特的巨大功绩。同时，黑格尔又认为，谢林提出的主体和客体的"同一"思想，应该成为哲学唯一真实的基础。于是，黑格尔将费希特哲学和谢林哲学的合理内核都充分地加以利用，让它们再次"形而上学地改了装"②，从而创立了"思有同一"学说，并形成了建立在此学说基础上的唯心主义辩证法思想。

（一）黑格尔对知性的形式逻辑的驳斥

黑格尔认为，反映真实东西的真理或反映真理的哲学，应该是"纯粹思

---

① ［德］费尔巴哈. 费尔巴哈哲学著作选集（上卷）［M］. 荣震华，李金山，等译. 北京：生活·读书·新知三联书店，1959：113.
② 中共中央马克思恩格斯列宁斯大林著作编译局. 马克思恩格斯全集（第2卷）［M］. 北京：人民出版社，1957：177.

维的王国""纯粹理性的体系"，而这个王国和体系，就是逻辑①。黑格尔特别强调，他主张的逻辑是辩证的逻辑，与之前知性的形式逻辑是完全不同的。黑格尔具体从以下三个方面做了说明：

第一，黑格尔对形式逻辑的同一律进行了驳斥。

形式逻辑的同一律认为，"A＝A"。对此，黑格尔指出，这种同一是抽象的同一，是空洞而没有内容的同语反复，是"知性的形而上学"的思维规律。黑格尔阐明，真正的同一，应该是具体的同一。因此，辩证逻辑主张这样的"同一"：它不仅兼具内容与形式，而且也承认对立、肯定矛盾、包含差别。换言之，辩证逻辑所理解的"同一"，是处在对立中的同一、是矛盾运动中的同一、是不排斥差别的同一。这就是黑格尔所说的，"它自在地包含着的区别"建立起自身内部的对立统一②。

第二，黑格尔对形式逻辑的矛盾律进行了驳斥。

形式逻辑的矛盾律认为，"A 不能同时是 A 与非 A"。在黑格尔看来，正是因为形式逻辑的同一律是排斥矛盾的，所以才会有其所谓的矛盾律。对此，黑格尔指出，如果能够像辩证逻辑那样，把同一理解为矛盾中的同一，就会发现，"一切事物都自在地是矛盾的"③。这不仅对于一切的表象、概念和理念，是如此；而且对于一切的经验和现实事物，也是如此。

为了形象地阐发出矛盾的普遍性和必然性，黑格尔还特意举了一个例子。他说，在数学中，用微积分的思想求圆的面积，就是将曲线的圆周等同于无限多且无限小的直线的综合。在这里，曲线与直线是一对矛盾，但它们却又是同一的。黑格尔最后总结道，有矛盾才会有存在，没有矛盾就没有存在。矛盾，无疑是一切事物的共同本质和根本生命。所以，作为认识事物本质的哲学，就应该"在一切种类的对象中……发现矛盾，认识矛盾并且认识对象的这种矛盾特性"④。

第三，黑格尔对形式逻辑的排中律进行了驳斥。

---

① ［德］黑格尔. 逻辑学（上卷）［M］. 杨一之，译. 北京：商务印书馆，1974：31.
② ［德］黑格尔. 逻辑学（下卷）［M］. 杨一之，译. 北京：商务印书馆，1976：542.
③ ［德］黑格尔. 逻辑学（下卷）［M］. 杨一之，译. 北京：商务印书馆，1976：66.
④ ［德］黑格尔. 小逻辑［M］. 贺麟，译. 北京：商务印书馆，1980：132.

形式逻辑的排中律认为，"A 不是正 A 必是负 A"。在黑格尔看来，这种"非此即彼"的表达，其目的同样也在于否认矛盾、排斥矛盾。黑格尔指出，"无论在天上或地上，无论在精神界或自然界，绝没有像知性所坚持的那种'非此即彼'的抽象东西"①。事实上，凡是存在的东西，都必定是具体的；而凡是具体的东西，又必定是在其自身内部包含有差别和矛盾，即表现为对立统一的东西。

正如，笛卡尔坐标系里的坐标轴，对于同一条坐标轴 A 而言，它就既可以是正 A，又可以是负 A。如此说来，形式逻辑的排中律就是不能成立的了。黑格尔指出，所谓的"排中"无非是排除矛盾，这实际上是将存在于具体的东西之中的各种不同的规定彼此分割开来并相互孤立起来。在黑格尔看来，这种"非此即彼"的做法，即是知性的弊端；而辩证逻辑主张的，则是"亦此亦彼"的思想。

（二）黑格尔对辩证法基本思想的阐发

在对知性的形式逻辑进行了全面驳斥之后，黑格尔阐述了他关于辩证法的基本思想。为了能将辩证法的思想阐述清楚，黑格尔先论述了真理、逻辑、理念、思维等相关概念和范畴，并阐明了它们的"思有同一"性。

1. 引论

前已述及，黑格尔将逻辑理解为纯粹意义上的理性体系和思维王国。除此之外，黑格尔还认为，逻辑"作为概念的形式乃是现实事物的活生生的精神"②。这意在表明，逻辑，不仅是理性、概念和思维这一"思"的形式，而且还是经验、现实和实存这一"有"的体现。也就是说，逻辑是"思"和"有"的同一。

与知性逻辑（形式逻辑）不同，黑格尔的思维方式就在于，他把逻辑看成是纯粹的思维形式和实在的现实内容的统一。他反对没有内容的形式，也反对没有形式的内容。在黑格尔看来，"形式的知性并不深入于事物的内在内容"，但是，科学的认识活动以及哲学的认知体系，又恰恰在于"去观察和陈

① ［德］黑格尔. 小逻辑 ［M］. 贺麟，译. 北京：商务印书馆，1980：258.
② ［德］黑格尔. 小逻辑 ［M］. 贺麟，译. 北京：商务印书馆，1980：331.

述对象的内在必然性"①。所以，黑格尔说，唯有内容与形式的同一，才是真正的同一、具体的同一。唯有如此，才能从中体现出理性的思维本身。

对于这一点，列宁精辟地评论道，"黑格尔则要求这样的逻辑：其中形式是富有内容的形式，是活生生的实在的内容的形式，是和内容不可分离地联系着的形式"②。概言之，在黑格尔那里，"思"和"有"不是彼此分开的，内容和形式也不是相互分离的，反而，它们都是同一的。

黑格尔关于"思有同一"的观念，在《精神现象学》中，就曾有过经典的表述。他说，"一切问题的关键在于：不仅把真实的东西或真理理解和表述为实体，而且同样理解和表述为主体"③。对于这一表述，我们要继续探问的是：黑格尔所谓的既为实体、又同为主体的真理，指的是何物呢？

在《逻辑学》中，黑格尔道明，真理是思维的王国、是逻辑，而逻辑又是纯粹的理念，因此，真理——作为"客观性和概念的同一"——就是理念本身。在黑格尔看来：（1）理念是逻辑。所谓纯粹理念的东西，就是逻辑的范畴、概念和规定。它们本能地贯穿在精神之中，并成为"精神的生活和意识的依据和趋向之点"④。（2）理念是思维。所谓纯粹理念的东西，同样也是先验存在的理性和思维。这表现在，它既是"合适的概念"，又是"客观的真"。亦即，理念——作为辩证的思维形式——是主观性的概念和客观性的实体的同一。（3）理念是真理。作为主观和客观的统一，作为"全面发展的纯粹的知"（= 逻辑）⑤，理念即是"真本身"（= 真理）⑥。

由此可见，黑格尔的哲学思想在《精神现象学》（1807）和《逻辑学》（1816）以及《小逻辑》（1817）之间，是前后贯通、一脉相承的。逻辑、真理、理念、思维这些概念，在黑格尔那里，都是等同的。黑格尔的真理观，

---

① ［德］黑格尔. 精神现象学（上卷）［M］. 贺麟，王玖兴，译. 北京：商务印书馆，1979：36.
② 中共中央马克思恩格斯列宁斯大林著作编译局. 列宁全集（第55卷）［M］. 北京：人民出版社，1990：77.
③ ［德］黑格尔. 精神现象学（上卷）［M］. 贺麟，王玖兴，译. 北京：商务印书馆，1979：10.
④ ［德］黑格尔. 逻辑学（上卷）［M］. 杨一之，译. 北京：商务印书馆，1974：15.
⑤ ［德］黑格尔. 逻辑学（上卷）［M］. 杨一之，译. 北京：商务印书馆，1974：53.
⑥ ［德］黑格尔. 逻辑学（下卷）［M］. 杨一之，译. 北京：商务印书馆，1976：447.

从而黑格尔的哲学，是建立在主观性和客观性同一（"思有同一"）的基础上的，即建立在辩证逻辑和纯粹理念的基础上。

2. 推论

在完成辩证法思想的导引之后，黑格尔详细而完整地论证了他关于辩证的方法论的基本含义。这具体表现在如下几个方面：

首先，在黑格尔看来，无论是逻辑、还是真理、抑或又是理念和思维，它们都应该是具体的。在《逻辑学》和《小逻辑》中，黑格尔对此有专门的论述。对于这一点，我们在前面已经论及。除此之外，在《哲学史讲演录》中，黑格尔也有过提及，他说，"理念自身本质上是具体的"，而且，真理也应该是具体的，"如果真理是抽象的，则它就是不真的"。因此，哲学的整个任务就在于，"引导我们回复到具体"，并以具体的方式来表达真理、阐发理念、论证逻辑①。

其次，在黑格尔看来，逻辑、真理、理念、思维，不仅是具体的，而且还是"具体的对立统一"，即是矛盾的。知性的形式逻辑否认矛盾的存在，在他们看来，主观只是纯粹的主观，客观只是纯粹的客观；在主观和客观之间，横亘着一条永远不可逾越的鸿沟。这就使得，无论是主观也好，还是客观也罢，它们都是互相不能提取到对方的。也就是说，在知性那里，主观和客观始终是相互外在、相互对立、不可协调的。然而，在黑格尔看来，主观和客观虽是对立的，但它们也是统一的。这种统一表现在：主观和客观作为对立中的两极，是必然会向各自的对立面进行转化的。并且，在这种转化中，原本对立的两极都会被扬弃，它们都将成为真理的辩证的环节。最终，被扬弃的两极被统摄包含在真理的整体同一中。正是基于此，黑格尔强调指出，真理无非是矛盾，无非是"对立面的具体的同一"。相应地，作为真理的理念，同样也是矛盾的。

再次，正因为逻辑、真理、理念、思维，既是具体的，又是矛盾的，所以，它们本质上都是一个运动的过程，都是一个活动的过程，都是一个发展的过程。在黑格尔看来，这一过程，这其中的运动、活动和发展，全然都是

---

① ［德］黑格尔. 哲学史讲演录（第1卷）［M］. 贺麟，王太庆，等译. 北京：生活·读书·新知三联书店，1956：29.

由矛盾所推动、所催生、所导致的。实际上，黑格尔认为，矛盾构成了整个世界的基石，成了"推动整个世界的原则"①。

我们看到，与知性的形式逻辑对矛盾予以全盘否定的做法截然不同，在黑格尔的辩证逻辑中，矛盾被看成是构成事物本质的内在规定。亦即，矛盾被看成是存在于事物本质规定中的否定之物。黑格尔认为，任何运动本身，都只不过是内在矛盾的外在反映和显现。事物之所以会运动、之所以能运动，其根本原因不在别的，而仅仅只是因为事物存在着自身内在的矛盾而已。正是有了矛盾，一切事物的运动才"自在自为"地成为可能；正是有了矛盾，一切事物才具备了自身运动的根本动因和内在活力。

我们看到，在黑格尔那里，矛盾对于一切事物来说，其意义都是根本的。具体而言，包括两点：其一，有了矛盾，才会有一切的实存。即是说，矛盾产生存在，它是事物存在的根基和本源。其二，有了矛盾，才会有一切的运动。即是说，矛盾产生运动，它是事物运动的动力和内因。于是，黑格尔总结道，无论是事物的存在，还是事物的运动，皆起因于、来源于事物自身的内在矛盾。有矛盾，才有存在；有矛盾，才有运动。

我们看到，矛盾和运动的辩证关系，其意义尤为重要。从一方面来讲，因为，矛盾是"一切运动和生命力的根源"，是"一切自己运动的根本"，所以，可以说，矛盾产生了运动。与此同时，从另一方面来看，因为，任何运动无非都是内在矛盾的外在反映和显现，所以，又可以说，"运动就是实有的矛盾本身"②。概言之，矛盾即有运动，运动即是矛盾。

综上所述，不难发现，黑格尔的辩证逻辑实际上是将理念论和矛盾论结合并统一起来了。在辩证的逻辑中，真理、理念、思维等等这些概念的自我演变、自我运动，乃至整个发展，都被看成是辩证的方法论本身，即矛盾及其运动规律本身。

3. 结论

在经过详细而缜密的推导和论证之后，黑格尔对辩证逻辑的基本观点、对辩证的方法论的基本原理以及对辩证法的基本思想，做了总结式的论述。

① ［德］黑格尔. 小逻辑［M］. 贺麟，译. 北京：商务印书馆，1980：258.

② ［德］黑格尔. 逻辑学（下卷）［M］. 杨一之，译. 北京：商务印书馆，1976：66-67.

其具体表现在如下几个方面：

第一，辩证逻辑认为，每个事物，就其自身的状态而言，都是一种对自我的"肯定"。然而，这种"肯定"，本身并不是一种单纯的、直接的肯定；相反，它是包含有矛盾、蕴含着否定的肯定。黑格尔说，"肯定"的事物——矛盾——"否定"之物，这其中的关联是一切事物存在状态的本质写照。任何的事物，就其实质而言，都是肯定与否定的同一，即，都是寓肯定于否定之中的统一体（矛盾的统一体）。黑格尔强调，作为前提的内容、亦作为结果的总括，辩证的逻辑都坚持主张"肯定的东西"是存在于"它的否定的东西"之中的。并且指出，这一认识的观点，不仅是绝对的，而且还是"理性认识中最重要之点"①。

第二，辩证逻辑主张，矛盾不仅是本体论的根本，而且还是运行论的根本。简言之，矛盾产生存在，存在即是矛盾；矛盾产生运动，运动即是矛盾。在黑格尔看来，无论是自然的生命的东西，还是绝对的精神的东西，都无一例外地遵循着矛盾及其运动的规律。也就是说，所有的事物和一切的活动，统统都适用"辩证的方法论"。黑格尔认为，与知性认识所体现出来的有限方法不同，辩证的方法是一种绝对的方法。它在考察事物时，具有普适的真理性。该方法论要求，方法本身应当被理解成"对象的内在原则和灵魂"②。这意在表明，辩证的方法即是关于对象本身的辩证法。而黑格尔所说的对象，又无非是逻辑、理念、思维这些概念本身，所以，黑格尔总结指出，作为辩证的逻辑、作为真理的王国、作为理念的本身，"思维形式既是对象，又是对象自身的活动——思维形式自己考察自己……这种思想活动就叫作'辩证法'"③。

第三，辩证逻辑阐明，作为对象本身及其活动的思维形式，是"辩证法"。这就意味着，辩证法并不存在于思维之外，相反，它是内在于思维之中的。从这个意义上说，作为思维的理念，也是"辩证法"。当然，最终，作为一切存在和运动之根本的矛盾及其规律，亦是"辩证法"本身。黑格尔对辩

---

① ［德］黑格尔. 逻辑学（下卷）［M］. 杨一之，译. 北京：商务印书馆，1976：541.
② ［德］黑格尔. 逻辑学（下卷）［M］. 杨一之，译. 北京：商务印书馆，1976：537.
③ ［德］黑格尔. 小逻辑［M］. 贺麟，译. 北京：商务印书馆，1980：118.

证方法论的揭示以及对辩证法含义的表述，虽然貌似存有不同，但实际上，它们的内在逻辑却是统一的，共同精髓也是一致的。最后，黑格尔在总结中指出，辩证的方法，从而矛盾的运动，就在于：（1）从建立在否定中的"肯定"环节开始，也就是说，从肯定否定一体的统一开始；（2）尔后经过"否定之否定"的辩证环节，完成对矛盾的扬弃、对自我的扬弃；（3）最终达到一种新的肯定。这种新的肯定是圆圈式的回复，否定的环节被充实进去了，所以，这种新的肯定实际上是一种辩证的肯定。

第四，辩证逻辑强调，任何事物的发展过程，都是一个从"否定中的'肯定'"、到"否定之否定"、再到"新的肯定"这一矛盾运动的过程。也就是说，它是一个不断生成矛盾、解决矛盾，并不断自我融合、自我扬弃的过程。亦即，一个永恒的辩证法的过程。黑格尔特别指出，矛盾中的否定性以及作为否定的环节，是整个"辩证法的灵魂"，其构成一切自我创生、自我认识、自我归复的运动最内在的动力和源泉①。

第五，辩证逻辑指出，辩证的方法论既是分析的，同时又是综合的。说它是分析的，是因为，它立足于对象本身，力求在对象的内在规定之中，在对象本身的活动之中，去理解它的一切运动形式的发展规律。说它是综合的，是因为，对象也同时被理解为包含有对立的他者，亦即，"一切现实之物都包含有相反的规定于自身"②。在经过内在否定之否定的环节以后，整个运动过程就呈现出一种逐渐丰富、逐级上升的发展态势。

综上所述，黑格尔的辩证逻辑，即辩证的方法论、辩证法，实际上解决了逻辑学、本体论和认识论三者的高度统一。黑格尔的哲学，是彻底的一元论的唯心主义哲学，同时，它也是辩证的唯心论哲学。一方面，我们可以说，历史上的一切唯心主义哲学，发展到黑格尔这里，就达到了其绝对的、彻底的、纯粹的完成。另一方面，我们还可以说，历史上的一切辩证思维的传统——比如为黑格尔所极力推崇的柏拉图和亚里士多德的辩证思维形式——发展到黑格尔这里，也达到了其最丰富、最发达、最宏伟的表达。黑格尔建立起一个包罗万象的辩证唯心论的逻辑王国和哲学体系，从而将事物的存在、

① ［德］黑格尔．逻辑学（下卷）［M］．杨一之，译．北京：商务印书馆，1976：543.
② ［德］黑格尔．小逻辑［M］．贺麟，译．北京：商务印书馆，1980：133.

演变、运动和发展都统统囊括在其中。知识，从最初的形式（意识）发展到绝对的形式（绝对知识），"必须经历一段艰苦而漫长的道路"。只有这样，科学的因素和科学的纯粹的概念，即真正的知识，才能最终产生出来①。在黑格尔那里，这段艰苦而漫长的道路，正是"绝对精神"从"自在"、到"自为"、再到"自在自为"所走过的整个关于其自我存在、自我认识和自我实现的辩证之路。"绝对精神"为了实现对自我的认识，它必须从逻辑的概念开始，即从思维理念的形式开始，然后把自身外化到自然界中去，并在其中生成出人类，尔后通过家庭、市民社会、国家的关联，最终以人的精神的形式，来达成对自我的回复、认识和实现。所以，黑格尔的整个哲学又是彻彻底底的唯心主义目的论哲学。与沃尔夫式的外在目的论不同，黑格尔所阐发的是一种关于"绝对精神"的内在目的论。换言之，黑格尔的目的论是指向于精神的自我实现和自我认识的绝对目的本身。要达成这一绝对目的，要完成这一辩证之路，又必须依赖于事物内在的矛盾及其运动。所以，黑格尔说，矛盾是一切存在和运动的源泉和根本，是一切事物自身运动的动因和"冲力"。没有矛盾，就没有存在；没有矛盾，也就没有运动。在经过一个从"否定中的'肯定'"到"否定之否定"再到"新的肯定"的过程之后，事物的辩证之路在矛盾的发展之中最终得以完成，绝对的目的本身也在矛盾的扬弃和统一之中最终得以实现。总而言之，在黑格尔的整个哲学体系中，本体论、认识论、方法论、运行论、价值论、目的论都是统一的，它们彼此合契、相互贯通，使得黑格尔的哲学体系环环相扣、哲学精神一以贯之，最终使黑格尔成为辩证唯心主义哲学的集大成者。

三、辩证法的改造与共产主义问题

马克思认为，在黑格尔的思维体系中，感性的现实只是思维本身的即自我意识的、抽象的自我确证，它被包括在理论的、抽象的思维之中。实际上，这种把感性的现实外化并收归自身的做法，并没有实际触及真实的存在，没有触碰到现实的对象，更没有实际克服它、扬弃它。因此，在马克思看来，

① ［德］黑格尔. 精神现象学（上卷）　［M］. 贺麟，王玖兴，译. 北京：商务印书馆，1979：17.

虚妄抽象的理论是无法解决现实具体的问题的。现实的问题只能从感性的现实出发，从对象性存在的关系出发，从受动出发来实践地解决。这就是说，只有立足感性对象性、现实性、实践性的理论，才是直面现实的理论。这样的理论，才能是科学的革命的理论。相反，如果一种理论将自身囿于自我意识的思辨之中，它既无法触碰现实对象，又无法克服现实对象，就只能是教义学的理论。

马克思指出，黑格尔的辩证法不是对现实存在本身进行感性描述的辩证法，它是关于理念、逻辑、思维、意识、精神抽象运动的唯心主义的辩证法。黑格尔理解的矛盾的运动规律，无非是指向绝对精神、伦理理念和逻辑思维，是对这些概念范畴自身运动的唯心展现。从"否定中的'肯定'"到"否定之否定"再到"新的肯定"的整个过程，在黑格尔那里，只是被唯心地表述成精神从"自在"、到"自为"、再到"自在自为"的运动过程。也就是说，黑格尔理解的辩证运动及其发展历程，只是纯粹思维的生产史、抽象精神的异化史以及思辨体系的推衍史。

马克思猛烈地驳斥道，存在于客观物质世界里的矛盾运动，是关于现实的、感性的矛盾运动。事实上，不仅矛盾本身是感性的，而且感性的事物也是矛盾的。这无须借助任何抽象的、思辨的结构，也无须设定一个超验的、先验的存在。自然本身即以其感性呈现出来，矛盾即存在于自然的感性之中。马克思以感性现实的矛盾观祛魅了黑格尔思辨抽象的矛盾观，以物质世界现实的辩证法解蔽了黑格尔精神世界虚幻的辩证法。

马克思发现，黑格尔哲学中的精神异化与资产阶级市民社会中私有财产的异化，两者之间具有通约性。在黑格尔哲学中，现实是精神异化的现象界；在资产阶级市民社会中，现实是私有财产异化的现象界。前者和后者，都是颠倒的世界和同样颠倒的世界观，它们是同质的。正是在这个意义上，马克思称黑格尔的逻辑学是"精神的货币"，是关于"天国的私有财产的学说"。

早在克罗茨纳赫时期，马克思就对各式各样的空想社会主义学说做过广泛的涉猎，并做了富有见地的评论。在1843年9月，致阿尔诺德·卢格的信中，马克思对卡贝、德萨米、魏特林，以及傅立叶、蒲鲁东等人的共产主义思想做过一番简短的评述。

到了《巴黎手稿》时期，基于对市民社会的经济学解剖，基于对私有财产的经济史观考察，基于对黑格尔辩证法的改造与运用，马克思对私有财产的问题、对共产主义的问题，都有了全新的认识。在第三手稿的"私有财产和共产主义"部分，马克思深刻剖析了两类"空想的共产主义"，并指出了它们各自的缺陷与弊端。

第一类是原始粗陋的共产主义。还在克罗茨纳赫时，马克思就曾在至卢格的信中，提到过这种共产主义，说它"只不过是受自己的对立面即私有制度影响的人道主义原则的特殊表现"[①]。在《巴黎手稿》中，马克思进一步指出，这种共产主义——无论是从人与自然的本质关系上看，还是从人自身的文化教养上看——都意味着非自然的一种倒退。马克思愤慨说道，在这种共产主义中，到处可见其理论的原始性、鄙陋性和无思想性，到处充斥着对人本身的羞辱、蔑视与否定。这一点在其对待妇女的问题上，体现得淋漓尽致——公妻制是这种共产主义"昭然若揭的秘密"[②]。毋庸置疑，这种原始粗陋的共产主义是私有财产卑鄙本性在想象的平均主义中的彻底完成，是一种私有财产的普遍化。

第二类是未完成的共产主义。这类共产主义已经认识到，人在私有财产的制度下必然会产生自我异化的问题，认为这是对人的本真的扭曲和否定，主张通过摧毁资产阶级市民社会及其需要的体系，来铲除私有财产滋生的温床，以此达到和实现"人向自身的还原或复归"[③]。在马克思看来，这类共产主义已经看到并述说了资产阶级市民社会、私有财产和人的异化之间的关系，这一点是值得肯定的。但是，其对私有财产和市民社会的理解，却仍然流于抽象和直观。在马克思看来，人向自身的"还原"或"复归"，是在更高阶段上的"还原"或"复归"，并不是简单的回复。这即要求对私有财产和市民社会进行积极的扬弃，而不是全盘的否定。所以，这类共产主义的本质缺

---

① 中共中央马克思恩格斯列宁斯大林著作编译局．马克思恩格斯全集（第47卷）［M］.
北京：人民出版社，2004：64.

② 中共中央马克思恩格斯列宁斯大林著作编译局．马克思恩格斯全集（第3卷）［M］.北京：人民出版社，2002：295.

③ 中共中央马克思恩格斯列宁斯大林著作编译局．马克思恩格斯全集（第3卷）［M］.北京：人民出版社，2002：297.

陷就在于：没有辩证地理解资产阶级市民社会在人类文明发展中的历史地位，没有辩证地看待私有财产在文明进程中的历史作用。

在马克思看来，如果从异化观的视角来审视，私有财产无疑是人的自我异化的现实。而如果从感性论的视角来认识，私有财产又是"物质的、直接感性的"①，它在历史中的运动也同样是感性的。与"空想的共产主义者"不同，马克思并没有单纯地讨论私有财产的异化现实，而是又开辟了感性现实的方法论路径，将私有财产的运动与生产本身的运动联系起来，放在一起剖析。马克思指出，私有财产的运动是迄今为止历史上"全部生产的运动的感性展现"②。在原始社会末期，生产工具的改进、劳动效率的提升、社会生产力的发展，导致出现了剩余产品，从而产生了私有财产及其制度。在资产阶级市民社会里，私有财产的异化现实与矛盾表现，达到了它的顶点。共产主义——作为生产本身的高度发达——必将实现对私有财产积极的扬弃，而最终完成人向自身真正的复归。同时，共产主义——作为人的本质的必然复归——则旨在实现自然主义的人道主义的实践生成。

上述分析表明，在《巴黎手稿》的第三手稿中，马克思不仅完成了对黑格尔唯心主义辩证法的唯物主义改造，而且已然将唯物辩证法的基本原理运用到对市民社会和私有财产的历史分析中。他不是在历史发展的某一阶段上，孤立地、静止地来看待市民社会和私有财产的异化现实；而是在历史发展的整个视域下，全面地、辩证地来思考对这种异化进行"积极的扬弃"的现实可能性。

反观那些"空想的共产主义者"，它们要么诉诸自然理性，用自然理性的"背离"—"发现"—"重拾"—'复归'的逻辑公式来恢复社会秩序；要么则主张均等主义，从均等思维的价值悬设出发来规范社会行为。可以说，无论是以体现自然秩序的自然法则为根基的理性论构想，还是以均等主义为特征的均等论诉求，都未能超出道德责难与伦理发问的观念体系。"空想的共

---

① 中共中央马克思恩格斯列宁斯大林著作编译局．马克思恩格斯全集（第3卷）[M]．北京：人民出版社，2002：298．

② 中共中央马克思恩格斯列宁斯大林著作编译局．马克思恩格斯全集（第3卷）[M]．北京：人民出版社，2002：298．

产主义者"关于未来美好社会的图景描绘，因其未能摆脱历史唯心主义的泥沼和窠臼，只可能是虚无缥缈的"乌托邦"。正如马克思所指出的那样，"空想的共产主义者"没有看到历史的辩证运动，它们仅仅出于对私有财产的伦理否定，在"各个与私有财产相对立的历史形式中为自己寻找历史的证明"，而结果往往是"历史运动的绝大部分是同它的论断不一致的"①。它们之所以耽于幻想，或流于空想，是因为：它们没有理解私有财产的感性现实，也没有认清私有财产的经济运动，更没有看到"市民社会"的经济运动对整个无产阶级革命运动的必然意义。

与"空想的共产主义者"不同，马克思认为，"市民社会"私有财产的发展和私有财产自身积极的扬弃，是同一历史进程所走的"同一条道路"。"整个革命运动必然在私有财产的运动中，即在经济的运动中，为自己既找到经验的基础，也找到理论的基础。"② 这意味着，在马克思那里，人类的历史和历史全部的运动，既被看成是"它的现实的产生活动——它的经验存在的诞生活动"，又被看成是"它的被理解和被认识到的生成运动"③。

总之，马克思是在理论、现实、实践相统一的维度，来认识历史存在和历史发展的根本属性。科学的共产主义即是理论、现实与实践的高度统一，它要求摈弃一切超验的或先验的思维逻辑，它反对一切超历史的或超现实的观念主张。亦即，科学的共产主义强调历史的现实性、社会共同体的现实性以及人的本质力量（实践）的现实性。

我们看到，正是通过对"市民社会"经济运动的感性探讨，马克思走上了历史主动和历史能动的广阔舞台，用感性现实性的"光"驱散了理性主义和思辨主义的历史迷雾，在对历史辩证法的深刻透视和现实体认中，阐发了科学共产主义的本质规定性，从而完成了对历史之谜的真正解答。

---

① 中共中央马克思恩格斯列宁斯大林著作编译局．马克思恩格斯全集（第3卷）[M]．北京：人民出版社，2002：297-298.

② 中共中央马克思恩格斯列宁斯大林著作编译局．马克思恩格斯全集（第3卷）[M]．北京：人民出版社，2002：298.

③ 中共中央马克思恩格斯列宁斯大林著作编译局．马克思恩格斯全集（第3卷）[M]．北京：人民出版社，2002：297.

第四章

巴黎时期马克思的市民社会批判Ⅲ：《神圣家族》

1844 年 8 月底，马克思和恩格斯在巴黎会面。之后，他们合著了《神圣家族》（1844 年 9 月至 1844 年 11 月，巴黎）。在这部论战性的著作中，一方面，马克思总结和完善了市民社会经济哲学批判的核心思想。这表现在，通过揭示"批判的批判"对蒲鲁东的歪曲理解，以及通过对蒲鲁东经济思想的辩证评判，马克思加深了对市民社会自身矛盾的理解，深化了对平等和平等占有的认识，完善了对劳动和资本关系的思考。并且在此基础上，论证了无产阶级的历史使命，表述了人与人的社会关系思想，最终树立起辩证的革命实践观。另一方面，马克思又延伸和拓展了市民社会历史哲学思考的崭新维度。这表现在，通过对"绝对的批判"的三次征讨，马克思厘清了现代市民社会的历史形成、历史地位和历史影响；分析了市民社会的感性的"物质的条件"是实现"群众的共产主义"实践运动的必要前提；探讨了市民社会、市民生活和国家的相互关系，以及人民群众和历史的相互关系。在这一过程中，马克思逐步踏上了变革市民社会批判的历史唯物主义之路。

第一节 经济哲学维度中的市民社会批判

在《神圣家族》中，马克思通过揭示"批判的批判"对蒲鲁东的歪曲理解，以及通过对蒲鲁东经济思想的辩证评判，完善了自己在《巴黎手稿》时期已经形成的关于市民社会的经济哲学思考，并使得相关的认识更加深刻而明确。

一、对蒲鲁东经济思想的辩证评判

蒲鲁东经济批判的核心，是指向于市民社会的私有本质和所有权制度的私有本性。简言之，是直指市民社会的私有财产及其制度本身。他在《什么是所有权》一书中，关于财产和财产权的思考以及关于私有制的批判，是以古典经济学意义上市民社会的整个发展为前提的，同时，也是以傅立叶和圣西门等空想社会主义学说和思想为背景的。

马克思指出，"批判的批判"在其对蒲鲁东著作的翻译和转述中，歪曲了蒲鲁东的原意，他们压根就不理解蒲鲁东经济批判的价值与意义。其译文的粗劣与陋俗，恰恰反映出他们对蒲鲁东著作的真义和要旨，要么一知半解，要么一无所知。为此，马克思将"批判的批判"戏称为"被赋予特征的蒲鲁东""批判的蒲鲁东""蒲鲁东第一"等等，而将蒲鲁东本人称为"真正的蒲鲁东""群众的蒲鲁东""蒲鲁东第二"等等，以此来形成鲜明的对照，以示两者的根本区别。

在马克思看来，蒲鲁东的批判揭示了市民社会及其制度的私有本性，驳斥了古典政治经济学理论的私有制前提，完成了对私有财产、私有财产权以及私有制本身所做出的"第一次带有决定性的、严峻而又科学的考察"①。这使得，政治经济学在蒲鲁东那里，真正成为可能，真正实现了它的"革命化"。

马克思拿蒲鲁东的著作与西哀士的著作相提并论，指出，如果说，西哀士在《什么是第三等级》一书中，关于"第三等级是一切"的宣告，是从对第三等级的历史地位的肯定出发，去重建法国大革命时期的政治秩序的话，那蒲鲁东在《什么是所有权》一书中，关于"财产作为一种制度和原则是不可能的"，即"所有权是无"的论断，则是从对私有制和私有财产的否定着眼，去批判资产阶级市民社会的经济秩序本身。

可以说，在对资产阶级市民社会的私有财产及其制度进行经济伦理批判的问题上，蒲鲁东已经达到了一定的理论水准。然而，正如我们在《巴黎手

---

① 中共中央马克思恩格斯列宁斯大林著作编译局. 马克思恩格斯全集（第 2 卷）[M]. 北京：人民出版社，1957：39.

稿》中已经看到的和在《神圣家族》中将要看到的那样，马克思在高度赞赏蒲鲁东所取得的理论成就和历史进步的同时，也指出了蒲鲁东思想中的缺陷与不足。马克思对蒲鲁东经济思想的态度，在《巴黎手稿》中，是批判性的承认；到了《神圣家族》中，是批判性的分析；而再到《哲学的贫困》中，则是彻底的批判与超越。总体而言，马克思对市民社会和私有财产所做的经济史观考察、经济哲学批判以及唯物史观探索，是逐渐丰富而深邃起来的，以至最终具有了唯物主义历史观和辩证法的思想高度和理论品格。

二、完善市民社会的经济哲学思考

在《神圣家族》时期，马克思完善了自己在《巴黎手稿》时期已经形成的关于市民社会的经济哲学思考。对相关的理解和认识，着重从如下几个方面做了总结和深化：

（一）在对唯物辩证法的运用和分析中论证无产阶级的历史使命

马克思强调，私有制社会的经济关系，是政治经济学批判的直接所指。对资产阶级市民社会和私有财产本性的批判意在阐明，整个私有制无非是彻底的"经济关系的伪造者"①；意在痛斥，资产阶级市民社会遍地都是罪恶的行径和丑陋的嘴脸；意在揭示，资产阶级市民社会和它的经济理论——无论是哪一种流派——都是充满虚伪和欺骗的十足的"昔尼克主义"；意在鞭挞，资本及其统治、私有财产及其制度，无一不是违反人性、违反道德、违反正义、违反公理的"恶"。

马克思揭露，资产阶级市民社会的资本运动，必然会导致这样的残酷现实：即，贫困和富有的深刻矛盾、有产和无产的尖锐对立，将会逐渐深化、日益激烈。在马克思看来，"有产阶级和无产阶级同是人的自我异化"②，无论是处在剥削一方的资本，还是处在压迫一方的劳动，他们的"非现实化"统统都意味着人的世界的完全丧失，意味着人的本质的彻底异化，以及意味

---

① 中共中央马克思恩格斯列宁斯大林著作编译局．马克思恩格斯全集（第2卷）［M］．北京：人民出版社，1957：40.

② 中共中央马克思恩格斯列宁斯大林著作编译局．马克思恩格斯全集（第2卷）［M］．北京：人民出版社，1957：44.

着人的价值的根本否定。马克思指出，在阶级对立的范围内，有产和无产、私有者和无产者，构成了一对矛盾。前者是保守的方面，后者是破坏的方面；前者宣布私有制度的永恒性和真理性，后者宣告私有制度的历史性和荒谬性；前者极力维护私有制的统治，后者奋力挣脱私有制的枷锁。马克思指出，矛盾运动的辩证法证明了，私有制在矛盾的运动中，必然会被自己的对立面所扬弃。换言之，"私有制在自己的经济运动中"必然会"自己把自己推向灭亡"①。作为不以人的意志为转移的历史规律，这是颠扑不破的客观真理。

马克思阐明，在历史的洪流中，在革命的浪潮中，在运动的实践中，人民群众既是历史的剧作者，又是历史的剧中人。马克思说，他们就是广大的无产阶级。并指出，唯有无产阶级，才能经受得住这艰难"严酷的但是能把人锻炼成钢铁的"② 劳动的考验和意志的磨炼。唯有无产阶级，才能"自己解放自己"③，从而在自我解放的革命中，逐步走上自由而全面发展的光明坦途和康庄大道。唯有无产阶级，才能担负这伟大的历史使命，践行这伟大的历史创举，于资产阶级市民社会的整个结构中，摧毁它的整个制度体系和思想基础，从而建立起共产主义的崭新世界和价值理论。

（二）在对平等和平等占有的理解中表述人与人的社会关系思想

马克思通过对平等的理解和对平等占有的批判性分析，阐述了实物对人的关系以及人对人的关系，进而表述了人与人的社会关系的思想。

第一，对平等的理解和认识。

在《德法年鉴》时期，马克思已经指出，在资本主义国家的宪法和法律中所标榜的"平等"，只仅仅是对有产者而言的；广大的无产阶级非但不享有平等，反而遭受着种种非人的折磨和摧残。所以，资产阶级市民社会里的"平等"，实际上是最大的"不平等"，它是对真正平等原则的污蔑和践踏。

在《巴黎手稿》时期，马克思已经阐明，平等应该体现出人的平等的根

---

① 中共中央马克思恩格斯列宁斯大林著作编译局．马克思恩格斯全集（第 2 卷）[M]．北京：人民出版社，1957：44.

② 中共中央马克思恩格斯列宁斯大林著作编译局．马克思恩格斯全集（第 2 卷）[M]．北京：人民出版社，1957：45.

③ 中共中央马克思恩格斯列宁斯大林著作编译局．马克思恩格斯全集（第 2 卷）[M]．北京：人民出版社，1957：45.

本原则,应该成为真正的平等。也就是说,平等应成为"共产主义的政治的论据",体现出"共产主义的基础"①。马克思还说,蒲鲁东将平等的原则看成是直接与私有制、私有财产、资产阶级市民社会相冲突、相对立和相矛盾的创造,"从这一点来看应该批判和承认蒲鲁东"②。

到了《神圣家族》时期,马克思对平等的理解和认识又加深了一步。他详细论述道,平等应该包含如下几点基本的含义:其一,平等是一种意识。即,"人意识到别人是和自己平等的人"③;并且,能在现实中以这种彼此平等的观念,来互相看待自己和别人。其二,平等是一种关系。它不仅表明,存在于人与人之间的类意识和人与人基于联系而产生的类行为,是彼此同一的;而且还表明,人的本质就在于,人与人之间的实际同一,即平等的同一。实言之,平等表征了"人对人的社会的关系或人的关系"④。其三,平等是一种实践。平等不应只停留于政治的理论,而应该将平等的意识和平等的观念,转化成为谋求人人平等而进行的革命活动和革命实践。也就是说,必须诉诸现实的、革命的、历史的实践活动。其四,平等是一种利益。平等不是哪一个社会集团、哪一个社会阶级、哪一个社会组成的特殊利益。平等不应是狭隘的、片面的、部分的;相反,它应该是广泛的、普遍的、整体的。换言之,平等的利益必须要是整个社会及全体人类的共同利益,即"群众的、现实的、历史的利益"⑤。

第二,对平等占有的分析和对社会关系的表述。

在《巴黎手稿》第三手稿的"私有财产和共产主义"部分,马克思论证了感性的占有,是人对感性对象的现实占有,即感性对象性的占有。马克思

① 中共中央马克思恩格斯列宁斯大林著作编译局.马克思恩格斯全集(第3卷)[M].北京:人民出版社,2002:347.
② 中共中央马克思恩格斯列宁斯大林著作编译局.马克思恩格斯全集(第3卷)[M].北京:人民出版社,2002:347.
③ 中共中央马克思恩格斯列宁斯大林著作编译局.马克思恩格斯全集(第2卷)[M].北京:人民出版社,1957:48.
④ 中共中央马克思恩格斯列宁斯大林著作编译局.马克思恩格斯全集(第2卷)[M].北京:人民出版社,1957:48.
⑤ 中共中央马克思恩格斯列宁斯大林著作编译局.马克思恩格斯全集(第2卷)[M].北京:人民出版社,1957:51.

指出，与"占有"这一概念类似，但又存在差别的一个范畴，是"拥有"；并说，关于"拥有"的论述，可以参阅《来自瑞士的二十一印张》文集中赫斯的相关论文。我们可以看到，在《巴黎手稿》时期，马克思对"拥有"的表述是极为零星，只有寥寥数语，而并没有具体展开。在这一时期，马克思着重关注和谈论的是"占有"。其意在论证，感性对象性的占有表征着人的类本质、代表着人的类行为；其意在阐明，人对对象性世界的感性占有形式是丰富多彩、各种各样的，由此就构成了主体的人和客体的对象世界的相互统一。

到了《神圣家族》时期，马克思对"拥有"的问题展开了论述。他从正反两个方面，辩证地看待了"拥有"和"不拥有"，并在经济学和哲学相结合的维度里，做出了总结性的表述。马克思指出，"拥有"及其对立面的"不拥有"，都不是单纯的理论范畴，都不应该成为"令人绝望的唯灵论"[①]。相反，它们都描述了人在现实中的残酷处境和悲惨境况。马克思悲愤地说道，"不拥有"是人的本质的不拥有，即人的本质的丧失和异化；是现实的人的非现实化，即人在其中过着非人一般的屈辱生活。这种残忍而痛苦的现实，就是贫苦交加、饥寒交迫、穷困潦倒。总而言之，"不拥有"就是"种种违反人性的和违反自然的现象的拥有"[②]。违反人性的"拥有"实际上就是人的本质的"不拥有"。它们都不是逻辑的范畴，它们都是摧残人的、违反人性的、毁灭人的本质的客观现实和具体现象。

马克思指出，"批判的批判"没有真正理解蒲鲁东。蒲鲁东并不是像"批判的批判"所说的那样——因为"批判的批判"的思想是纯粹抽象的观念论——是以"拥有"来反对"不拥有"。在马克思看来，蒲鲁东实际上是以"占有"来反对"拥有"和"不拥有"。蒲鲁东所要消灭的，既是违反人性的"拥有"，又是丧失人的本质的"不拥有"。简言之，蒲鲁东想要消灭的是

---

① 中共中央马克思恩格斯列宁斯大林著作编译局．马克思恩格斯全集（第 2 卷）［M］．北京：人民出版社，1957：52.
② 中共中央马克思恩格斯列宁斯大林著作编译局．马克思恩格斯全集（第 2 卷）［M］．北京：人民出版社，1957：52.

"人的自我异化"，亦即"人对自己的实物本质的实际异化关系"①。

马克思阐明，蒲鲁东异化消除思想的核心指向，就在于他将"占有"这一形式宣称为社会的职能；并且，力图用这一"社会的职能"来占有社会本身，以此来对抗所有反动的经济学和哲学关于"拥有"和"不拥有"的旧形式——私有制。其目的是想通过"占有"来实现人的本质力量的唤醒和发挥，以此来实现"实物世界的重新争得"② 和人对他的实物本质的重新复归。当然，蒲鲁东所说的"占有"，带有法国思想传统的典型形式，即他所谓的"占有"是以"平等占有"的具体形态表现出来的。

前已述及，《神圣家族》时期的马克思，加深了《德法年鉴》时期和《巴黎手稿》时期对"平等"的理解和认识，而将其全面而完整地理解为：一种人人平等的意识，一种平等同一的关系，一种追求平等的实践以及一种共同平等的利益。马克思总结道，蒲鲁东的表达并不十分准确恰当，因为平等的含义在群众的共产主义者那里，是相当广泛而深刻的。蒲鲁东的"平等占有"思想，不足以说明经济事务和社会事务的真切含义。事实上，在马克思看来，准确而恰当的表述应该是这样的："实物是为人的存在，是人的实物存在，同时也就是人为他人的定在，是他对他人的人的关系，是人对人的社会关系。"③

在这里，马克思从实物与人的关系出发，引申出人对人的定在，再进一步引申出人对人的社会关系本身。即，从"物—人"的视域出发，递进到"人—人"（存在）的视域，再提升到"人—人"（关系）的视域，可谓层层推进、缜密合理。对此，列宁就曾在《马克思和恩格斯〈神圣家族〉一书摘要》中评论道，人对人的社会关系的阐述，表明了马克思是"如何接近自己的整个'体系'（如果可以这样说的话）的基本思想——即如何接近生产的

---

① 中共中央马克思恩格斯列宁斯大林著作编译局．马克思恩格斯全集（第2卷）［M］．北京：人民出版社，1957：52.

② 中共中央马克思恩格斯列宁斯大林著作编译局．马克思恩格斯全集（第2卷）［M］．北京：人民出版社，1957：52.

③ 中共中央马克思恩格斯列宁斯大林著作编译局．马克思恩格斯全集（第2卷）［M］．北京：人民出版社，1957：52.

社会关系这个思想"①。

应该说,《神圣家族》时期的这一思想,是处在唯物史观的前夜。我们在后面将会看到,在《德意志意识形态》之中,一方面,马克思将实践观扩展成反映生产实践和交往实践辩证关系的历史实践观;另一方面,他又将社会关系置于人类社会历史发展的整个进程中来考察,从而科学地阐发了生产力和生产关系的概念及其辩证的联系。

(三)在对劳动和资本相互关系的阐发中树立辩证的革命实践观

在《巴黎手稿》第一手稿的"异化劳动和私有财产"部分,马克思说,蒲鲁东已经看到了劳动和私有财产(资本)之间存在着尖锐的矛盾,并且,"蒲鲁东从这个矛盾得出了有利于劳动而不利于私有财产的结论"②。换言之,马克思认为,蒲鲁东已经提出了"劳动反对资本"的观点。

在《巴黎手稿》第三手稿的"增补"部分,马克思说,在蒲鲁东那里,货币利息的降低被看作是一种资本的自我扬弃及其社会化的倾向。但在马克思看来,准确的理解应该是这样的:地产在新兴工业运动的浪潮里,势必会被卷入到资本的运动中去。这就使得,所有的生产部门都将毫无例外地具有工业的形式,从而成为最一般、最普遍、最完全意义上的生产。货币利息的降低,就是这同一个工业运动(或者说,这同一个历史过程)的直接产物,因此,它应该被看成是一切私有财产向完成了的私有财产(即工业资本)转化和演变的必然结果③。

接着,马克思具体评论道:"凡是蒲鲁东认为是劳动反对资本的运动,都不过是具有资本的规定即工业资本的规定的劳动反对那种不是作为资本即不是以工业方式来消费的资本的运动。"④ 马克思指出,劳动应被理解为私有财

---

① 中共中央马克思恩格斯列宁斯大林著作编译局. 列宁全集(第55卷)[M]. 北京:人民出版社,1990:13.

② 中共中央马克思恩格斯列宁斯大林著作编译局. 马克思恩格斯全集(第3卷)[M]. 北京:人民出版社,2002:277-278.

③ 中共中央马克思恩格斯列宁斯大林著作编译局. 马克思恩格斯全集(第3卷)[M]. 北京:人民出版社,2002:350.

④ 中共中央马克思恩格斯列宁斯大林著作编译局. 马克思恩格斯全集(第3卷)[M]. 北京:人民出版社,2002:352.

产的主体本质。如果说得透彻点，那就是：不能离开人的主体性、不能离开人的劳动，来孤立地、单独地谈论私有财产的问题。与此同时，私有财产和劳动，都遵循着"E（个别）—B（持殊）—A（一般/普遍）"的运动规律。当劳动作为一般意义上的劳动存在，并获得完全的、普遍的形式之后，私有财产的形式也就相应地变成完全的和普遍的了，即具有了资本的形式。因此，马克思将私有财产的关系，划分为"作为劳动的私有财产的关系"和"作为资本的私有财产的关系"，以及它们之间的相互关系。并且，在完成了对黑格尔辩证法的唯物主义改造之后，这一矛盾的能动关系，最终得到了合理的阐释和科学的解答。

到了《神圣家族》时期，马克思对劳动和资本相互关系的探讨主要集中在两个方面：

第一，在对劳动时间的探讨中，引申出人的权利的恢复和人的本质的复归。

马克思指出，在资产阶级的政治经济学中，起决定性作用的因素只有私有财产的量、货币的量，或曰"资本的量"。正如在《巴黎手稿》第三手稿关于"货币"的"片断"中所论述的那样，货币、资本、私有财产，作为一种价值概念和经济手段，反而却成了自然的本质和人的本质的"混淆和替换"①。货币、资本、私有财产既表现为一种颠倒的世界，也表现为一种存在于颠倒世界里的异己的物化力量本身。

在《神圣家族》中，马克思进一步指出，既然蒲鲁东把劳动时间看成是人的类本质在类行为和类活动上的直接定在，看成是规定工资数额和产品价值的直接量度，这就说明，"蒲鲁东恢复了人的权利"②。同时，马克思也强调，蒲鲁东对人的权利的恢复仍然局限在政治经济学本身的范围之内，蒲鲁东是"在政治经济的异化范围内来克服政治经济的异化"③。所以，在马克思

---

① 中共中央马克思恩格斯列宁斯大林著作编译局．马克思恩格斯全集（第3卷）［M］．北京：人民出版社，2002：364．
② 中共中央马克思恩格斯列宁斯大林著作编译局．马克思恩格斯全集（第2卷）［M］．北京：人民出版社，1957：61．
③ 中共中央马克思恩格斯列宁斯大林著作编译局．马克思恩格斯全集（第2卷）［M］．北京：人民出版社，1957：52．

看来，准确的理解毋宁说是这样的：劳动时间对人本身的意义，不应像蒲鲁东那样只是仅仅表现在工资数额和产品价值等方面，而应更深一层将它看成是"人的劳动的意义"的本质规定和现实表现。

我们需要指出的是，马克思对劳动时间、对人的劳动的本质意义，进而对劳动价值理论的相关建构，在《神圣家族》时期，并没有过多的涉及，也没有深入的展开。具体的表述和全面的论证，主要集中在《哲学的贫困》一书之中，以及汇总在后来的《资本论》这一政治经济批判的鸿篇巨制之中。

第二，在对"批判的批判"抽象思辨性和纯粹观念论的驳斥中，重塑消灭劳动异化和资本异化的现实可能和实践途径。

在《神圣家族》中，马克思指出，"批判的批判"的观点是直接从黑格尔哲学的根基上发展而来的，他们并没有摆脱黑格尔哲学体系的束缚和羁绊。在他们的思想中，仍然带有强烈的抽象思辨性的色彩和纯粹观念论的底色。

费尔巴哈最先揭示了哲学的超验性和神秘性，论证了哲学的思辨性和抽象性，从而在其"新哲学"中，把哲学"从思辨的天国下降到人类贫困的深渊"①。借助于费尔巴哈的哲学理论，共产主义的群众、共产主义的工人，"他们知道，财产、资本、金钱、雇佣劳动以及诸如此类的东西远不是想象中的幻影"②。这些出现在现实中的异化现象，都是十分具体的，它们是人的自我异化的现实产物。

与"批判的批判"只在意识中、只从思想上，唯心主义地、不切实际地来消除雇佣劳动和资本剥削的欺骗做法截然相反，共产主义的群众、共产主义的工人，要求诉诸现实的人的感性活动，以此来完全清除存在于抽象观念之中的"纯思维的以太"。他们要求投身到共产主义的革命实践中去，彻底"铲除资本这个范畴"和它的异化的统治。他们要求建立起真正的人的社会，真正改变他们非人的生存处境和异化的现实状况。总而言之，群众的共产主义的工人，在指导思想上，要求彻底的唯物论、革命的实践观和历史的辩证

① 中共中央马克思恩格斯列宁斯大林著作编译局. 马克思恩格斯全集（第2卷）[M]. 北京：人民出版社，1957：49.
② 中共中央马克思恩格斯列宁斯大林著作编译局. 马克思恩格斯全集（第2卷）[M]. 北京：人民出版社，1957：66.

法的有机统一。

第二节 历史哲学维度中的市民社会批判

在《神圣家族》时期,马克思一方面完善了市民社会的经济哲学批判,另一方面又开启了市民社会的历史哲学思考。通过对"绝对的批判"的三次征讨,马克思厘清了现代市民社会的历史形成、历史地位和历史影响;分析了"群众的世俗的共产主义和社会主义"的首要原理及其与市民社会感性的"物质的条件"的关系;提出了市灵生活巩固国家的观点以及人民群众是历史创造者的思想。在这一过程中,马克思逐步踏上了变革市民社会批判的历史唯物主义之路。

一、深化对市民社会历史运动的理解

在《神圣家族》中,马克思立足于《德法年鉴》时期形成的理论认识和理论成果,进一步驳斥了布鲁诺·鲍威尔在犹太人问题上的鄙陋与狭隘。在"第一次征讨"中,马克思探讨了犹太精神对现代市民社会形成的影响和意义。在"第二次征讨"中,马克思探讨了"群众的世俗的共产主义和社会主义"的首要原理,致力于祛魅一切超验体系的构想、揭穿所有思辨结构的秘密;致力于现实地找寻并具体地分析那些存在于市民社会里的感性的"物质的条件"。在"第三次征讨"中,马克思探讨了法国大革命的生命史即现代市民社会的生命史,以及探讨了市民社会、市民生活和国家的关系。

(一)《德法年鉴》时期的认识基础

在《德法年鉴》时期的《论犹太人问题》一文中,马克思对布鲁诺·鲍威尔将犹太人问题的实质归结为纯粹宗教神学问题的片面观点,以及归类于"宗教—国家"相互关系存在矛盾的荒谬思想进行了猛烈地驳斥与严厉地指正。马克思阐明,在"完成了的政治国家",宗教不再栖息于公法领域,它不再作为政治国家中那种具有公共事务属性而必不可少的组成部分;相反,它被转移到市民社会和私法领域中去了,成为市民社会中具有私人事务属性且

带有民族文化特色的构成要素。换言之，在"完成了的政治国家"——作为民主制的国家——宗教是不需要从政治上来充实自己的。所以，犹太人问题的实质及其解决的途径，并不在于宗教本身。

马克思强调，对犹太人问题的考察和对犹太人解放途径的探讨，要摆脱宗教藩篱的束缚，要跳出宗教神学的泥沼，真正回归到人的世界和人的基础上来。就是说，要破除思辨哲学的迷思，立足于现实的世俗世界本身，步入历史真正的深处，揭示出问题产生的现实成因。在马克思看来，问题的关键，与其说是因为在宗教和国家之间存在着关系上的矛盾，倒不如说是因为在市民社会和政治国家之间存在着世俗中的对立。这样一来，对犹太人问题的分析和解决就可被概括为：（1）问题来源于世俗的历史本身；（2）问题来源于世俗历史的两个要素——市民社会和政治国家；（3）问题来源于世俗历史这两个要素之间的矛盾和对立。

可见，《论犹太人问题》一文的主要旨趣既在于表明，要用世俗的人的形式来反映同样世俗的人的基础；也在于表明，要把与市民社会相关的矛盾和对立，看成是犹太人问题的现实根源。在开启了市民社会和私有财产的经济分析以及犹太精神和金钱异化的经济批判之后，马克思指出，资产阶级市民社会的政治革命和政治解放只是仅仅摆脱了封建制度的枷锁，挣脱了封建桎梏的束缚。他们建立起来的市民社会，不过是分散的、孤立的、原子式的私人的世界，以及存在于这个世界中的狡诈的、自私的、利己的人的关系。虽然，先前带有封建性质的"属人式"的私有制，确实被发展起来的资产阶级市民社会和他们的政治革命推翻了；但更加残忍、更加暴虐、更加违反人性的"属物式"的私有制——资本主义制度（私有财产制度、商品货币制度、拜物教制度等），却滋生蔓延、恣意妄行起来，以致最后完成了它的统治。它罪恶昭彰、无所不用其极地对劳动人民大加摧残。马克思一针见血地指出，"政治解放本身并不就是人的解放"①。共产主义革命是要把被资产阶级市民社会分散和孤立的、原子式的个人重新组织起来，让他们成为类存在物；普遍的人的解放是要使人们重新认识到自身所固有的类力量，并在社会的组织

---

① 中共中央马克思恩格斯列宁斯大林著作编译局.马克思恩格斯全集（第3卷）[M].北京：人民出版社，2002：180.

中，把这种类存在的社会力量充分地发挥出来。

（二）《神圣家族》时期的深入探讨

到了《神圣家族》时期，在对"绝对的批判"进行征讨的过程中，马克思立足于《德法年鉴》时期已经形成的理论认识，进一步驳斥了"批判的批判"在犹太人问题上观点的错误性和荒谬性，进一步阐明了犹太人问题的实质、核心和宗旨。

我们看到，在《神圣家族》的第六章"绝对的批判的批判或布鲁诺先生所体现的批判的批判"中，马克思共展开了三次对"绝对批判"的征讨。并且，直接与犹太人问题有关的论述，都是集中在（b）部分来进行的。即，形成了（1）第一次征讨："（b）犹太人问题，第一号。"（2）第二次征讨："（b）犹太人问题，第二号。"（3）第三次征讨："（b）犹太人问题，第三号。"值得注意的是，在第三次征讨的（c）部分"对法国革命的批判的战斗"中，马克思还批判性地考察了法国革命史，并在此基础上，论证了市民社会的性质、历史和作用。（如下图所示）

《神圣家族》第六章 "绝对的批判的批判或布鲁诺先生所体现的批判的批判"	
（1）绝对批判的第一次征讨	（b）犹太人问题，第一号。问题的提法
（2）绝对批判的第二次征讨	（b）犹太人问题，第二号。关于社会主义、法学和政治学（民族性）的批判的发现
（3）绝对批判的第三次征讨	（c）犹太人问题，第三号 （c）对法国革命的批判的战斗

我们还看到，在这三次征讨中，也就是在"犹太人问题，第一号/第二号/第三号"中，马克思一连三次重申布鲁诺·鲍威尔把人权和人本身混为一谈，把国家和人类混为一谈，把政治解放和人类解放（性质、手段、途径等等）混为一谈。现分述如下：

1. 第一次征讨

在"犹太人问题，第一号"中，马克思先是用傅立叶关于人权的观点，来嘲讽布鲁诺·鲍威尔在人权理论和政治理论认识上的浅薄与无知。接着，又拿希尔施关于犹太精神在现代世界历史形成中所具有的必然意义的观点，以及拿希尔施本人对鲍威尔的反驳，来说明布鲁诺·鲍威尔在历史解释学和历史认识论上的偏颇与狭隘。最后，马克思指出，毋庸讳言，布鲁诺·鲍威尔把宗教神学的问题看成是市民社会的成员享有平等权利的先决问题——这一观点，是极其荒谬和极其错误的。他根本不懂得、也不理解"犹太精神对'现代的形成'的意义"①。作为"绝对的批判"，布鲁诺·鲍威尔唯一知道的，只是把现实的世俗问题变成纯粹的思辨问题；他唯一擅长的，也只是把人类理智的正常形式变成思辨理性的抽象形式而已。

对此，马克思隐喻般地讥讽道，当布鲁诺·鲍威尔面对资产阶级市民社会现实的历史活动及其政治革命的理论产物——《拿破仑法典》的时候，他只会一门心思地把它当作"摩西五经"来谈论。布鲁诺·鲍威尔的方法前提、思想基础和理论特质，无疑都是对黑格尔"'十足地'附和"②，是彻彻底底的"思辨戏法的重演"③。

2. 第二次征讨

在"犹太人问题，第二号"中，马克思批判性地指出，布鲁诺·鲍威尔不仅混淆了政治解放和人类解放的性质，而且还混淆了解放的政治手段途径和解放的人类手段途径。以此为基础，马克思着重论述了"世俗社会主义的第一个原理"④。马克思指出，"群众的世俗的共产主义和社会主义"的首要原理，可以做如下的表述：

首先，该原理坚决断言和宣称，"绝对的批判"所讲的社会主义，只是一种欺世盗名，其性质是虚妄的幻想，因此，要与这些"绝对的批判""批判的批判"划清原则和立场上的界限。按马克思的话来说，这一界限如同分隔开的深渊一样，既泾渭分明，又天差地别。

其次，该原理强烈要求和主张，要对一切以思辨唯心主义为底色、仅仅

---

① 中共中央马克思恩格斯列宁斯大林著作编译局. 马克思恩格斯全集（第2卷）[M]. 北京：人民出版社，1957：112.
② 中共中央马克思恩格斯列宁斯大林著作编译局. 马克思恩格斯全集（第2卷）[M]. 北京：人民出版社，1957：114.
③ 中共中央马克思恩格斯列宁斯大林著作编译局. 马克思恩格斯全集（第2卷）[M]. 北京：人民出版社，1957：115.
④ 中共中央马克思恩格斯列宁斯大林著作编译局. 马克思恩格斯全集（第2卷）[M]. 北京：人民出版社，1957：121.

存在于抽象概念领域、只具有纯粹观念论意义的解放形式，进行完全的否定和彻底的批判。总之，要祛魅一切超验体系的构想，揭穿所有思辨结构的秘密。

最后，马克思总结道，真正的解放和自由是真正的人类的解放和自由，是立足尘世、为了群众的解放和自由。人类解放，不仅需要有科学的革命理论做指引，需要有顽强的革命意志做支撑；而且，更重要的是，还需要具备"完全能感触得到的物质的条件"①，从而在这些"物质的条件"的基础上，去不懈地践行群众的共产主义的实践活动和科学的共产主义的革命运动。

3. 第三次征讨

在"犹太人问题，第三号"中，马克思继续猛烈地驳斥布鲁诺·鲍威尔把犹太人问题解释成纯粹宗教问题的错误做法。并且指出，要真正理解犹太人在现代资产阶级市民社会中的真实处境，就必须剥离其宗教的外壳，看清它世俗的内核。只有这样，才能用实际经验的方法找到"消融这种内核的真正的社会形式"②。总之，在马克思看来，对犹太人问题的探讨，一定要深入到市民社会"世俗的现实的基础"中去；只有用"世俗人的眼睛"才能窥探犹太精神与市民生活、犹太精神与货币制度、犹太精神与历史的相互关系③。

为了再次说明市民社会决定国家、市民生活巩固国家的观点，进而更有力地阐明现代市民社会和国家的关系，马克思专门回顾了法国大革命时期的历史进程，并予以详尽的评论。

1792 年，法国"八月起义"胜利之后，吉伦特派夺取政权，建立了法兰西第一共和国。但时隔不久，其反动的面目就暴露出来了。以罗伯斯庇尔为首的雅各宾派，平定了吉伦特派的叛乱，推翻了它的统治，建立了雅各宾派专政。然而，与吉伦特派一样，雅各宾派也开始反动镇压忿激派的运动。由于推行的是过激而恐怖的政策，雅各宾派内部也展开了激烈的派系争斗。

---

① 中共中央马克思恩格斯列宁斯大林著作编译局. 马克思恩格斯全集（第 2 卷）［M］. 北京：人民出版社，1957：121.

② 中共中央马克思恩格斯列宁斯大林著作编译局. 马克思恩格斯全集（第 2 卷）［M］. 北京：人民出版社，1957：139.

③ 中共中央马克思恩格斯列宁斯大林著作编译局. 马克思恩格斯全集（第 2 卷）［M］. 北京：人民出版社，1957：140.

1794 年 3 月至 4 月间，马拉遇害、丹东和埃贝尔遭处决，罗伯斯庇尔凶残暴虐的本性彻底暴露无遗。热月党人于同年 7 月（共和二年热月）逮捕了罗伯斯庇尔和圣茹斯特。在解散国民公会后，成立了督政府。1799 年 11 月，穷兵黩武、不可一世的拿破仑·波拿巴发动"雾月政变"，结束了督政府的统治，自任第一执政。在颁布《拿破仑法典》（1804 年）的同一年，拿破仑加冕，宣告法兰西第一帝国成立。帝制维持了十年。1814 年，路易十八颁布《大宪章》，君主专制统治的波旁王朝实现了第一次复辟。不到一年，拿破仑卷土重来，实现了第一帝国的复辟；但好景不长，其仅仅维持了百日不到。接着就是波旁王朝的第二次复辟。这一次，君主专制维持统治达 15 年之久。但终究，被君主立宪政体的七月王朝所取代。

对于这段历史，马克思评论道，罗伯斯庇尔、圣茹斯特和他们的雅各宾派政党之所以会倒台、之所以会灭亡，这全然是因为"他们混淆了以真正的奴隶制为基础的古代实在论民主共和国和以被解放了的奴隶制即资产阶级社会为基础的现代唯灵论民主代议制国家"[①]。在马克思看来，诞生于《人权宣言》之中的民主代议制国家，是现代市民社会的产物，是现代市民生活的结果，同时也是它们现实运动的历史功绩。在资产阶级市民社会中，遍地充满了普遍竞争的工商实体，到处充斥着追求私利的市民个性。所有这一切，都使得市民社会今日不同往昔，它不再是曾经那个古典古代的市民社会形式了。相应地，现代国家的形式——作为市民社会的结果和产物——也不再是古典古代的奴隶制形式。现代市民社会里的人，也"不会是古代共和国的人，正像他的经济状况和工业状况不是古代的一样"[②]。

马克思接着评述道，"雾月政变"时期的拿破仑已经懂得，资产阶级市民社会"无阻碍的发展"和市民主体既相互需要又追求私利的"自由运动"是现代国家的坚实基础。如果说，在这一时期，拿破仑已经认识到现代市民社会的重要性，已经认识到市民社会及其国家的真正本质的话，那在建立帝制

① 中共中央马克思恩格斯列宁斯大林著作编译局. 马克思恩格斯全集（第 2 卷）[M]. 北京：人民出版社，1957：156.

② 中共中央马克思恩格斯列宁斯大林著作编译局. 马克思恩格斯全集（第 2 卷）[M]. 北京：人民出版社，1957：156.

之后，拿破仑则全然抛弃、完全背离了这种认识。为了谋求个人政治上的利益，他开始专横地压制资产阶级市民社会的自由主义，疯狂地打击他们的物质利益和经济利益。可是，拿破仑终究会明白"'思想'一旦离开'利益'，就一定会使自己出丑"①。国家的统治者在任何时候，都不能凌驾在经济规律和经济利益之上，都不能对其发号施令。果不其然，在拿破仑帝国时期，利益受损的法国工商业主、发展受挫的市民社会资产阶级，不止一次地让拿破仑尝到了"任性"的苦头，以致最言拖延了他的战争、动摇了他的统治。

马克思得出结论说："在今天，只有政治上的迷信才会以为国家应当巩固市民生活，而事实上却相反，正是市民生活巩固国家。"② 从法国大革命的整个发展历程来看，正是政治革命实现了市民社会唯物主义的完成，使得它从等级制度的枷锁中挣脱出来、从封建统治的桎梏中解放出来，并获得了自由的发展和正式的承认。解放出来的工商业、繁荣发展起来的市民生活，在它们自身的经济实践中，释放出蓬勃、强劲而旺盛的生命力。可以说，"从1789年开始的法国革命的生命史"③，就是现代市民社会破茧而出、破土而生的生命史，就是它蓬勃发展、枝繁叶茂、日益活跃的生命史。

二、开启对市民社会历史哲学的思考

马克思不仅深化了对市民社会历史运动的理解，而且还开启了思考市民社会历史的哲学之维。这表现在两个方面：其一，马克思通过批判布鲁诺·鲍威尔关于"精神"和"群众"关系的错误认识，通过批判黑格尔的历史观念论和历史目的论，具体分析了人民群众和历史的关系、思想和实践的关系，进而阐发了人民群众是历史创造者的思想。其二，在深入探讨群众的共产主义的第一原理即在于祛魅思辨的迷雾并找寻感性的"物质的条件"的过程中，马克思又潜在地踏上了对费尔巴哈"感性存在论"进行实质性改造的超越之

---

① 中共中央马克思恩格斯列宁斯大林著作编译局．马克思恩格斯全集（第2卷）[M]．北京：人民出版社，1957：103.

② 中共中央马克思恩格斯列宁斯大林著作编译局．马克思恩格斯全集（第2卷）[M]．北京：人民出版社，1957：154.

③ 中共中央马克思恩格斯列宁斯大林著作编译局．马克思恩格斯全集（第2卷）[M]．北京：人民出版社，1957：153.

路，提出了接近于生产的"感性实践论"的历史观点，从而离历史唯物主义的市民社会批判仅一步之遥。

（一）人民群众是历史的创造者

在《德法年鉴》时期的《〈黑格尔法哲学批判〉导言》一文中，马克思已经阐明，资产阶级市民社会的形成及其私有财产制度的发展，必然在市民社会自身内部，产生出矛盾尖锐、截然对立的两大等级——解放者等级和奴役者等级。作为被奴役、被压迫的一方，无产阶级是被戴上锁链、套上镣铐的阶级，是丧失了一切而又必将成为一切的阶级。对此，马克思指明，无产阶级是"市民社会特殊阶级"①，亦即，它是现代市民社会里的特殊等级。

无产阶级的这种"特殊性"表现在：说它是市民社会里的阶级，是因为其本身就是现代市民社会及其私有财产制度运动发展的产物；说它不是市民社会里的阶级，是因为它并不像市民社会其他阶级那样，追求的是自身所在阶级的一己私利。马克思指出，无产阶级不主张任何的特权，也不要求享有任何的特权。无产阶级所主张、所要求的，不是市民社会的一部分实现解放，也不是市民社会某一个等级的解放；而是一切社会领域的彻底解放、全人类的解放。简言之，无产阶级的"特殊性"就在于它是"一个并非市民社会阶级的市民社会阶级"②。

在《〈黑格尔法哲学批判〉导言》一文中，我们已经看到，马克思将无产阶级置于现代资产阶级市民社会的历史背景之下，将其安放在市民社会自身运动的历史语境之中，并运用历史分析和阶级分析的方法论，对无产阶级的历史形成、阶级特质和革命品格都做了具体而翔实的分析和考察。非但如此，马克思还将无产阶级与人民群众、与全体人类联系起来。他指出，人民群众的解放、全人类的解放，是无产阶级的革命目标和历史使命，是无产阶级孜孜以求、终生为之不懈努力和竭力奋斗的革命事业。无产阶级的利益和人民群众的利益以及全人类的利益，既有机联系，又高度统一。

---

① 中共中央马克思恩格斯列宁斯大林著作编译局．马克思恩格斯全集（第3卷）[M]．北京：人民出版社，2002：211.

② 中共中央马克思恩格斯列宁斯大林著作编译局．马克思恩格斯全集（第3卷）[M]．北京：人民出版社，2002：213.

到了《神圣家族》时期，马克思在对"绝对的批判"进行征讨时，进一步深化了上述《德法年鉴》时期的理论认识，并在此基础上，具体阐明了人民群众与历史的关系以及思想与实践的关系。

在"绝对的批判"心目中，群众在任何历史时代都是一成不变的。布鲁诺·鲍威尔贬低群众、污蔑群众、否定群众，目的就在于抬高自己、颂扬"理念"、肯定"精神"。在马克思看来，这种做法既荒谬无知，又愚蠢至极。如果探究"绝对的批判"及其伙伴的思想源头，就可以发现：康德的历史哲学旨在揭示"自然的狡计"，在黑格尔那里，历史哲学又是诉诸"理性的狡计"的。两者虽然有所不同，但实质都是：在现实的人、社会、历史和世界的背后，悬设一个无形且全知全能的创造者、操纵者，于暗地里施展出看不见的"狡计"的戏法，决定着人类社会历史的发展和走向。马克思指出，思辨的、绝对的"批判的批判"及其伙伴，踏着康德的步履而来，重蹈着黑格尔的覆辙。更糟糕的是，他们还摒弃了黑格尔思想中的辩证法成分。

马克思痛斥道，无论是历史先验论者，还是历史理念论者；又无论是历史的"唯实体论"者，还是历史的"唯自我意识论"者，他们都不懂得历史唯一的主体恰恰就是被他们贬低、无视和否定的"物质的群众"。历史如果脱离了"物质的群众"，离开了群众的物质活动，就形如精神的以太，既虚无缥缈、又不切实际。他们都不懂得"历史上的活动和思想都是'群众'的思想和活动"①。正是群众的思想、群众的利益和群众的活动，推动着历史的车轮滚滚向前行驶，直至走向群众的共产主义运动的深处。

在马克思看来，历史不是观念和理念的东西，也不是意识和实体的东西。恰恰相反，历史不过是群众的人民竞相追逐自身利益、彼此追求自身目的的现实活动而已。可以肯定的是，"历史活动是群众的事业"②，历史越是向前发展，人民群众的队伍就越是壮大，人民群众的事业也就越兴旺。所以，毋宁说，人民群众既是历史的"剧中人"，又是历史的"剧作者"。人民群众是

---

① 中共中央马克思恩格斯列宁斯大林著作编译局. 马克思恩格斯全集（第2卷）[M]. 北京：人民出版社，1957：103.

② 中共中央马克思恩格斯列宁斯大林著作编译局. 马克思恩格斯全集（第2卷）[M]. 北京：人民出版社，1957：104.

历史的真正创造者。

马克思坚定地宣称，群众的事业是现实的、历史的、革命的事业。人民群众绝对不会依靠"观念的幻影"来自欺欺人；也绝对不会依赖"纯粹内在的唯灵论的活动"① 来消除物质现实的自我异化。任何纯粹的内在的观念斗争，都不足以让人民群众真正站立起来。套在人民头上的枷锁，只有依靠一切现实的外部的感性斗争才能实实在在地摘除。

在马克思看来，布鲁诺·鲍威尔对"精神"和"群众"关系的错误认识和荒诞理解，不过是黑格尔历史哲学的漫画式完成。在他们那里，群众的现实的历史变成了精神的思辨的历史。原本应该植根于喧嚣的尘世，却被唯心地移位到了彼岸的天国。马克思目光如炬，尖锐地指出，与黑格尔哲学、法国空论派哲学、神圣家族的"批判哲学"等等这些"醉醺醺"的哲学相比，一切社会主义和共产主义的理论家和著作家都已经清醒地认识到"精神的一切进步到现在为止都是损害群众的进步"，无一例外地"使群众陷入每况愈下的非人境遇"②。马克思欣慰地看到，在现实的实践中，英法两国的工人已经发动了广大的群众运动。他们展现出兄弟般的情谊，散发着炽热的光芒，点亮了对生活的热忱、对科学的向往和对理想的追求。马克思自豪地说，这就是群众的共产主义精神和历史的共产主义生成的最好明证。

（二）市民社会感性的"物质的条件"

在《德法年鉴》时期，马克思就曾谈到过物质力量的重要性。他说，"批判的武器当然不能代替武器的批判，物质力量只能用物质力量来摧毁"③。《〈黑格尔法哲学批判〉导言》中的这句话，不仅论述了"批判的武器"和"武器的批判"的辩证关系；而且还阐明了，"物质力量"是改造和变革现实世界的基础条件，它在其中起着关键作用、发挥着重要意义。稍加回顾和比照，便可得知，在《黑格尔法哲学批判》中，马克思探讨了政治法权的现实

① 中共中央马克思恩格斯列宁斯大林著作编译局．马克思恩格斯全集（第2卷）［M］．北京：人民出版社，1957：104.
② 中共中央马克思恩格斯列宁斯大林著作编译局．马克思恩格斯全集（第2卷）［M］．北京：人民出版社，1957：106.
③ 中共中央马克思恩格斯列宁斯大林著作编译局．马克思恩格斯全集（第3卷）［M］．北京：人民出版社，2002：207.

关系，建构起法哲学唯物主义的方法论原则，并完成了对市民社会与国家各种关系的现实重建。在其后的《〈黑格尔法哲学批判〉导言》一文中，马克思进一步强调指出，能够转化成物质力量的理论，一定是真正彻底而根本的理论。它要能够立足于现实、立足于人本身；要能够说服群众、掌握群众；更要能体现"人是人的最高本质"这一价值。

到了《神圣家族》时期，马克思在表述"群众的世俗的共产主义和社会主义"的原理，以及在驳斥"绝对的批判"所谓的"绝对的社会主义"观点的过程中，阐明了"完全能感触得到的物质的条件"的重要思想。此时，当马克思再次谈论"物质的条件"的时候，其指称的内涵和要义，都要远远超越《〈黑格尔法哲学批判〉导言》中的表述。具体而言，表现如下：

第一，从"完全能感触得到"说起。

在表述"物质的条件"的时候，马克思加了一个定语——"完全能感触得到"——来突显物质条件的现实感性及其经验性。

一方面，马克思旨在针对"神圣家族"的"思辨戏法"和他们的哲学根源——黑格尔主义。当马克思经过了《巴黎手稿》时期政治经济学的洗礼，在《神圣家族》中再次阐发"物质的条件"时，他对"批判的批判"理论的抽象性和思辨性的指摘，事实上已经蕴含有市民社会经济哲学批判和私有财产感性现实的维度了。所以，同样是谈论"物质力量"和"物质的条件"，《神圣家族》所表达的内涵和要义，较之于《〈黑格尔法哲学批判〉导言》来说，显然要更加丰富深刻。

另一方面，马克思旨在表达对思辨唯心论和抽象理念论的深恶痛绝，在对它们的大加鞭挞中，主张彻底的现实的感性论。虽然，现实的感性论这一思想的源头，是在费尔巴哈那里；但是，正如恩格斯在《费尔巴哈论》中所指明的那样，《神圣家族》"超出费尔巴哈而进一步发展费尔巴哈观点的工作"[①] 主要集中在对费尔巴哈方法论的改造上。费尔巴哈的感性方法论，仅仅只是自然观上的感性直观。在自然观上，其可以称之为是唯物的；然而，若将视角移至社会历史领域，就可以发现，费尔巴哈感性论思想中的狭隘性、

---

① 中共中央马克思恩格斯列宁斯大林著作编译局. 马克思恩格斯文集（第 4 卷）［M］. 北京：人民出版社，2009：295.

片面性和局限性就暴露出来了，在历史领域他陷入了唯心。

如前所述，在《巴黎手稿》时期，马克思论述了市民社会和私有财产的感性现实以及经济的感性运动，并以此为基础，阐明了共产主义的理论与实践。从第一手稿"异化劳动和私有财产"部分的"劳动实践观"，到第三手稿"私有财产和共产主义"部分的"革命实践观"，马克思逐渐树立起经济现实的"感性实践论"。如果说，在《巴黎手稿》时期，马克思对费尔巴哈感性论的态度，主要还是批判和承认的话——如马克思说，"感性（见费尔巴哈）必须是一切科学的基础"①——那在《神圣家族》时期，马克思对费尔巴哈则是批判和超越。在这一时期，马克思通过分析实物对人的关系，探讨了人对人的社会关系，从而接近于表述"生产的社会关系"的思想②，即接近于提出"生产实践观"。这说明，马克思对费尔巴哈质的超越已经在潜移默化中生成，这也是为什么在结束《神圣家族》的写作之后，马克思很快就开启了对费尔巴哈的批判的原因所在。

第二，从"物质的条件"来看。

在《德法年鉴》时期的《〈黑格尔法哲学批判〉导言》中，虽然马克思辩证地阐明了并且也有力地论证了"物质力量"的问题，但是，至于这些物质力量需要哪些现实的条件？它们如何相互作用和影响？这些现实的条件最终如何共同形成物质的力量？等等这样的问题，应该说，在当时，还没有完全进入马克思的思考视野。换言之，马克思只是分析了"物质力量"的问题，至于"物质的条件"的问题，还没有形成清晰的认识。

只有经过《巴黎手稿》时期，在完成对市民社会的政治经济学解剖，在完成对私有财产的经济史观考察之后；只有在《神圣家族》时期，全面总结归纳、深入理解探讨市民社会的历史与运动之时，马克思才深切地体悟到，"物质力量"实际上离不开市民社会的土壤。而所谓市民社会的土壤，实际上就是市民社会现实的经济条件及其运动本身。因此，准确而言，"物质力量"

---

① 中共中央马克思恩格斯列宁斯大林著作编译局. 马克思恩格斯全集（第3卷）[M]. 北京：人民出版社，2002：308.

② 中共中央马克思恩格斯列宁斯大林著作编译局. 列宁全集（第55卷）[M]. 北京：人民出版社，1990：13.

离不开市民社会（土壤），离不开现实的经济条件及其运动（"物质的条件"）。这样一来，马克思对"物质的条件"的问题，就有了具体的认识。而且，在"物质力量"和"物质的条件"这两个范畴之间，还架起了关联本质的桥梁。

那构成"物质力量"的条件（即"物质的条件"），具体来说，又有哪些呢？它们都是怎样的呢？在马克思看来，这些"物质的条件"是市民社会的"工商业的实践"①，是"现代市民生活内容"及其不可抑制的运动②，是蓬勃发展起来的"工业活动"、普遍繁荣的土地运动和真正自由的贸易往来③，是基于"自然的必然性、人的特性、利益"而建构起来的市民生活彼此需要的体系及其现实必然的联系④。概言之，"物质的条件"源自整个市民社会"自发的生命力的不可遏止的普遍运动"⑤。

从上述一系列的表述中，我们可以发现，马克思将物质条件的种子深埋在市民社会现实的土壤里。工商业的实践、现代市民生活的内容、动产和不动产的普遍运动、市民生活彼此需要的体系、市民社会必然的现实的联系等等，就如同阳光雨露，照耀着、浇灌着、滋润着种子，让它们生根发芽、茁壮成长。所谓"物质力量"的条件，全然就是市民社会自身的生命力。在马克思看来，这种生命力是自发的、不可遏止的、普遍的，是基于特性和利益而来的自然必然性。所以，马克思进一步指出，为了变革现实、改造世界，对这些"物质的条件"的分析和找寻，就应该扎根市民社会自身的土壤（现实的地上），而不是漂浮在纯粹理念的云端（思辨的天上）。要知道，只有对市民社会的批判，才能最终结出丰硕的物质力量的果实。

---

① 中共中央马克思恩格斯列宁斯大林著作编译局. 马克思恩格斯全集（第2卷）[M]. 北京：人民出版社，1957：140.
② 中共中央马克思恩格斯列宁斯大林著作编译局. 马克思恩格斯全集（第2卷）[M]. 北京：人民出版社，1957：145.
③ 中共中央马克思恩格斯列宁斯大林著作编译局. 马克思恩格斯全集（第2卷）[M]. 北京：人民出版社，1957：148.
④ 中共中央马克思恩格斯列宁斯大林著作编译局. 马克思恩格斯全集（第2卷）[M]. 北京：人民出版社，1957：154.
⑤ 中共中央马克思恩格斯列宁斯大林著作编译局. 马克思恩格斯全集（第2卷）[M]. 北京：人民出版社，1957：149.

（三）小结

综上所述，在三次征讨过程中，一方面，马克思完成了对思辨唯心主义和抽象理念主义的彻底批判，进一步确认了现实感性论的基本原则，表述了"群众的世俗的共产主义和社会主义"的首要原理，阐发了人民群众是历史创造者的伟大思想。另一方面，马克思又在改造费尔巴哈"感性存在论"的基础上，开启了接近于生产的"感性实践论"的方法论。这样一来，马克思实际上已经开始在思考市民社会和人类历史的关系问题。也就是说，他已经开始在思考推动市民社会运动和人类历史发展所需的"物质的条件"的问题了。这一思考，在其后的布鲁塞尔时期得到了全面的阐发和深刻的诠释。在《德意志意识形态》中，马克思立足于人类历史本身，深入探讨了"物质的条件"的内涵及其现实构成，并揭示出这些物质条件之间存在着辩证的联系和相互的运动。关于这一点，我们将在下一章着重阐述。

此外，如果说，这一时期关于市民社会工商业实践的表述，接近于"生产实践观"的思想的话，那关于市民生活内容彼此需要、相互联系的表述，就接近于"交往实践观"的思想了。可以看到，较之于《巴黎手稿》时期的"劳动实践观"，在这里，马克思的感性实践论正朝着"生产实践观""交往实践观"乃至"历史实践观"的方向发展。从这个意义上讲，在《神圣家族》时期，马克思关于"市民社会"含义的理解和认识，实际上已经悄然改变：由先前从异化现实的社会形态和感性现实的经济形态的角度来理解和认识，慢慢演变发展为从感性实践的历史形态的角度来理解和认识。这实际上已经很接近于《德意志意识形态》中所说的"市民社会是全部历史的真正发源地和舞台"①的思想了。所以说，《神圣家族》时期无疑是马克思早期思想发展史中极为关键、极为重要的一环，他已经迈出了实质性的一步。这表明，历史哲学维度中的市民社会批判已经开启；同时也昭示着，历史唯物主义的市民社会批判即将在下一阶段的布鲁塞尔时期萌发出来、诞生出来。

① 中共中央马克思恩格斯列宁斯大林著作编译局.马克思恩格斯全集（第3卷）[M].北京：人民出版社，1960：41.

第五章

布鲁塞尔时期马克思的市民社会批判

1845 年 2 月，马克思来到布鲁塞尔。在《德意志意识形态》中，马克思不仅确立了唯物主义的实践观，而且还生成了唯物主义的历史观，并完成了两者的有机统一。在这一过程中，马克思提出了历史的四个第一属性，阐明了历史的四个基本事实，进而说明了生产实践和交往实践相统一的辩证关系。这些都共同促成了市民社会批判的巨大变革，使得马克思能够将市民社会理解成历史的物质基础、物质力量和物质条件本身，理解成生产力和交往形式的辩证统一，以及理解成全部历史的发源地和现实舞台，从而最终完成了历史唯物主义市民社会批判的建构。在此基础上，马克思还具体地分析了市民社会的历史原像，阐明了意识形态的现实基础，梳理了所有制形式的历史演变，辩证地提出了交往形式的发展在历史序列中的客观规律。

在《哲学的贫困》中，马克思第一次以论战的形式完整表述了生产方式的科学内涵。在对市民社会"历史形态"具象的辩证分析中，逐渐凝练、概括出生产力和生产关系辩证运动的客观规律，从而完成了市民社会"历史发生学"的唯物史观论证，科学表述了市民社会的辩证法和历史唯物主义的基本原理，从而开辟了青年马克思市民社会批判的新境界，并走向了政治经济学批判的深处。

第一节　唯物主义实践观的确立与市民社会批判的超越

在旅居巴黎的整个时期，与市民社会批判的转向和推进相伴而行的，还有实践观的提升和革新。马克思深入批判市民社会的探讨过程，也是理解认识实践观的提升过程。这既为马克思实现市民社会批判的历史唯物主义变革打下了良好的理论铺垫，又为唯物主义实践观的完整呈现提供了坚实的哲学基础。

一、唯物主义实践观的确立

康德在《实践理性批判》中，对实践做了如下的理解：其一，康德认为"纯粹理性单就自身而言就是实践的"①，这就相当于把实践的本体归结到自由意志纯粹内生的思想中去了，将其看成是概念本身的内在演绎活动。其二，康德又认为，纯粹理性的自由意志是"自在地善"②，理性以实现自身的"善"为目的。也就是说，实践理性"提供（给人）一条我们称之为道德律的普遍法则"③。这就等同于把实践的价值归于"善良意志"，并将它看成是实践理性的最高使命和根本归宿④。

在马克思看来，康德的实践观是以道德律的实现和道德法则的设定为其全部范畴的。他"只谈'善良意志'"⑤，而不顾现实的个人的需要；他把现实的需要和由此产生的现实活动，统统都推到了彼岸世界。所以，康德的实践概念是一种关于理性的纯粹的自我规定，是来自于自由意志的抽象表达。马克思指出，这种实践理性不过只是道德上的虚假悬设，它真实地反映出康德及德国资产阶级耽于幻想、不切实际的妥协本性。

实际上，康德的实践理性观是二律背反的，其根源就在于：他没有看到意志背后的物质动机，也没有理解意志所体现出来的物质利益和由此决定的

① ［德］康德．康德三大批判精粹［M］．杨祖陶，邓晓芒，编译．北京：人民出版社，2001：304．

② ［德］康德．康德三大批判精粹［M］．杨祖陶，邓晓芒，编译．北京：人民出版社，2001：330．

③ ［德］康德．康德三大批判精粹［M］．杨祖陶，邓晓芒，编译．北京：人民出版社，2001：304．

④ ［德］康德．道德形而上学原理［M］．苗力田，译．上海：上海人民出版社，1986：46．

⑤ 中共中央马克思恩格斯列宁斯大林著作编译局．马克思恩格斯全集（第3卷）［M］．北京：人民出版社，1960：211．

物质的生产关系。我们看到，这种二律背反的错误，在黑格尔那里也同样表现出来了。

黑格尔认为，理念为了克服自己主观性的片面性，就需要把对象化的客观世界纳入自身中来，以客观性中的合理性来充实自己的主观性，这样就产生了理论理念。与此同时，为了消除客观性的片面性，理念也需要把主观性中的必然性释放到对象世界中去，让客观的"实然"变成主观所认为的"应然"，这样就产生了实践理念。在黑格尔看来，理论理念和实践理念的统一，就是绝对理念；统一的手段即在于实践本身。

在《神圣家族》中，马克思指出，斯宾诺莎"脱离人的自然"的实体，费希特"脱离自然的精神"的自我意识，以及两者形而上学的统一，是构成黑格尔体系的三大因素①。这就意味着，黑格尔所说的"实践"本体，既不在于纯粹的"有"，也不在于纯粹的"思"，而是表现为"思有同一"的绝对精神及其内在必然的矛盾运动。

从本质上看，黑格尔的实践观仍然是抽象逻辑的思维运动。但是因为，黑格尔把逻辑理解成对立统一面的矛盾运动，即理解成从"否定中的'肯定'"到"否定之否定"再到"新的肯定"这一自我扬弃、自我复归的辩证过程，所以，黑格尔的实践观克服了知性形而上学认识论的局限与缺陷。他既把实践归为绝对理念的本体，又纳入绝对精神的认识中来，这就使得黑格尔唯心主义理念实践观，比以往的哲学家都要深刻得多。

我们可以看到，在黑格尔的实践观中，客观充实主观、主观统摄客观。由精神外化出来、并最终归于消逝的自然界，被包含在了理念实践的范畴之中。忙忙碌碌、又碌碌无为的人类奴隶劳动的偶性活动，也被包含在了理念实践的范畴之中。可见，黑格尔的思维方式"有巨大的历史感做基础"，他把人类的劳动行为，把家庭、市民社会和国家的发展，以及把历史本身的发展，都涵盖进来了。虽然形式是唯心的，虽然头脚是倒置的，虽然真正的关系也

---

① 中共中央马克思恩格斯列宁斯大林著作编译局. 马克思恩格斯全集（第2卷）[M]. 北京：人民出版社，1957：177.

是颠倒的，但是，"实在的内容却到处渗透到哲学中"①。这是黑格尔高出以往其他哲学家的地方，也是黑格尔哲学中合理的内核所在。

费尔巴哈的自然主义和人道主义恢复了唯物主义的权威，高扬了人的主体性和实在性，树立起人本学唯物主义"人是人的最高本质"的基本原则。这是费尔巴哈哲学的伟大功绩。但是，费尔巴哈却认为，实践是"不洁的"，因而它是被"利己主义玷污"了的普遍直观②。费尔巴哈将实践的地位和作用看得特别低，将它放置在理论之下。并说，实践的直观因为其自私的本性，所以不能作为哲学认识的基础。唯有借助于"理论的直观"，才能达到认识事物本质的"哲学的直观"。

马克思对费尔巴哈"实践的直观"的观点表达了不满。马克思指出，第一，费尔巴哈哲学确认的基础只在于感性、只在于直观。他把人看成是单纯的自然存在物，看成是孤立的类个体。因此，费尔巴哈还不懂得从人的感性活动的角度，来确定唯物主义哲学的实践基础。第二，费尔巴哈"实践的直观"是建立在"直观"的形式的基础之上的，所以，费尔巴哈只懂得从基督教市民社会"卑污的犹太人活动的表现形式"③的角度来理解和确认实践的含义。

在马克思看来，实践的含义应当包含如下几个方面：第一，实践，不应该像唯心主义哲学家理解的那样，成为纯粹理性、自由意志、自我意识或者绝对理念、绝对精神等等这些观念主体、理念主体的内在思维的概念运动。相反，实践应该被理解成现实的人的感性活动。第二，感性，不能像费尔巴哈那样，被理解成"感性的直观"。相反，感性应该被理解成感性的实践。也就是说，如果离开人类的实践活动本身，单纯地来谈论感性的问题，那仍然是抽象的、唯心的。第三，实践非但不能置于理论之下，反倒还应该成为检验理论真理性的客观标准。理论的真理性，不在思维的彼岸，而是位于现实

---

① 中共中央马克思恩格斯列宁斯大林著作编译局. 马克思恩格斯文集（第2卷）［M］. 北京：人民出版社，2009：602.
② ［德］费尔巴哈. 费尔巴哈哲学著作选集（下卷）［M］. 荣震华，王太庆，刘磊，译. 北京：生活·读书·新知三联书店，1962：235.
③ 中共中央马克思恩格斯列宁斯大林著作编译局. 马克思恩格斯全集（第3卷）［M］. 北京：人民出版社，1960：3.

的此岸。它只有通过实践的方式，即通过现实社会的人类的感性活动，才能予以最终确定和客观证明。第四，实践是社会生活的本质。任何社会生活的形式和内容，在本质上，都是实践的。又因为，人的本质体现在，"它是一切社会关系的总和"①，所以，可以说，实践无疑也应该成为人的本质。

二、市民社会批判的超越

我们在前面已经阐明，马克思在《巴黎手稿》时期提出的劳动实践观，是源自对劳动异化观的复原态思考。正是因为在资产阶级市民社会中，存在着异己的私有财产的统治，所以就造成了劳动的异化和非现实化。而实践的劳动，则是劳动的感性对象化，亦即劳动的现实化。这样一来，劳动实践观就作为劳动本质的现实复归而产生出来了。接着，马克思以劳动实践观为基础，在第三手稿中又提出了共产主义的革命实践观。

到了《神圣家族》时期，一方面，《巴黎手稿》中的"劳动实践观"在此时得到了进一步的推进。马克思通过驳斥"批判的批判"对蒲鲁东的歪曲理解，以及通过辩证评判蒲鲁东的经济思想，并基于生产中的实物对人的关系，阐明了人对人的定在以及人对人的社会关系。这接近于提出感性的"生产实践观"。另一方面，《巴黎手稿》中的"革命实践观"在此时也得到了进一步的阐发。马克思在分析群众的共产主义的首要原理时，开启了对市民社会感性的"物质的条件"的历史思考，提出了建立在物质条件基础上的"革命实践观"。

物质的生产、物质条件的累积，被看成是践行和实现群众的世俗的共产主义的首要前提。这说明，马克思对市民社会实践观的思考，已经朝着市民社会的生产领域走去了。实践观，从"劳动"领域转向到"生产"领域，是马克思理解市民社会的一大跨越。这表现在，最初的劳动异化观和劳动实践论相融合的逻辑思路，经过发展，逐渐过渡到了生产实践的思想临界点，也潜在地产生了交往实践思想的火种。

在《关于费尔巴哈的提纲》中，马克思以提纲挈领式的表述，逐渐理清

① 中共中央马克思恩格斯列宁斯大林著作编译局. 马克思恩格斯全集（第3卷）［M］. 北京：人民出版社，1960：5.

了思路。此时，马克思开始思考《黑格尔法哲学批判》中，一个悬而未决的问题——关于黑格尔《法哲学原理》中"伦理篇·市民社会章"的理解和评论的问题。同样，马克思也在思考《巴黎手稿》和《神圣家族》中，一个需要继续深挖的问题——关于市民社会的生产实践和交往实践的问题。

马克思认为，黑格尔已经看到，劳动构成了需要和获得（所有）的中介。需要的手段和满足这些需要的方法，则导致了劳动的细化。社会在劳动的细化之中，产生出各式各样分工的殊多化和细致化。在黑格尔那里，需要和手段既是无限的，又是多样的。它们在生产和交换的运动中无限交织，从而在社会中形成了诸多的需要体系。但在马克思看来，黑格尔只知道抽象精神的劳动，他所谓的"劳动"全然出自伦理理念的需要。劳动也好、分工也好，在黑格尔那里，都只是伦理理念假以实现自身的手段和工具。

马克思认为，古典政治经济学提出了生产力的概念，也阐述了经济学的基本范畴。但是，他们表述的理论是以异化的形式来呈现的，这就与黑格尔的异化如出一辙。他们描绘的是颠倒的世界及其颠倒的世界意识。马克思认识到，如果将黑格尔对市民社会的哲学理解加以唯物主义的改造，如果将古典政治经济学对市民社会的经济描述加以共产主义的改造，就可以在这些思想家的市民社会理论中，挖掘出科学的养分和合理的内核。

同时，马克思也坦言，直观的唯物主义也不是我们所说的能够改变世界的唯物主义，因为，它不是把感性理解成现实的人的感性活动，不是把感性当作实践来理解，故而，直观的唯物主义"至多也只能做到对'市民社会'的单个人的直观"①。可是，正如《神圣家族》已经指出的那样，"市民社会的成员根本不是什么原子""原子是没有需要的"②，而实际上，市民社会和市民生活无时无刻不以自己的需要、需要的满足和达成，作为自己的目的。可见，直观的唯物主义解释不了市民社会。它不懂得"周围的感性世界绝不是某种开天辟地以来就已存在的、始终如一的东西，而是工业和社会状况的

① 中共中央马克思恩格斯列宁斯大林著作编译局. 马克思恩格斯全集（第3卷）[M]. 北京：人民出版社，1960：5.
② 中共中央马克思恩格斯列宁斯大林著作编译局. 马克思恩格斯全集（第2卷）[M]. 北京：人民出版社，1957：153.

产物，是历史的产物，是世世代代活动的结果"①，每一代都是在前代的基础上，继承、发展前代的工业和交往方式，并根据"需要的改变"来"改变它的社会制度"②。总之，直观的唯物主义理解不了市民社会，更谈不上来改变它。

在马克思看来，真正的人的社会，既脱胎于"市民社会"，又不同于"市民"社会③。说它脱胎于"市民社会"，是说"市民社会"在生产、交往、需要、分工等等方面，都为社会化的人类或真正的人的社会提供了物质力量和物质条件的基础准备。说它又不同于"市民"社会，是说新唯物主义（即实践的唯物主义）不是为了某个或某些"市民"阶级的特殊利益，而是以全体"人民"群众的根本利益和全人类的共同利益为其哲学思想的宗旨和革命理想的追求。

第二节　唯物主义历史观的生成与市民社会批判的革命

唯物主义的历史观和唯物主义的实践观是同一的，它们表现为生产实践观和交往实践观历史的、辩证的统一。实践被赋予了生产和交往的辩证意义，相应地，青年马克思的市民社会批判也完成了革命性的跨越和科学性的提升。

一、黑格尔哲学的解体及其引发的争论

在黑格尔之后，围绕着如何解释、如何评价黑格尔学说的问题，产生出不同的派别。其中，以辛利克斯为代表的老年黑格尔派（或称右派），坚持主张以基督教的正统思想和学说来解释和理解黑格尔，并坚决捍卫封建君主的专制统治，所以，他们属于政治上的反动派和哲学上的保守派。与之相对的

---

① 中共中央马克思恩格斯列宁斯大林著作编译局．马克思恩格斯全集（第3卷）[M]．北京：人民出版社，1960：48．
② 中共中央马克思恩格斯列宁斯大林著作编译局．马克思恩格斯全集（第3卷）[M]．北京：人民出版社，1960：49．
③ 中共中央马克思恩格斯列宁斯大林著作编译局．马克思恩格斯全集（第3卷）[M]．北京：人民出版社，1960：5．

是，以大卫·施特劳斯、鲍威尔兄弟、施蒂纳和卢格等人为代表的青年黑格尔派（或称左派），则坚决反对以基督教正统教义来诠释黑格尔。可以说，黑格尔学派解体的直接诱因就是关于宗教神学问题的争论，也正是青年黑格尔主义的左派运动，推动了黑格尔学派的解体。

虽然，左右两翼的争论是以宗教神学的形式展开的，但是，在间接意义上，它"也是政治斗争"①。在左翼内部，鲍威尔兄弟是最激进的代表，而大卫·施特劳斯却始终未成为一位政治上的激进主义者。在哲学上，大卫·施特劳斯提出了"唯实体论"，鲍威尔兄弟则提出了"唯自我意识论"。他们都未曾脱离黑格尔哲学的根基；只是分别在黑格尔体系的内部，各执一端、据以力争。这就使得他们对黑格尔哲学的理解，要么是单纯"实体"的形式，要么是单纯主体"自我意识"的形式。

具体来说，大卫·施特劳斯捍卫"实体"的理论主张。他把历史仅仅理解成绝对精神在内在推演过程中，所表现出来的、合乎自身理性规律的存在，而与人的意志和意识绝对无关。这样一来，施特劳斯就完全否定了人的主观能动性在历史进程中的作用和意义。与之相反，鲍威尔则捍卫"自我意识"的理论主张。他认为离开了人的意志和意识的绝对精神、绝对理性和绝对理念，都是不存在的。这样一来，鲍威尔就克服了"唯实体论"中的神秘主义倾向，但同时，他却又走上了另一个极端，即完全否定历史客观规律、极力鼓吹个人思想崇拜的道路。如果说，在哲学上，大卫·施特劳斯还可以称得上是一位黑格尔式的客观唯心主义者的话，那鲍威尔则有倒退到费希特式的主观唯心主义那里去的倾向和嫌疑。

综上所述，从施特劳斯开始，自黑格尔体系解体后的整个青年黑格尔派运动都是在纯粹思想的领域里"唯心"地展开和进行的。不难发现，他们的理论仍然是指向诸如实体、意识、观念等等这样一些带有思辨抽象主义色彩的空洞概念。在他们那里，正是这些抽象观念上的东西和纯粹思想上的东西，统治着现实的世界，并在其中占据主导地位、起着决定作用。因此，他们看待的现实只是观念统治下的现实，其实质不是真实的现实本身，而是"虚

---

① 中共中央马克思恩格斯列宁斯大林著作编译局. 马克思恩格斯文集（第4卷）[M]. 北京：人民出版社，2009：274.

无"。他们看待的世界也只是思想主导的世界，其实质也不是真实的世界本身，而是"幻想"。可以说，在青年黑格尔派那里，现实的世界只是被看作观念世界的派生和产物，这样一来，人们存在于物质世界里的客观生活和现实的关系，也就被唯心地隔绝起来了。对此，马克思评价道，整个青年黑格尔派运动都是充满幻想的"哲学骗局"，他们一直钟情的只不过是"同意识的这些幻想"进行思想上的斗争而已。

二、探寻历史的唯物主义前提

"唯实体论"和"唯自我意识论"的提出以及它们之间的斗争，起因于对黑格尔哲学的理解问题，但是争论发展到后来，"已经不再是为了抽象的哲学目的"。最后，它被引申和扩展到了关于历史动力的方面，即："在世界历史中起决定作用的力量是'实体'呢，还是'自我意识'?"①

为了揭示思辨哲学在历史领域中的错误认识，为了彻底揭穿思辨结构的体系秘密，在《德意志意识形态》中，马克思将唯物主义的实践观和辩证法具体运用到了人类历史的领域，逐步展开了对唯物史观基本观点、基本原理、基本思想的理论叙事，这就使得马克思既完成了对唯心论哲学的彻底批判，又完成了对直观的唯物主义的变革和超越。最终，在马克思那里，唯物论、实践观、辩证法和历史观实现了高度有机的统一。

在《神圣家族》时期，马克思已经形成了这样的认识：历史是群众的活动。具体而言，这一认识包含着两点基本思想：其一，如果离开人民群众，历史也就不成其为历史了，它将不复存在；其二，群众的活动就是群众的人们追求自身目的的活动，这一活动在时空上的展开即构成历史。概言之，人民群众是历史存在发展的主体前提，人民群众的活动是历史存在发展的实践前提。也就是说，人民群众是历史的创造者。

到了布鲁塞尔，马克思在《德意志意识形态》中，不仅沿袭了《神圣家族》时期关于历史与群众的基本认识，而且还加深了对历史本身的理解。

与所有的思辨唯心论历史观不同，马克思不是在观念论、理念论或理性

① 中共中央马克思恩格斯列宁斯大林著作编译局. 马克思恩格斯文集（第4卷）[M]. 北京：人民出版社，2009：274.

论的"天上"来俯视历史，而是从生命论、生存论和生活论的"地上"来审视历史。马克思指出，要想理解历史，最关键、最首要的问题就在于：确认历史研究的"现实的前提"，以及确立与之对应的"纯粹经验的方法"①。马克思意在表明，人的现实性、人的活动的现实性、人的活动条件的现实性，是理解历史的前提和基础。其方法论是完全可以用经验感知到的、实践的方法论。只要我们抛开一切思维的想象，摒弃所有抽象的教条，对所有的思辨进行祛魅，就可以发现，在对历史的理解中，存在如下几点唯物主义的基本事实：

第一，关于历史的"第一个前提"。马克思强调，历史的主体绝对不是什么所谓的精神、理性、意志或者理念这样的思维主体，历史的进程也绝对不是这些思维主体自我内在运动的思辨过程。相反，历史的主体应该是具有自然生命的、并在社会中生存生活着的"现实的个人"。也就是说，无论在什么条件下，任何历史的"第一个前提"，都是这些现实的人的存在以及它们在生命上、在生活上、在生存上的意义本身。

第二，关于历史的"第一个行动"。马克思阐明，历史的运动无疑是群众的人们的活动，而群众的人们追求自身目的的第一个活动，完全在于维持生存和保障生活，所以，任何历史的"第一个行动"，就是开始生产为满足生存和生活所必需的生产资料和生活资料。也就是说，物质资料的生产是任何历史的"第一个行动"。

第三，关于历史的"第一个事实"。马克思指出，对历史事实的具体分析，应该从历史的现实出发，用经验的方法来进行。所以，历史的"第一个事实"不是去确认绝对精神和作为它异化产物的自然界的关系，而是考察生命主体的人和作为生命载体的自然的关系，即人和人化自然的关系。

第四，关于历史记载的"第一出发点"。马克思指正，思辨唯心主义历史观的错误就在于，他们把历史当成了哲学精神的异化史和抽象概念的生产史，所以，在他们那里，历史的记载无非是精神的记载，无非是精神历史的记载。然而，正如历史并非飘在云端一样，任何历史的记载也应该脚踏"实地"，换

①　中共中央马克思恩格斯列宁斯大林著作编译局．马克思恩格斯全集（第3卷）［M］．北京：人民出版社，1960：23.

句话说，历史的记载应该以自然基础和人的自然行为的活动为其"第一出发点"。

综上所述，马克思是从有生命的人的生存论和生活论的视角出发，通过对历史本身的分析，界定了历史的现实前提和实践基础。这主要包括"现实的前提：现实的个人、物质资料的生产、人和人化自然的关系等等"以及"实践的基础：以现实的人的活动为基础的、感性实践的方法论"。

三、历史唯物主义的市民社会批判

为历史找到唯物主义的前提之后，马克思接着指出，在人们生产物质资料的感性实践活动中，必需的生活资料的生产又构成了第一要务。事实上，马克思认为，生活资料的生产方式和生活资料本身的特性，决定着人们的生活方式；而人们的生活方式又决定着人们的生活面貌和生活形态。"个人怎样表现自己的生活，他们自己也就怎样。"[1] 这既和生产的内容（"生产什么"）相一致，又和生产的形式（"怎样生产"）相一致。关于这段表述，我们可以做如下的理解：

首先，马克思将人们生活方式的本质属性归因于生产本身，让它与生产一致起来。这就等同于为生活方式找到了物质的生产实践的基础。

不难发现，这一思想是对《神圣家族》时期相关思想的进一步发展。我们知道，在《神圣家族》时期，马克思从生产中的实物对人的关系出发，引申出了人对人的定在和人对人的社会关系。在这一时期，生产和生产实践的完整含义，还没有被明确地建立起来。在布鲁塞尔，写作《关于费尔巴哈的提纲》时，马克思揭示，"自从在世俗家庭中发现了神圣家族的秘密之后"[2]，对世俗家庭及其生活的认识和理解，就应该在实践中现实地找寻。在这里，马克思也只是提纲挈领地表述了唯物主义实践观的基本原理，对实践的生产和生产实践的观点亦未详加展开和论述。直到合著《德意志意识形态》时，

----

① 中共中央马克思恩格斯列宁斯大林著作编译局. 马克思恩格斯全集（第 3 卷）[M]. 北京：人民出版社，1960：24.
② 中共中央马克思恩格斯列宁斯大林著作编译局. 马克思恩格斯全集（第 3 卷）[M]. 北京：人民出版社，1960：4.

马克思才将实践明确而首要地界定为生活资料的生产实践，并指认其为人类历史的第一行动。至此，"生产"和生产实践的提法及其科学内涵，才完整、详细地呈现出来。

其次，马克思将生产的内容和生产的形式统一起来，让它们构成辩证的整体。这就等同于建立起交往基础上的生产和受生产制约的交往形式之间的辩证关系。

我们知道，在《逻辑学》中，黑格尔将辩证的逻辑理解成内容和形式的同一，即：逻辑的形式被看成是充满内容、富有内容，并同内容不可分割联系在一起的形式。黑格尔思想的伟大之处，就在于他"把整个自然的、历史的和精神的世界描写为一个过程……并企图揭示这种运动和发展的内在联系"①。换言之，在黑格尔哲学中，主观可以提取客观，客观可以融入主观。内容是形式的内容，形式是内容的形式。它们统统处在整体的运动和发展之中，并且相互变化、相互转化。然而，需要强调的是，黑格尔虽然提出了形式和内容相统一的思想，但是，因其实质是逻辑和理念的抽象思辨，是纯粹思维的内在统一，所以，黑格尔的这一思想是头脚颠倒的客观唯心论。

与黑格尔截然不同，马克思关于"内容与形式相统一"的思想，是牢固树立在生产基础之上的。内容是生产的内容，形式是生产的形式。这样一来，作为内容的生产和作为形式的交往，就被唯物地统一起来了。马克思指出，生产本身是"以个人之间的交往为前提的"②，而同时，交往形式又受到生产本身的制约。于是，生产（内容）和交往（形式）就构成生产内容与生产形式的辩证关系。

在历史的四个第一属性的基础之上，马克思又提出了历史的四个基本事实，也就是历史生产的四个基本方面。它们是：物质资料的生产，需要的产生及满足需要的生产，作为家庭延续和种族繁衍的人口的生产，以及自然和社会双重关系的生产。马克思发现，这四个方面的生产，共同构成了推动人

① 中共中央马克思恩格斯列宁斯大林著作编译局. 马克思恩格斯文集（第9卷）[M]. 北京：人民出版社，2009：26.
② 中共中央马克思恩格斯列宁斯大林著作编译局. 马克思恩格斯全集（第3卷）[M]. 北京：人民出版社，1960：24.

类社会历史发展的生产力。生产力的发展水平，相应地，就取决于这四个方面生产水平的综合。

接下来的问题是：生产水平的综合是通过怎样的形式把自己反映或表现出来的呢？在马克思看来，生产力发展的水平，最明显的表现就是"分工的发展程度"①。换句话说，分工的发展程度是生产力发展水平的最显著体现。同时，我们知道，"分工"又是跟"交往"联系在一起的。于是，就自然地形成了这样的关系：生产力的每一次革新都必然引起分工的进一步发展，而分工的每一次发展又必然是交往形式的每一次演变。这样一来，紧密联系着的"生产力—分工—交往形式"以及它们之间的相互关系，就必然成为唯物主义历史观的基本范畴。

我们稍加梳理，就可以发现，马克思的思路是相当清晰的：

首先，在驳斥唯心主义历史观的过程中，为历史找到了唯物主义的现实前提和经验基础；又通过对历史本身现实的考察，明确了历史的四个第一属性。

其次，把人们生活方式的本质属性归因于生产本身，从内容与形式相统一的方法论视角，阐明了交往基础上的生产和受生产制约的交往形式之间的辩证关系。

再次，通过对历史的四个基本事实（历史生产的四个基本方面）的考察，寻找到了生产力的决定条件。并且，将分工视为生产力和交往形式的共同范畴。于是，生产力和交往形式、在分工及其发展程度的基础上，就历史地联系起来了；它们相互之间的辩证关系也淋漓尽致地展现出来了。

最后，马克思得出结论说："人们之所以有历史，是因为他们必须生产自己的生活，而且是用一定的方式来进行的。"② 以一定的方式进行历史活动的人，实际上就是在社会历史中进行生产实践和交往实践的人。唯物主义的实践观，应被理解成：生产实践观和交往实践观的辩证统一。因此，马克思指

---

① 中共中央马克思恩格斯列宁斯大林著作编译局. 马克思恩格斯全集（第3卷）[M]. 北京：人民出版社，1960：24.

② 中共中央马克思恩格斯列宁斯大林著作编译局. 马克思恩格斯全集（第3卷）[M]. 北京：人民出版社，1960：34.

出，唯物主义的历史观和唯物主义的实践观是同一的。在生产实践和交往实践辩证关系的基础上，必然产生出唯物史观的基本主张、基本结论和基本原理。所有这一切都是可以通过经验，被现实感知到的。

与实践被赋予生产和交往的辩证意义相对应的是，市民社会批判也发生了革命性的跨越和科学性的提升。马克思认识到，"在过去一切历史阶段上受生产力所制约、同时也制约生产力的交往形式，就是市民社会"①。这一认识表明，此时的马克思已不再从市民社会的某种单一形态——如，古典古代奴隶制的市民社会，具有封建政治属性并依附封建等级制度的中世纪的市民社会，摆脱了封建制度束缚的现代资产阶级的市民社会——来理解市民社会，而是从整个人类历史进程的宏阔尺度，从历史发展的物质基础和实践形态来提炼出对市民社会的全新理解。

马克思从唯物主义的实践观和历史观出发，将市民社会看成是生产力和交往形式的辩证统一体，看成是"全部历史的真正发源地和舞台"②。并且指出"市民社会包括各个个人在生产力发展的一定阶段上的一切物质交往"，它在一切时代和历史时期，"都构成国家的基础以及任何其他的观念的上层建筑的基础"③。这实际上就是将市民社会视为历史存在和发展的物质基础、物质力量和物质条件本身。

综上所述，在《德意志意识形态》中，青年马克思的市民社会批判完全走向了历史的深处，通过对历史本身的现实解构，在生产实践和交往实践及其辩证关系的基础上，重新定义了市民社会的科学内涵。对市民社会的全新理解，最终使得马克思导向到历史唯物主义的市民社会批判。

---

① 中共中央马克思恩格斯列宁斯大林著作编译局. 马克思恩格斯全集（第3卷）[M]. 北京：人民出版社，1960：40.
② 中共中央马克思恩格斯列宁斯大林著作编译局. 马克思恩格斯全集（第3卷）[M]. 北京：人民出版社，1960：41.
③ 中共中央马克思恩格斯列宁斯大林著作编译局. 马克思恩格斯全集（第3卷）[M]. 北京：人民出版社，1960：41.

第三节 市民社会的历史原像及其辩证法

马克思从"历史形态学"和"历史发生学"两个视角分别论述了市民社会的意蕴和内涵，并将市民社会科学地划分为："历史形态"意义上的市民社会和"历史发生"意义上的市民社会（或称："历史基础"意义上的市民社会）。前者指的是市民社会在历史中的形态表现，如，古典古代奴隶制的市民社会、中世纪封建宗法性质的市民社会、现代资产阶级的市民社会等。后者指的是历史得以存在发展的市民社会基础，具体而言，这种市民社会就是生产力和交往形式的总和。它是历史存在发展的感性条件、现实力量和物质基础。尔后，马克思又深入分析了市民社会的历史原像及其辩证法（生产力和交往形式之间的矛盾运动），开创性地提出了"市民社会——交往形式历史序列"的科学观点，并以此为基础，构建起历史唯物主义和辩证唯物主义的整体性原理。

一、市民社会与历史：批判性的诠释

历史唯物主义的市民社会批判提供这样一种基本的认识和思考：整个人类社会历史的基础，即在于"市民社会"本身。只不过，这里指称的"市民社会"并不是某种具体的、个别的、狭义的"市民社会"（历史形态范畴），而是一种普遍的、一般意义上的、广义的"市民社会"（历史基础意蕴）。

在马克思看来，从古典古代奴隶制的市民社会，到中世纪封建政治等级制的市民社会，再到现代资产阶级异化统治的市民社会，其在时间序列上的铺展，只是市民社会历史形态的具体呈现。虽然，市民社会有着各种不同的历史出场，但从中可以抽象出、概括出具有共性的内核，那就是"直接生活的物质生产"以及"与该生产方式相联系的、它所产生的交往形式"①。物质生产、交往以及两者之间的交互作用，构成了整个人类社会历史恒久发展的

① 中共中央马克思恩格斯列宁斯大林著作编译局. 马克思恩格斯全集（第3卷）[M]. 北京：人民出版社，1960：42.

现实基础。

在徐徐展开的历史画卷中，依次粉墨登场又唱罢谢幕的、各种具体的市民社会形态——古典古代奴隶制的也好，中世纪封建等级制的也好，还是现代资产阶级异化统治的也罢——它们都是历史具象性的。中世纪封建等级的市民社会取代了古典古代奴隶制的市民社会，而它又被现代资产阶级的市民社会所推翻。历史长河漫漫，跌宕起伏。市民社会的各形态，后者取代前者，更迭衍进。它们以各自独有的特征，为自己分别标定了不同的历史坐标，为历史划定了不同的时代分期。然而，从整个过程来看，历经沧桑，不断累积、沉淀下来的物质生产和交往本身，却具有历史的普遍性。前一世代生产和交往的总和，作为历史存在的前提和已有的现实基础，非但无法将其抹除，反而会被后一世代所承继、利用与发展。世世代代、源源不绝，这就构成了普遍历史的深厚根基。

在马克思看来，不能脱离"市民社会"来谈"市民社会"。也就是，不能脱离作为物质基础、历史发生意义上的"市民社会"，来谈作为历史发展各阶段、具体历史形态意义上的"市民社会"。简言之，不能脱离现实的物质生产和交往以及它们的辩证关系，来空谈市民社会形态的历史演进。

由此可见，在《德意志意识形态》中，马克思实际上是科学区分了市民社会的双重意蕴，即：作为历史形态的市民社会与作为历史基础的市民社会。需要澄明的是，在马克思创立唯物史观和科学社会主义以前，政治哲学各流派、国民经济学各流派以及空想社会主义各流派的诸多学说，都对"历史形态"意义上的市民社会进行过与各自学派特征相对应的理论描述。然而，在"历史基础"意义上，科学揭示、辩证阐发市民社会的历史地位、价值与意义，则是马克思独有的伟大功绩。马克思不仅看到了市民社会的历史形态及其演变，而且还将其提升到历史基础的高度上来认识，这就使得马克思的思想更加深刻。

在这里，马克思的方法论表现为：从市民社会历史形态的具体中，抽象出、凝练出、挖掘出某种带有共同性的东西。对于这种被抽象出来的共同的东西，马克思将其概括为：人类社会物质资料和生活资料的生产、交往及其交互形式。如此一来，整个人类社会的历史及其发展，就被坚实地筑造在现实的物质生产与交往的基础之上了．这无疑为理解历史、分析历史提供了科学的方法与全新的视角。

　　不难发现，马克思在这里对市民社会与历史的分析，其方法论是：从具体到抽象、从现象到本质。然而，我们稍加比较，也会发现，到了晚年写作《资本论》时，马克思则是从商品（资产阶级市民社会和资本主义经济的细胞）入手的，通过科学的劳动价值论的创立，发现了商品经济的基本规律（价值规律），进而揭示出资本主义剥削剩余价值的秘密。彼时，马克思采用的方法论却是：从抽象上升到具体。如前已述，在《巴黎手稿》中，马克思的方法论主要表现为："E（个别）—B（特殊）—A（一般/普遍）"的三重推论。可见，同样是围绕市民社会问题展开论述，同样是选取了私有财产、劳动和生产为基本的视角，不同时期的方法论基础和表现却不尽相同。事实上，马克思从来都不是把自己的研究故步自封在某一种特定的、单一的方法论之上，而是着眼于研究对象的现实，立足于研究工作的实际，根据思考语境和逻辑背景的不同，来恰当、合理、科学地选用对应的方法论路径。即使是在对同一对象和同一问题的研究当中，同样也是如此。正因为具有这样的学术品质，马克思才能不断超越前人、突破定式、有所创见。

　　总而言之，在《德意志意识形态》中，马克思从世界历史、物质生产、普遍交往的视角入手，科学界定了市民社会的双重意蕴，阐明了市民社会与历史的关系。在马克思看来，"各个不同阶段上的市民社会"[①] 是由各自阶段上的生产力和交往形式的总和共同构成的，它们是社会历史的现实基础与物质基石。而且，生产力和交往形式又构成彼此交织、辩证联系的统一体。交往形式受"一定的物质结果、一定数量的生产力总和"[②] 的制约（其中还包含了主体与环境关系的影响），同时它也制约着生产力本身。因此，马克思明确地指出，市民社会的全貌实际上是生产力和交往形式辩证统一的总括性呈现，即生产方式的现实呈现。这也就是说，历史的真容只

---

① 中共中央马克思恩格斯列宁斯大林著作编译局．马克思恩格斯全集（第3卷）[M]．北京：人民出版社，1960：42.

② 中共中央马克思恩格斯列宁斯大林著作编译局．马克思恩格斯全集（第3卷）[M]．北京：人民出版社，1960：43.

有通过对市民社会全象图景的现实照见，才能得到准确的窥探和把握；历史活动的真谛也只有通过对市民社会生产方式的辩证分析，才能得到科学的洞察和诠释。

正是得益于对市民社会意涵的科学划定与提升，以及对市民社会内在构成的辩证剖析与阐明，马克思才实现了唯物史观的最终生成。这就使得，马克思的唯物史观与所有虚无缥缈的历史先验论哲学、历史理念论哲学、历史唯心论哲学严格区分开来了，并同它们划清了原则上和立场上的界限。在马克思看来，对于整个历史而言，作为物质生产和交往的市民社会，无疑是本源性的、始基性的。绝不能用所谓的"想象"和"观念"，来唯心主义地界说历史的起源；也绝不能用所谓的"精神"和"意志"，来思辨地为历史的本质做注脚；更不能把对历史的解释消融在"幽灵"和"怪影"的荒诞臆造之中。

马克思指出，过去一切的历史观都是唯心主义的。它们完全忽视了物质生产与交往的市民社会作为历史存在和发展现实基础的决定作用与根本意义；它们总是从观念范畴出发，以外在的尺度来书写和诠释现实、感性、具体的历史，结果就导致了人、自然与历史彼此之间的冲突与对立。在唯心主义历史观那里，历史是一部关于精神概念、精神活动的历史。它以一种"唯灵"的姿态超然于喧嚣纷繁的尘世之外，将物质生产和物质生活的奔忙予以湮没，使得自然史和人类史的活生生的现实被"虚无地"遮蔽起来。于是，作为主体性的"人"及其能动的实践活动，就失去了历史本该有的意义与价值。

马克思痛斥道，不问物质利益、经济动因和现实的尘世生活，反而以宗教伦理式的"精神实践"这样的幻想活动来诠释市民社会"物质实践"的生产活动，是唯心主义历史观的根本缺陷。在德国，历史编纂学就是这种缺陷的理论表达，它始终把自己困在"精神的王国"里兜圈子。费尔巴哈虽然恢复了唯物主义的权威，将感性作为理解自然的基础，从而扛起人本主义的大旗，重新构筑出一个"属人的王国"；但是，他关于"自然主义＝人本主义"这一豪迈的哲学改革的宣言，终究没能响彻社会历史的领域。在历史观上，费尔巴哈脱离了唯物主义，陷于唯心之中。

马克思强调指出，历史既不是"绝对的批判"及其伙伴的历史，也不是精神王国的外化历史。历史存在的首要前提是：自然的人类和人类的自然。如果脱离了人、自然及其相互关系来抽象地谈论历史——无论是以哪种形式——都将是臆想的、虚无的。在马克思看来，对"人""自然""历史"的理解，当然应该建立在感性的基础上，但这里所说的感性绝不是费尔巴哈感性存在论中的感性，而是基于劳动、生产、交往和创造的感性实践。对此，马克思总结道，真正能解开历史之谜的"钥匙"，只能是既作为这种感性实践的基础，同时又构成这种感性实践结果的市民社会。这种市民社会就是历史上，人们的生产、交往及其交互形式的表现，也就是生产力和交往形式的总和。历史的自然和自然的历史及其相关性，正是通过人类的感性实践以及作为历史基础的市民社会，才能得到科学的解答。

二、市民社会的原像：辩证性的考察

马克思在《德意志意识形态》第一卷的第一章"费尔巴哈"的第二节"B. 意识形态的现实基础"的第一目"1. 交往和生产力"中，详尽地回顾了从中世纪晚期到新兴资产阶级兴起这段时期的市民社会的发展史。城市的形成和城市的发展，是马克思考察市民社会历史原像的基础坐标。

第一，市民阶级和市民社会的兴起。

自由的农奴纷纷涌入城市，以劳动为其唯一的财产，并依赖着各自的手工技艺为生，城乡形成了分离和对立，所有这些都是市民阶级和市民社会得以兴起的时代背景。这一过程是与私有制紧密相连的，具备私有属性的资本和地产的分离，在某种程度上代表了城乡分离与对立的基本表现。行会城市和行会制度作为此时市民社会的主要呈现，开始粉墨登场。它带有封建的宗法性质，即有作为坚实纽带而存在的人身依附关系贯穿在整个行会的内部。这样一来，就决定了行会的资本是以自然形式而存在的等级资本，它与现代意义上资本的纯粹形式相比，有着本质上的不同。分工的进一步发展，导致了商业贸易和工业生产之间的分离。尽管如此，实际上两者又是交融互联、彼此影响的。繁荣兴盛的商业贸易和蓬勃发展的工业生产，使得生产力、交往形式、需要及其满足不断地延续、承袭和扩大。在市民社会的自我壮大中，工场手工业出现了。无论是从资本的角度来说，还是从阶级的层面而言，工场手工业不可避免地造成了行会制度的衰败和没落。扩大了的工商业促成了流动资本和活动资本的积累与积聚，这势必导致行会小资本和小资产市民阶级开始逐渐被工商大资本和大资产市民阶级所取代。于是，市民社会的基本属性、内部构成以及整体面貌也就相应发生了变化。

第二，市民社会的历史变迁。

工场手工业的产生，肇始于"流浪时代"，这是与封建制度的瓦解崩塌相伴而生的。以封建等级制度和人身依附关系为特征的行会城市，逐渐褪去了往日绚丽辉煌的光彩。工场城市作为发展了的市民社会样态，开始崭露头角。与之对应的是，所有制关系、劳动关系以及资本形态也正经历着巨大的变化。在工场手工业的繁荣时代，金银管控和关税政策作为对新兴市民社会重要的保护性措施，充当着"守门人"一样的角色。然而，航海时代的到来、世界市场的开辟，又使工场手工业面临倾颓，渐渐变得式微。于是，金银外运的禁令相继废除了、货币制度渐趋发达了，资本摆脱了原始自然形式的束缚，如挣脱掉牢笼的困兽一般，在资产阶级市民社会的王国里，疯狂地驰骋、肆虐，操控着一切、主宰着一切。接着，由机器生产导致的科技和分工，在最广泛的意义上，空前地繁荣起来。作为这种变革的结果，大工业城市和与之相匹配的大工业市民社会最终得以生成。

整体来看，从行会，经由工场手工业，再到大工业市民社会，马克思以极其宏阔的历史视域、极其睿智的历史眼光，完整梳理了市民社会形态前后延续、逐次演进的整个历史过程。另外，如果仔细甄别，就可知道，马克思考察市民社会历史原像的另一个基本维度，是所有制形式。在马克思看来，从部落所有制，到封建的或等级的所有制，再到真正纯粹资本形式的所有制，恰恰是从国家与法的制度层面反映出市民社会自身发展演化的更迭过程。然而，马克思同时也强调，法没有自己的历史。关于法的本质问题的揭示，关于国家和法与所有制关系问题的解释，只有在市民社会本身中才能寻找到答案。按照这样的致思理路，马克思又将解构市民社会的深层次维度，继续推进到生产工具的层面上。马克思从支配、财产、前提、交换、分工、统治和工业等各个方面，着重探讨了自然产生的生产工具和由文明创造的生产工具之间的差别，科学回答了生产工具、所有制形式与市民社会，三者之间的系统联系。以此为基础，马克思最终导引出交往形式与市民社会的关系问题。

在马克思看来，生产工具与所有制形式之间存在着因果联系，前者是因、后者是果。现代意义上市民社会的交往，是融合在所有制（私有制）和劳动之中的。通过对货币、分工、交往、劳动的进一步分析，马克思逐渐厘清了诸多范畴之间的相互关系以及它们彼此制约、交互作用的辩证运动，从而开创性地提出了"市民社会——交往形式历史序列"的科学论断。

综上所述，青年马克思在《德意志意识形态》中阐发的市民社会批判是以唯物主义的实践观、历史观及其辩证法为基础的。这大致包含了以下几个基本的要点：

第一，市民社会可以从"历史形态学"和"历史发生学"两种意义上进行解析。市民社会的"历史形态学"，在于展现市民社会形态的历史变迁及其演化形式。市民社会的"历史发生学"，则在于揭示市民社会历史嬗变的深层基础、根源动因和本质规律。由此，便可以将这两种不同的市民社会分别界定为："历史形态"意义上的市民社会和"历史基础"意义上的市民社会。

第二，从市民社会的"历史发生学"而言，一定历史阶段上的生产力和交往形式的总和，即构成这个历史阶段上的"市民社会"本身。这里所说的"市民社会"，并非指在历史长河中浮现出来的各种市民社会样态，而是指在历史长河中汇集起来的生产生活物质基础的总和。

第三，一切历史上的冲突、一切历史上的变革，"都根源于生产力和交往形式之间的矛盾"①。这即是说，物质基础关系相互之间存在着的矛盾和冲突，是历史存在发展的内在动因。历史根源于市民社会本身的辩证法。

第四，市民社会的辩证法科学地揭示了新旧交往形式在生产力发展变化过程中，呈现出交替更迭的序列性关系的规律。这种序列性的关系表现为：由基本适合，到基本不适合（形成桎梏、打破桎梏），再到新的基础上的基本适合……它是一种否定之否定的辩证发展过程。

总体而言，青年马克思正是得益于对市民社会的"历史形态学"和"历

① 中共中央马克思恩格斯列宁斯大林著作编译局. 马克思恩格斯全集（第3卷）[M]. 北京：人民出版社，1960：83.

史发生学"的科学界分，才真正找到了历史背后的市民社会原像以及它的本源动因——生产力和交往形式相互之间的辩证运动。在此基础上，马克思诠释了市民社会的辩证法与历史的真正关系。所以，如果说，唯物史观的精髓要义和科学创见在于系统性地阐发了生产力和生产关系（交往形式）之间的辩证关系的话，那对于唯物史观的生成来说，市民社会的批判无疑是至关重要的理论来源和思想成因。

第四节　市民社会的辩证法与政治经济学批判

在《德意志意识形态》中，马克思已经揭示出，历史根源于市民社会本身的辩证法；也已经阐明，"历史基础"意义上的市民社会是一定历史阶段上的生产力和交往形式的总和。在《哲学的贫困》中，马克思第一次以论战的形式完整表述了生产方式的科学内涵，揭示了生产力和生产关系辩证运动的客观规律，从而使得对市民社会辩证法的表述和对历史唯物主义基本原理的概括，更加精准、更加科学。

一、市民社会辩证法的科学表述

在《哲学的贫困》第一章第二节的末尾处，马克思谈及交换和生产的关系时，集中使用了一系列相关概念的组合，如"产品的交换方式"和"生产力的交换方式"，"产品的交换形式"和"生产的形式"，"交换方式"和"生产方式"① 等。并认为，前者（交换、交换的形式、交换方式）取决于后者（生产、生产的形式、生产方式），由后者来调节，并与后者相适应。于此处，我们可以看到，马克思在思路的反复梳理中，不断调整着概念的使用，使其越来越凝练、越来越精准，直至出现"生产方式"的明确表达。这说明马克思基于对"交换"——广泛存在于资产阶级市民社会里的一种基本经济现象——的探讨，逐渐形成了对"生产"和"生产方面的社会关系"的思考。

---

① 中共中央马克思恩格斯列宁斯大林著作编译局. 马克思恩格斯全集（第4卷）[M]. 北京：人民出版社，1958：117.

这就为后面提出"生产力"和"生产关系"的辩证法打好了铺垫。

在第一章第三节的开篇部分，马克思指出，货币的本质不应被理解为"物"或"东西"，而应该是"一种社会关系"，或者说是"一种生产关系"。和交换本身一样，这种关系"是和一定的生产方式相适应的"①。接着，在澄明金银、货币和君主的关系时，马克思说出了那句著名的论断：君主从来都不能任意地向经济条件发号施令，相反，在任何时候，他们都不得不服从于现实的经济条件的限制和制约。所有"政治的立法"和"市民的立法"，其实都只是对这种经济条件的客观记载和对这种经济关系的现实表明而已②。

在第二章第一节的"第二个说明"中，马克思进一步指出，经济范畴只是生产关系（生产方面的社会关系）的理论表现。人们的生产是在一定的社会关系的前提下进行的，而且，和物质资料一样，这些社会关系本身"也是人们生产出来的"③。社会关系的生产，取决于人们"物质生产的发展"④，并以此为基础建立起来。当人们获得新的生产力以后，社会的生产方式就会发生改变；而改变了的生产方式，又会变革人们的生活方式，从而引起人们的一切社会关系的改变。为了更加形象地解释这个问题，马克思做了一个类比，他说，"手工磨产生的是封建主为首的社会，蒸汽磨产生的是工业资本家为首的社会"⑤。概言之，马克思阐述了：生产力如何改变生产方式，进而如何改变一切的社会关系。这意味着，马克思已经明确：生产力决定着社会关系的性质，新生产力的获得会导致一切社会关系发生改变或变革。从这样的表述中，我们不难发现，市民社会历史辩证法（生产力与生产关系）的基本原理，即将呼之欲出。

---

① 中共中央马克思恩格斯列宁斯大林著作编译局．马克思恩格斯全集（第4卷）［M］．北京：人民出版社，1958：119.

② 中共中央马克思恩格斯列宁斯大林著作编译局．马克思恩格斯全集（第4卷）［M］．北京：人民出版社，1958：121–122.

③ 中共中央马克思恩格斯列宁斯大林著作编译局．马克思恩格斯全集（第4卷）［M］．北京：人民出版社，1958：144.

④ 中共中央马克思恩格斯列宁斯大林著作编译局．马克思恩格斯全集（第4卷）［M］．北京：人民出版社，1958：144.

⑤ 中共中央马克思恩格斯列宁斯大林著作编译局．马克思恩格斯全集（第4卷）［M］．北京：人民出版社，1958：144.

在"第三个说明"中，马克思将社会看成是一个机体，不仅认为，社会机体的各个环节不可割裂，而且还主张，机体中的一切关系是"同时存在而又互相依存"①的，它们共同形成一个统一的整体。在"第四个说明"中，马克思从学理上阐明，辩证运动的实质在于，矛盾的两个方面既共存、又斗争，彼此融合成一个新的整体。在"第五个说明"中，马克思以 11 世纪和 18 世纪为例，详细解释了这样的事实：在不同的世纪里，人们使用的生产原料不同、需求不同，社会生产力就不同，相应地，生产方式也就不同。这即是说，在不同的世纪里，人们生存状态的表现各不相同，人与人之间关系的表现也各不相同。马克思把存在于每个世纪中的人们，既看成是他们历史的剧作者，又看成是他们历史的剧中人。

在"第七个说明"中，马克思以封建主义和资本主义为例，考察了历史运动的辩证性。在封建主义的统治时代，盛行的骑士精神、繁荣的家庭手工业、发达的封建行会组织……这些"好的方面"都使得封建宗法性质的市民社会呈现出美妙而协调的图景。然而，农奴等级——作为这幅图画上阴暗"坏的方面"——却包含着资产阶级发展的一切萌芽，成为日后资产阶级得势的重要因素。马克思强调，"好的方面"和"坏的方面"是辩证存在的，不可割裂。如果把"坏的方面"（农奴）消除掉，那孕育资产阶级的萌芽也就不存在了。而当资产阶级得势以后，实际上，"也就谈不到封建主义的好的方面和坏的方面了"②。它把封建主义的全部生产力承继下来，并发展下去。于是，"一切旧的经济形式、一切与之相适应的市民关系以及作为旧日市民社会的正式表现的政治制度都被粉碎了"③。取而代之的，是资本主义的经济形式、资产阶级的市民关系以及体现资产阶级市民社会利益要求的政治制度。接着，马克思叙述道，如果理解了"羊吃人"的圈地运动，所谓的经济天命论也就不攻自破了。要知道，财富和资本实际上是在对抗中形成的。从城市

① 中共中央马克思恩格斯列宁斯大林著作编译局. 马克思恩格斯全集（第 4 卷）[M]. 北京：人民出版社，1958：145.
② 中共中央马克思恩格斯列宁斯大林著作编译局. 马克思恩格斯全集（第 4 卷）[M]. 北京：人民出版社，1958：154.
③ 中共中央马克思恩格斯列宁斯大林著作编译局. 马克思恩格斯全集（第 4 卷）[M]. 北京：人民出版社，1958：154.

自治团体、到组织反对封建主的局部性同盟、再到资产阶级和封建等级两者之间庞大规模的斗争，这充分表明，"生产力怎样和阶级对抗同时发展"。最后，马克思反问道，这难道不是说，"人们生产力的一切变化必然引起他们的生产关系的变化吗"①？

从上面的叙述中，我们清晰地看到，马克思通过新旧两种市民社会——封建宗法性质的市民社会和资产阶级市民社会——的历史变迁，鲜明而深刻地揭示了生产力决定生产关系的历史规律。换言之，马克思在这里通过对市民社会"历史形态"具象的辩证分析，完成了市民社会"历史发生学"的唯物史观论证，从而使得对历史运动规律的理论概括更加凝练、更加科学。

事实上，在本书第五章的第三节中，笔者已经证明：马克思是从"历史形态学"和"历史发生学"两个维度，来界定和阐发市民社会科学意涵的。并且，马克思是通过对"历史形态"意义上的市民社会（如此处的新旧两种市民社会）的历史叙事，完成了对"历史发生"意义上的市民社会的理论阐释。只不过，在《德意志意识形态》中，"历史发生"意义上的市民社会（或称：作为"历史基础"的市民社会），是被表述为：生产力和交往形式的总和；而到了《哲学的贫困》中，则被更加明晰地概括为：生产力和生产关系的统一体（生产方式）。与之相对应，在《德意志意识形态》中，基于生产力和交往形式的矛盾运动而生成的"交往形式的历史序列"，也在《哲学的贫困》中，被更加科学地描绘成基于生产力和生产关系的矛盾运动而生成的"社会形态的自然历史过程"。

概言之，在《哲学的贫困》中，马克思完整表述了生产方式的科学内涵，揭示了生产力和生产关系辩证运动的客观规律，更加成熟、更加科学地表述了市民社会的辩证法，概括了历史唯物主义的基本原理。

二、走向政治经济学批判的深处

在《神圣家族》中，马克思对蒲鲁东经济思想的态度是辩证的评判，而

---

① 中共中央马克思恩格斯列宁斯大林著作编译局. 马克思恩格斯全集（第4卷）[M]. 北京：人民出版社，1958：155.

在《哲学的贫困》中，马克思则完成了对蒲鲁东的彻底批判和超越。这既得益于历史唯物主义的理论构建以及对市民社会历史辩证法的深刻体认，还得益于马克思经济学研究的新进展。

我们看到，在《哲学的贫困》中，为了驳斥蒲鲁东的经济思想和观点，马克思罗列、引证了很多经济学家和他们的著作。这些经济学家大致包括：亚当·斯密（A. Smith）、李嘉图（D. Ricardo）、西斯蒙第（Simonde de Sismondi）、罗德戴尔（Lauderdale）、安德森（A. Anderson）、施托尔希（H. Storch）、布阿吉尔贝尔（Boisguillebert）、阿特金森（W. Atkinson）、霍吉斯金（Th. Hodgskin）、汤普逊（W. Thompson）、艾德门兹（T. R. Edmonds）、布雷（J. F. Bray）、萨伊（Jean‐Baptiste Say）、西尼耳（N. W. Senior）、穆勒（J. St. Mill）、图克（Th. Tooke）、库伯（Th. Cooper）、萨德勒（M. Th. Sadler）、魁奈（F. Quesnay）、勒蒙特（Lemontey）、弗格森（A. Ferguson）、拜比吉（Ch. Babbage）、尤尔（A. Ure）、罗西（P. Rossi）、斯图亚特（J. Steuart）、舍尔比利埃（Cherbuliez）、希尔迪奇（Hilditch）、配第（W. Petty）等。马克思的批判主要是从以下几个方面来展开的：

（一）批判蒲鲁东方法体系的形而上学性

马克思指出，经济学研究的素材应该是人们生动活泼的生产生活以及反映这种生产关系的历史运动和历史发展，而不应该是抽象的观念和永恒的范畴所形成的逻辑教条。为了更形象地说明这个问题，马克思还打了一个比喻：如果把房屋的一切特性抽掉，就只剩下一般的物体；如果再抽掉物体的界限，就只剩下空间；如果再把空间的向度也抽掉，最后只会剩下逻辑的范畴。马克思说，一切存在于世间的现实事物，在形而上学者眼中，"只不过是逻辑范畴这种底布上的花彩"[1]。他们理解世界的方式，全然是"运动的逻辑公式"。这种运动，既不是现实的经济运动，也不是真实的历史运动，而是纯粹形式上的、只具有抽象形态属性的"纯理性的运动"，马克思生动巧妙地称其为

---

[1] 中共中央马克思恩格斯列宁斯大林著作编译局 . 马克思恩格斯全集（第4卷）[M]. 北京：人民出版社，1958：141.

"影子的一切运动"①。

蒲鲁东在政治经济学中的做法，正如黑格尔在逻辑学中的做法一样，都是让现实的、有生命的、活生生的事物，睡在"无人身的理性"荒凉沉寂的怀抱里。可是，黑格尔至少还称得上是"第一个全面地有意识地叙述了辩证法的一般运动形式"② 的哲学家，而蒲鲁东的生搬硬套只是对黑格尔的做法相当拙劣地如法炮制——他只会"保存好的方面，消除坏的方面"③。换句话说，蒲鲁东只是机械地、蹩脚地学到了术语，而全然没有领悟黑格尔辩证法的实质和精髓，反而把问题弄到了令人啼笑皆非的程度。

在本书第三章的第三节中，笔者已经详细论述过黑格尔的辩证逻辑与知性的形式逻辑的显著差别。蒲鲁东的经济思想与"知性的形而上学"如出一辙，都是"非此即彼"的思维逻辑，完全没有领会"亦此亦彼"的辩证思维方式。总而言之，在马克思看来，蒲鲁东经济学的整个方法体系无疑是彻头彻尾、粗糙的、知性的形而上学，根本没有了解辩证法之分毫。

（二）驳斥蒲鲁东主义的小资产阶级属性

马克思不仅深刻批判了蒲鲁东方法体系的形而上学性，还猛烈驳斥了蒲鲁东主义的小资产阶级属性。

1. 关于使用价值和交换价值

蒲鲁东的错误表现在：第一，把众多等同于使用价值，把稀少等同于交换价值。第二，把使用价值和交换价值的关系，理解成效用和意见的对立和斗争。第三，认为购买者和生产者都是自由的，他们的行为完全受到他们"自由意志"的支配。

对于蒲鲁东的错误，马克思斥责道，不要忘了，在经济的叙述中，"任何

---

① 中共中央马克思恩格斯列宁斯大林著作编译局. 马克思恩格斯全集（第4卷）[M]. 北京：人民出版社，1958：149.

② 中共中央马克思恩格斯列宁斯大林著作编译局. 马克思恩格斯文集（第5卷）[M]. 北京：人民出版社，2009：第二版跋22.

③ 中共中央马克思恩格斯列宁斯大林著作编译局. 马克思恩格斯全集（第4卷）[M]. 北京：人民出版社，1958：145.

东西只有在对它有需求的条件下，才说得上多或少"①。如果撇开了需求，单纯来谈交换价值的问题，这是不切实际的。马克思接着指出，事实上，只有当供给和需求产生时，生产和消费才会彼此接触，而这一切又都是以个人交换为基础建立起来的。所以，"斗争不是发生在效用和意见之间"②，而是发生在买卖双方的交换价值之间。此外，对于生产者而言，生产要受到分工、生产条件和生产力发展水平的限制，他们并不是想生产什么就能生产什么。同时，对于消费者来说，他们"并不比生产者自由"③，他们要受到资金和需要的制约。资金的条件和需要的状况取决于他们的社会地位，而社会地位本身又是社会组织的产物。最后，马克思得出结论说，交换价值的本质，其实就是供给者之间、需求者之间以及供给者和需求者彼此之间相互斗争、相互竞争的结果表现。

2. 关于商品的价值量和劳动力商品的价值

蒲鲁东别出心裁地创造了一个术语——"构成价值"，用来表示商品价值在确定时的"比例性关系"。对此，马克思分析指出，"这个新术语并没有新概念"④。经济学中一直沿用的简单术语——"相对价值或交换价值"，就足以表示产品在相互交换时所构成的价值关系。蒲鲁东的术语"创新"不仅多此一举，而且恰恰显示出他对反映现代经济生活的价值理论一无所知。马克思说，以李嘉图学派为代表的现代资产阶级经济学，是对现代资产阶级市民社会"现实运动的理论表现"。相比之下，蒲鲁东只是"完全凭任意的假设"，就虚构了一套价值的体系。这是对生产的实际运动和一切现实的经济关系，所做的一种"乌托邦式的解释"⑤。

---

① 中共中央马克思恩格斯列宁斯大林著作编译局. 马克思恩格斯全集（第4卷）［M］. 北京：人民出版社，1958：82.

② 中共中央马克思恩格斯列宁斯大林著作编译局. 马克思恩格斯全集（第4卷）［M］. 北京：人民出版社，1958：85.

③ 中共中央马克思恩格斯列宁斯大林著作编译局. 马克思恩格斯全集（第4卷）［M］. 北京：人民出版社，1958：86.

④ 中共中央马克思恩格斯列宁斯大林著作编译局. 马克思恩格斯全集（第4卷）［M］. 北京：人民出版社，1958：102.

⑤ 中共中央马克思恩格斯列宁斯大林著作编译局. 马克思恩格斯全集（第4卷）［M］. 北京：人民出版社，1958：93.

更糟糕的是，蒲鲁东无视劳动力沦为商品的残酷事实，还天真地以为：相等的劳动时间就会得到相等的报酬，劳资双方的"交换是在完全平等的基础上实现的"①。这种观点无异于自欺欺人——既反映出蒲鲁东对劳动力价值的问题认识不清，又显示出他对资本剥削事实的自我麻痹。对此，马克思尖锐地指出，蒲鲁东不得不承认，就连他自己的整个体系都是建立在劳动力商品这个现代奴役制度之上的。资本家购买劳动力，是为了把他们当作生产工具来使用，就像购买机器一样。这就是存在于现代经济关系中赤裸裸的事实，是资产阶级最大的秘密。资本家付给工人的工资，就是劳动力价值。它和其他商品一样，也是由"生产工资所必需的劳动量"来决定，也就是由"生产工人一切生活必需品所必要的劳动时间"②来决定。

马克思拆穿了蒲鲁东的把戏，指出了蒲鲁东价值论的致命缺陷——在蒲鲁东眼里，工资是完全平等的，"似乎整个社会仅仅是由以工资形式领得自己的产品的直接劳动者所组成"③。可是，情况完全不是他想象的那样。当人类文明开始兴起时，生产就建立自身于"级别、等级和阶级的对抗"之上。到了现代资本主义社会，生产更是建立在"积累的劳动和直接的劳动的对抗"④之上。换言之，只要阶级、阶级统治还存在，社会的生产和交换就都是阶级关系和阶级对抗基础上的生产和交换。很显然，蒲鲁东没有看到这一点。马克思无情地驳斥说，蒲鲁东的论断犹如充满幻想的呓语。要知道：在资本主义社会里，如果撇开资本和劳动的对抗关系不谈，仅凭想象和假设就空论劳动时间和工资的平等性，这无疑是虚妄的。这种观点不仅在认识上是唯心的，而且在立场上也是反动的。

最后，马克思指出，蒲鲁东自以为达到了政治经济学和社会主义的双重批判，其实他还远远不及。他既没有像经济学家那样"深入纯经济的细节"，

---

① 中共中央马克思恩格斯列宁斯大林著作编译局．马克思恩格斯全集（第4卷）［M］．北京：人民出版社，1958：93.

② 中共中央马克思恩格斯列宁斯大林著作编译局．马克思恩格斯全集（第4卷）［M］．北京：人民出版社，1958：94.

③ 中共中央马克思恩格斯列宁斯大林著作编译局．马克思恩格斯全集（第4卷）［M］．北京：人民出版社，1958：99.

④ 中共中央马克思恩格斯列宁斯大林著作编译局．马克思恩格斯全集（第4卷）［M］．北京：人民出版社，1958：104.

也不如社会主义者那样具备远见和勇气。结果就是：蒲鲁东作为一个小资产者，"经常在资本和劳动、政治经济学和共产主义之间摇来摆去"①。蒲鲁东主义就是这种小资产阶级世界观和方法论空想性和矛盾性的典型反映。

3. 关于分工和机器

蒲鲁东错误地认为，机器是分工的逻辑反题，是使分散了的劳动重新归于统一的合题。马克思尖锐地指出，这是蒲鲁东虚假叙事的又一标本，真实的历史情况并非如此。

为了翔实、客观地说明这个问题，首先，马克思举了14世纪至15世纪的社会面貌与17世纪世界历史面貌形成巨大差距的例子，来说明分工的具体性和社会历史性。其次，马克思举了宗法制度、种姓制度、封建制度、行会制度的例子，讲述了众多制度下的分工（这些分工的不同形式），受到共同的一定规则的制约。但制约和设定它们的，并不是立法者，而是物质生产条件本身。从而证明了：分工是社会的基础，不同的分工形式是不同的社会（组织形式）的基础。最后，马克思举了行会手工业发展到工场手工业的例子，辨析了分工发展的历史前提和工场手工业形成的历史条件。

在马克思看来，机器应该被看成是劳动工具的结合，而劳动工具的积聚并不是对分工的否定。相反，当劳动工具的积聚程度得到发展时（即每一次重大的机械发明出现时），分工的精细程度也会得到发展。反过来，也是一样。分工程度的每一次加剧，也会引起新的机械发明，从而导致劳动工具积聚程度的加深。所以，应该说，生产工具的积聚和分工，此二者是彼此不可分割的。

最后，马克思总结道，在对分工和机器有关问题的理解上，蒲鲁东也没有超出小资产者的理想。他除了让我们回到中世纪行会手工业的生产方式之外，根本想不出什么更好的办法来。

（三）政治经济学批判的其他议题

在《哲学的贫困》中，除了驳斥蒲鲁东主义的小资产阶级属性及其方法体系的形而上学性之外，马克思还揭露了存在于资本主义社会中的种种乱象、

---

① 中共中央马克思恩格斯列宁斯大林著作编译局. 马克思恩格斯全集（第4卷）［M］. 北京：人民出版社，1958：158.

灾难和罪恶，如劳动力商品、雇佣劳动与现代奴役制度的剥削本质、社会生产的无政府状态、经济危机与工人的极端困苦等，从而阐发了马克思主义政治经济学的初步原理。

通过对市民社会经济运动历史过程的现实叙述，马克思还较为系统地驳斥了资产阶级政治经济学的宿命论学派（包括古典派和浪漫派）、人道学派和博爱学派，深刻洞悉了他们思想中的历史虚无主义本质。马克思睿智地形容道，继"古典派"以后，"浪漫派"是不讲良心的嘲笑者，"人道学派"则是道貌岸然的伪君子，"博爱学派"更是自欺欺人的掩耳盗铃者。不得不说，马克思对这些资产阶级经济学流派的肖像刻画，可谓是入木三分。

在讨论货币问题时，马克思痛斥，在资本主义社会里，一切商业价值都想和货币挂钩，都想转化成货币。于是，世间充斥着对货币的狂热追逐和疯狂需求，但正如这是"资本最初的幻想"一样，也终究是它们"最后的幻想"，势必走向幻想的自我破灭。在讨论企业主的私权力和社会化劳动的全社会调配时，马克思隐约地表达出资本主义基本矛盾——生产社会化和生产资料资本主义私人占有之间的矛盾——思想的萌芽。在讨论竞争和垄断问题时，马克思把"现代垄断"看成是奴役制度特权在现代的复燃和改头换面，是现代资本主义制度对垄断利益的高额攫取。如此等等，这些论断都相当地深刻。

在《哲学的贫困》的结尾部分，马克思通过对无产阶级所应具备的阶级觉悟的强调，表述了经济斗争和政治斗争相统一的重要思想以及无产阶级革命运动的伟大历史意义。

（四）余论

回顾布鲁塞尔的整个时期，马克思在《德意志意识形态》中，完成了市民社会批判的历史唯物主义建构，描绘了市民社会的历史原像及其辩证法。在《哲学的贫困》中，又进一步完成了市民社会历史辩证法的科学表述。这使得唯物史观最终得以生成，也使得辩证唯物主义和历史唯物主义的基本原理至此得到了完整、成熟、科学的阐发。

1849年，马克思移居伦敦，结束了在巴黎和布鲁塞尔的流亡生活。此后的马克思，数十年如一日，沉浸在经济学研究广袤的海洋里。1859年出版的《政治经济学批判·第一分册》，正是马克思一生"黄金十五年"研究经济学的结晶。其序言中的自述，更是让人们窥探到了青年马克思市民社会批判的心路历程及其与开展政治经济学批判研究的关系。尔后，《资本论》的问世，副标题也是"政治经济学批判"。可以说，马克思正是借助于青年时代对市民社会的批判性研究，才一步步"认清"市民社会、"解剖"市民社会、"重塑"市民社会，开启政治经济学批判的漫长之旅。在这一过程中，马克思不仅完成了历史科学理论的伟大创建，而且在中晚年还谱写了经济科学不朽巨著的辉煌华章。从这个意义上讲，青年马克思的市民社会批判在马克思一生的学术生涯中，具有源头性的地位和基础性的意义，是一个极为重要的思想史渊源。

结　语

　　从克罗茨纳赫到布鲁塞尔，青年马克思的思想演进在一定意义上是沿着对市民社会思考和批判的方向行进的。具体而言，在克罗茨纳赫，马克思批判黑格尔的思辨法哲学体系，是基于市民社会的政治史观考察和政治哲学思考。在巴黎，马克思批判私有财产、犹太精神和金钱异化，是基于市民社会的经济伦理反思；批判资产阶级的国民经济学体系，是基于市民社会的经济史观考察和经济哲学思考；批判黑格尔的唯心主义辩证法，是基于资产阶级市民社会的异化与黑格尔哲学中精神的异化有着本质上的通约性；批判各式各样的空想社会主义学说，是基于市民社会的现实运动、历史走向及其自我扬弃的必然性；批判"神圣家族"和蒲鲁东，是基于市民社会的历史形成、历史地位、历史意义以及对市民社会感性的"物质的条件"的追问。在布鲁塞尔，马克思批判费尔巴哈、施蒂纳、蒲鲁东等，是基于作为历史的世俗基础和现实前提的市民社会的构成及其辩证法。可以说，马克思早期思想的每一步发展，直至唯物史观的生成与科学表述，都与对市民社会的思考、解剖、求索和批判密切相关。

　　任何思想的生成都不可能是一蹴而就的，都有一个演变的历程。青年马克思的市民社会批判也是如此。从法哲学唯物主义市民社会批判的产生到历史唯物主义市民社会批判的生成，其间经历了各个时期的推衍和发展，完成了两次实质意义上的重要转向和过渡，最终形成了连贯的思想脉络和完整的思想体系。

　　本书以马克思早期思想发展的不同时期为序，按照"逻辑与历史相统一"的原则，通过较为丰富研究方法的运用，力图细致地梳理和完整地阐明青年马克思市民社会批判的致思理路和逻辑进程，以及贯穿其中的诸多方法论的运用、交织和融合。在对文本的深耕细读和对原典的审思考辨中，试图真实还原和铺展再现一幅关于青年马克思的市民社会批判璀璨多姿、绚丽多彩的"思想画卷"。

在克罗茨纳赫时期，为了解答基于《莱茵报》政治实践而产生的关于物质利益和法权现实的苦恼疑惑，青年马克思开启了对黑格尔理念论国家观的批判性反思。马克思发现，黑格尔的国家观是思辨唯心的，其市民社会论是"二律背反"的。通过五卷本《克罗茨纳赫笔记》的摘录工作，马克思形成了完备的关于政治史、法律史和国别史的认识，完成了对市民社会的政治史观考察，为《黑格尔法哲学批判》中"市民社会决定国家"原则的提出以及市民社会的法哲学批判积累了丰富的史料素材和充足的思想准备。"主谓分析法"和"主谓颠倒"的批判方法，是这一时期共同的方法论基础。借助此，马克思祛除了黑格尔理念论法哲学体系的思辨迷雾，把被黑格尔颠倒的关系重新唯物主义地"再颠倒"回来，让国家牢牢地竖立在自然基础（家庭）和社会基础（市民社会）的现实之上，从而彻底解决了黑格尔法哲学唯心论的"二律背反"问题。于是，法哲学唯物主义的市民社会批判建立起来了。与市民社会相关的诸多范畴、关系，在法哲学意义上，也得到了现实性的唯物主义重构。然而，正因为马克思的市民社会批判，此时尚处在政治哲学和法哲学阶段的缘故，就导致其对市民社会很多问题的看法和认识，难免会囿于政治法权的层面而带上浓郁的法学思维特有的属性。比如，对国家制度的诠释；又如，对市民社会等级的理解；再如，对市民社会私有财产的阐述等等，都只能是法哲学或政治哲学范式的。这种情况在马克思旅居巴黎之后，才得以改观。

在巴黎时期Ⅰ：《德法年鉴》时期，青年马克思的市民社会批判经历了第一次重要的转向，处在第一个过渡的阶段。一方面，他既沿袭了先前对市民社会的政治哲学思考和法哲学批判的思路。如，关于市民社会和政治国家世俗对立的分析。另一方面，他又开拓了对市民社会的经济哲学思考和经济伦理批判的新视野。如，对市民社会犹太精神和私有财产制度的鞭挞。在方法论上，表现为：其一，通过历史分析法的运用，马克思辨析了市民社会的政治解放与普遍的人的解放的关系。这一认识的影响一直持续到了《神圣家族》时期。其二，通过阶级分析法的运用，马克思探明了无产阶级在市民社会及其等级中的地位，阐发了作为"市民社会的特殊阶级"的无产阶级的历史使命。这一认识也在《神圣家族》中得到了延续。其三，借助于异化观，马克思批判了市民社会的犹太精神和金钱本质的异化现实。其四，借助于革命的实践观，马克思指明了从市民社会的政治解放到普遍的人的解放的革命实践之路，阐发了共产主义理论与现实的统一。总的来说，这一时期，青年马克思的市民社会批判既带有法哲学的底蕴，又增添了经济哲学的元素，处在第一个过渡的阶段，即：由法哲学唯物主义向经济哲学思考和经济伦理批判转向的过渡阶段。并且，这第一次重要的转向为接下来马克思在《巴黎手稿》中"解剖"市民社会，提供了契机。

在巴黎时期Ⅱ：《巴黎手稿》时期，青年马克思希冀通过"解剖"市民社会，来达成对市民社会本身的深刻认识以及对国民经济学的彻底批判。"解剖"的实际切入点是市民社会和私有财产的关系，这是对《德法年鉴》时期思考的继续。在《巴黎手稿》的第一手稿和《穆勒评注》中，马克思的异化观分别达到了劳动异化和社会关系异化的崭新高度，这是对《德法年鉴》时期金钱异化批判和赫斯货币异化思想的提升和超越。借助于黑格尔逻辑学关于本质论阶段"必然的推论"的"假言推论"，马克思阐明了异化劳动和私有财产的关系。尔后，在《巴黎手稿》的第二手稿和第三手稿中，马克思的市民社会批判在整体视域上，逐渐聚焦到了经济史观、唯物辩证法和共产主义革命实践的领域。对黑格尔推论法的借用，同样体现在这两册手稿当中，只不过具体方法有所不同。马克思完成市民社会经济史观考察的方法论基础，是黑格尔逻辑学关于存在论阶段"质的推论"的"三重推论"。马克思发现，私有财产的历史嬗变及其表现形式遵循"E（个别）—B（特殊）—A（一般／普遍）"的运动规律。同样地，劳动（作为私有财产的主体本质）也适用相同的规律。因此，私有财产和劳动的关系也就辩证地对应起来了。于是，马克思在厘清私有财产的历史嬗变及其运动规律后，还批判性地总结了私有财产和劳动的相互关系。当这些规律和关系都得到充分的认知后，马克思便开始着手改造黑格尔的辩证法。这之所以必要，是因为：无论是"解剖"市民社会，还是"解构"私有财产，其旨趣都不只是为了研究市民社会和私有财产而研究市民社会和私有财产，而在于通过揭示市民社会的历史走向和私有财产的自我扬弃，来阐明自我异化及其扬弃走的是"同一条道路"。这种历史必然性，即体现为共产主义社会的最终达成和真正实现。总体而言，这一时期，青年马克思的市民社会批判经过《德法年鉴》时期的过渡，已完全转向到了经济哲学的领域。而且，在经济哲学的领域内，还经历了经济异化观（包括劳动异化和社会关系异化）向经济史观的演变。因此，在这一时期，马克思展现出对异化观、感性对象化论、经济史观、辩证法、劳动实践观和革命实践观等众多方法论充分而灵活的运用，它们彼此汇集交融起来，使得《巴黎手稿》时期马克思的市民社会批判相当地丰富多彩。

在巴黎时期Ⅲ：《神圣家族》时期，青年马克思的市民社会批判经历了第二次重要的转向，处在第二个过渡的阶段。一方面，马克思总结和完善了市民社会经济哲学批判的核心思想，加深了对市民社会自身矛盾的理解和认识。通过对蒲鲁东的辩证评判，马克思分析了生产中的实物对人的关系，以及由此产生的人对人的社会关系，从而接近于表述生产的实践观。另一方面，马克思又开启和拓展了对市民社会进行历史哲学思考的崭新维度。通过对"绝对的批判"的三次征讨，马克思厘清了现代市民社会的历史形成、历史地位和历史影响，分析了市民社会感性的"物质的条件"的重要意义，探讨了人民群众和历史的相互关系。在具体分析市民生活的属性时，马克思隐约察觉到需要和交往实践的重要内涵，这逐渐导向到交往的实践观。同时，共产主义学说也逐渐由经济辩证法向历史辩证法方向过渡。总体而言，这一时期，青年马克思的市民社会批判处在第二个过渡的阶段，即：由市民社会经济哲学批判向历史哲学批判过渡的阶段。马克思正朝着历史唯物主义市民社会批判的方向逐步走去。

在布鲁塞尔时期，青年马克思的市民社会批判完全过渡到了历史哲学的领域。在《德意志意识形态》中，马克思树立起唯物主义的实践观和历史观，为历史找到了现实的前提和实践的方法论基础。这是对《巴黎手稿》时期和《神圣家族》时期思想的进一步发展。通过对历史本身的考察，生产实践和交往实践及其辩证的关系被全面地阐发出来，生产、分工、所有制的相互联系也得到了完整的诠释。马克思最终实现了市民社会批判的超越和变革，建构起历史唯物主义的市民社会批判。以此为基础，马克思分析了城乡的分离和对立、城市的形成和行会制度的发展，探讨了商业和生产的关系以及市民阶级的历史形成。尔后，又以工场手工业为中心视角，厘清了它的兴起繁荣时代、发展过渡时代和衰落式微时代，最终分析了大工业市民社会取代工场手工业的历史必然性。总体而言，马克思批判性地探讨了市民社会与历史的关系，再现了市民社会的历史原像，诠释了市民社会历史与实践的辩证法，客观地揭示了意识形态的现实基础。于是，所有制形式的演变及其规律，交往形式历史序列的客观规律，以及交往形式的发展与共产主义的达成之间的必然规律，都得到了阐明。在《哲学的贫困》中，马克思第一次以论战的形式完整表述了生产方式的科学内涵；通过对市民社会"历史形态"具象的辩证分析，揭示了生产力和生产关系辩证运动的客观规律，完成了市民社会"历史发生学"的唯物史观论证，从而使得对市民社会辩证法的表述和对历史唯物主义基本原理的概括，更加完整、准确而科学。同时，马克思完成了对蒲鲁东方法体系的形而上学性和蒲鲁东主义的小资产阶级属性的彻底批判，走向了政治经济学批判的深处。至此，青年马克思市民社会批判的整体轮廓及其思想地位得以清晰而明朗。

经过系统地梳理，我们可以看到，市民社会问题是马克思早期思想发展的重要议题，是贯穿其中的一条主线。青年马克思的市民社会批判，从克罗茨纳赫时期的政治史观和法哲学唯物主义的市民社会批判出发，经过巴黎时期Ⅰ：《德法年鉴》时期的第一次重要过渡和转向，发展到巴黎时期Ⅱ：《巴黎手稿》时期的经济史观和经济批判主义的市民社会批判，再经过巴黎时期Ⅲ：《神圣家族》时期的第二次重要过渡和转向，最终在布鲁塞尔，发展成历史唯物主义和辩证唯物主义的市民社会批判，整个思想的脉络和批判的体系是前后相继、完整统一的。在这一思想历程中，马克思不断提升着对市民社会的辨识和认知，不断完成着市民社会批判的变革与超越，最终抵达市民社会批判的崭新高度，提出了深远而伟大、具有开创性意义的历史科学理论，并为之后政治经济学批判的进一步深入，构筑起坚实、深厚的理论基础。

结语图示：

青年马克思 市民社会批判 经历的时期	青年马克思市民社会批判 考察的视域和批判的维度			青年马克思 市民社会批判 阶段的属性
克罗茨纳赫时期	市民社会的 政治史观考察和 政治哲学批判	市民社会—政治国家	共产主义的 理论与实践 （政治）	法哲学重建
		市民社会—私有财产		
巴黎时期Ⅰ： 《德法年鉴》 时期	市民社会的 政治史观考察和 政治哲学批判	市民社会—政治国家	共产主义的 理论与实践 （政治/经济）	第一次转向 第一个过渡 的阶段
	市民社会的 经济伦理反思	市民社会—私有财产		
巴黎时期Ⅱ： 《巴黎手稿》 时期	市民社会的 经济史观考察和 经济哲学批判	市民社会—私有财产	共产主义的 理论与实践 （经济）	经济学解剖
巴黎时期Ⅲ： 《神圣家族》 时期	市民社会的 经济史观考察和 经济哲学批判	市民社会—私有财产	共产主义的 理论与实践 （经济/历史）	第二次转向 第二个过渡 的阶段
	市民社会的 历史哲学思考	市民社会—历史		
布鲁塞尔时期	市民社会的 历史唯物主义建 构及其辩证法 阐发	市民社会—历史	共产主义的 理论与实践 （历史）	唯物史观的 生成与科学 表述，走向 政治经济学 批判的深处

参考文献

一、著作类：

（一）马克思主义经典著作

［1］中共中央马克思恩格斯列宁斯大林著作编译局．马克思恩格斯文集［M］．北京：人民出版社，2009.

［2］中共中央马克思恩格斯列宁斯大林著作编译局．马克思恩格斯全集（第2卷）［M］．北京：人民出版社，1957.

［3］中共中央马克思恩格斯列宁斯大林著作编译局．马克思恩格斯全集（第3卷）［M］．北京：人民出版社，1960.

［4］中共中央马克思恩格斯列宁斯大林著作编译局．马克思恩格斯全集（第4卷）［M］．北京：人民出版社，1958.

［5］中共中央马克思恩格斯列宁斯大林著作编译局．马克思恩格斯全集（第20卷）［M］．北京：人民出版社，1971.

［6］中共中央马克思恩格斯列宁斯大林著作编译局．马克思恩格斯全集（第42卷）［M］．北京：人民出版社，1979.

［7］中共中央马克思恩格斯列宁斯大林著作编译局．马克思恩格斯全集（第1卷）［M］．北京：人民出版社，1995.

［8］中共中央马克思恩格斯列宁斯大林著作编译局．马克思恩格斯全集（第3卷）［M］．北京：人民出版社，2002.

[9] 中共中央马克思恩格斯列宁斯大林著作编译局. 马克思恩格斯全集（第31卷）[M]. 北京：人民出版社，1998.

[10] 中共中央马克思恩格斯列宁斯大林著作编译局. 马克思恩格斯全集（第47卷）[M]. 北京：人民出版社，2004.

[11] 中共中央马克思恩格斯列宁斯大林著作编译局. 列宁全集（第55卷）[M]. 北京：人民出版社，1990.

（二）哲学、市民社会与政治经济

[1] [德] 康德. 康德三大批判精粹 [M]. 杨祖陶，邓晓芒，编译. 北京：人民出版社，2001.

[2] [德] 康德. 道德形而上学原理 [M]. 苗力田，译. 上海：上海人民出版社，1986.

[3] [德] 费希特. 全部知识学的基础 [M]. 王玖兴，译. 北京：商务印书馆，1986.

[4] [德] 谢林. 先验唯心主义体系 [M]. 石泉，梁志学，译. 北京：商务印书馆，1977.

[5] [德] 黑格尔. 精神现象学（上卷）[M]. 贺麟，王玖兴，译. 北京：商务印书馆，1979.

[6] [德] 黑格尔. 逻辑学（上卷）[M]. 杨一之，译. 北京：商务印书馆，1974.

[7] [德] 黑格尔. 逻辑学（下卷）[M]. 杨一之，译. 北京：商务印书馆，1976.

[8] [德] 黑格尔. 小逻辑 [M]. 贺麟，译. 北京：商务印书馆，1980.

[9] [德] 黑格尔. 法哲学原理 [M]. 范扬，张企泰，译. 北京：商务印书馆，2016.

[10] [德] 黑格尔. 历史哲学 [M]. 王造时，译. 上海：上海书店出版社，2006.

[11] [德] 黑格尔. 哲学史讲演录（第1卷）[M]. 贺麟，王太庆，等

译．北京：生活·读书·新知三联书店，1956.

[12]［德］费尔巴哈．费尔巴哈哲学著作选集（上卷）［M］．荣震华，李金山，等译．北京：生活·读书·新知三联书店，1959.

[13]［德］费尔巴哈．费尔巴哈哲学著作选集（下卷）［M］．荣震华，王太庆，刘磊，译．北京：生活·读书·新知三联书店，1962.

[14]［德］赫斯．赫斯精粹［M］．邓习议，编译，方向红，校译．南京：南京大学出版社，2010.

[15]杨祖陶．德国古典哲学逻辑进程（修订版）［M］．湖北：武汉大学出版社，2003.

[16]［英］亚当·弗格森．文明社会史论［M］．林本椿，王绍祥，译．浙江：浙江大学出版社，2010.

[17]［日］植村邦彦．何谓"市民社会"——基本概念的变迁史［M］．赵平，等译．南京：南京大学出版社，2014.

[18]［日］平田清明．市民社会与社会主义［M］．岩波书店，1969.

[19]韩立新．当代学者视野中的马克思主义哲学：日本学者卷［M］．北京：北京师范大学出版社，2014.

[20]秦国荣．市民社会与法的内在逻辑——马克思的思想及其时代意义［M］．北京：社会科学文献出版社，2006.

[21]蒋红．马克思市民社会理论研究［M］．北京：人民出版社，2007.

[22]王浩斌．市民社会的乌托邦：马克思主义的社会历史哲学阐释［M］．南京：凤凰出版传媒集团，江苏人民出版社，2011.

[23]李永杰．马克思市民社会思想的源流及其当代影响［M］．北京：社会科学文献出版社，2016.

[24]王代月．回归历史：基于马克思市民社会批判视角［M］．北京：中国社会科学出版社，2016.

[25]于永成．市民社会批判与人的自由：从黑格尔到马克思［M］．北京：中国社会科学出版社，2018.

[26]卢德友．拉开历史"舞台"的帷幕：马克思的市民社会理论及其当

代效应［M］．南京：江苏人民出版社，2019．

［27］王新生．市民社会论［M］．广西：广西人民出版社，2003．

［28］沈芝．行会与市民社会［M］．北京：中国社会科学出版社，2009．

［29］韩水法，黄燎宇．从市民社会到公民社会：理解"市民—公民"概念的维度［M］．北京：北京大学出版社，2011．

［30］沈敏荣．市民社会与法律精神：人的品格与制度变迁［M］．北京：法律出版社，2008．

［31］徐国栋．人性论与市民法［M］．北京：法律出版社，2006．

［32］袁祖社．权力与自由：市民社会的人学考察［M］．北京：中国社会科学出版社，2003．

［33］赵志勇．市民社会与国家二分架构研究［M］．北京：中国社会科学出版社，2015．

［34］邓正来，等．国家与市民社会：一种社会理论的研究路径［M］．北京：中央编译出版社，2002．

［35］邓正来．国家与社会：中国市民社会研究［M］．北京：北京大学出版社，2008．

［36］马长山．国家、市民社会与法治［M］．北京：商务印书馆，2002．

［37］李佃来．公共领域与生活世界：哈贝马斯市民社会理论研究［M］．北京：人民出版社，2006．

［38］丁瑞媛．共同体、资本家社会与市民社会：平田清明的市民社会理论研究［M］．北京：北京师范大学出版社，2018．

［39］韩蒙．马克思思想变迁的社会主义线索［M］．南京：江苏人民出版社，2021．

［40］余履雪．德国历史法学派：方法与传统［M］．北京：清华大学出版社，2011．

［41］［法］傅勒．马克思与法国大革命［M］．朱学平，译．上海：华东师范大学出版社，2015．

［42］［法］西耶斯．论特权：第三等级是什么［M］．冯棠，译．北京：

商务印书馆，1990.

［43］［德］维尔纳·桑巴特．犹太人与现代资本主义［M］．安佳，译．
上海：上海世纪出版集团，2015.

（三）马克思哲学的研究

［1］郭大俊，等．马克思恩格斯早期探索理论与现实关系的理路及启示
［M］．北京：人民出版社，2023.

［2］郭大俊，等．科学实践观与科学社会主义［M］．北京：学习出版
社，2014.

［3］侯才．青年黑格尔派与马克思早期思想的发展（修订本）［M］．北
京：中国社会科学出版社，2021.

［4］孙伯鍨．孙伯鍨哲学文存（第1卷）：探索者道路的探索［M］．南
京：凤凰出版传媒集团，江苏人民出版社，2010.

［5］张一兵．回到马克思：经济学语境中的哲学话语（第四版）［M］．
南京：江苏人民出版社，2020.

［6］张一兵．回到马克思（第二卷）：社会场境论中的市民社会与劳动异
化批判［M］．南京：江苏人民出版社，2024.

［7］欧阳康．哲学研究方法论［M］．武汉：武汉大学出版社，1998.

［8］陈先达．陈先达文集（第2卷）：马克思早期思想研究［M］．北京：
中国人民大学出版社，2006.

［9］俞吾金．被遮蔽的马克思［M］．北京：人民出版社，2012.

［10］吴晓明．马克思早期思想的逻辑发展［M］．上海：上海人民出版
社，2022.

［11］李淑梅．政治哲学的批判与重建：马克思早期著作研究［M］．北
京：人民出版社，2014.

［12］刘同舫，陈晓斌．青年马克思政治哲学思想研究（第二版）［M］．
北京：中国社会科学出版社，2022.

［13］邹诗鹏．从启蒙到唯物史观［M］．上海：上海人民出版社，2016.

［14］王新生．马克思政治哲学研究［M］．北京：科学出版社，2018．

［15］欧阳英．马克思政治哲学思想探析［M］．北京：中国社会科学出版社，2018．

［16］张盾，田冠浩．黑格尔与马克思政治哲学六论［M］．北京：学习出版社，2014．

［17］张文喜．所有权与正义：走向马克思政治哲学［M］．南京：江苏人民出版社，2019．

［18］李佃来．马克思的政治哲学：理论与现实［M］．北京：人民出版社，2015．

［19］陈岱孙．从古典经济学派到马克思——若干主要学说发展论略［M］．北京：商务印书馆，2014．

［20］顾海良．马克思经济思想史论［M］．北京：经济科学出版社，2015．

［21］宫敬才．马克思经济哲学研究［M］．北京：人民出版社，2014．

［22］唐正东．从斯密到马克思——经济哲学方法的历史性诠释［M］．南京：凤凰出版传媒集团，江苏人民出版社，2009．

［23］孙正聿．马克思主义辩证法研究［M］．北京：北京师范大学出版社，2012．

［24］邓晓芒．实践唯物论新解：开出现象学之维［M］．武汉：武汉大学出版社，2007．

［25］周嘉昕．马克思的生产方式概念［M］．南京：江苏人民出版社，2020．

［26］王旭东，姜海波．马克思《克罗茨纳赫笔记》研究读本［M］．北京：中央编译出版社，2016．

［27］林进平．马克思《论犹太人问题》研究读本［M］．北京：中央编译出版社，2016．

［28］吕梁山，潘瑞．马克思《詹姆斯·穆勒〈政治经济学原理〉一书摘要》研究读本［M］．北京：中央编译出版社，2013．

［29］姜海波．马克思恩格斯《神圣家族》研究读本［M］．北京：中央

编译出版社，2017.

[30] 韩立新.《巴黎手稿》研究［M］.北京：北京师范大学出版社，2014.

[31] 聂锦芳.批判与建构：《德意志意识形态》文本学研究［M］.北京：人民出版社，2012.

[32]［日］山之内靖.受苦者的目光：早期马克思的复兴［M］.彭曦，汪丽影，译.北京：北京师范大学出版社，2011.

[33]［日］望月清司.马克思历史理论的研究［M］.韩立新，译.北京：北京师范大学出版社，2009.

[34]［日］岩佐茂，小林一穗，渡边宪正.《德意志意识形态》的世界［M］.梁海峰，王广，译.北京：北京师范大学出版社，2014.

[35]［日］内田义彦.经济学的诞生［M］.未来社，1962.

（四）马克思传记

[1]［法］奥古斯特·科尔纽.马克思恩格斯传（第Ⅰ-Ⅲ卷）［M］.管士滨，等译.北京：生活·读书·新知三联书店，1963、1965、1980.

[2]［俄］拉宾.青年马克思（第三版）［M］.姚颖，译.北京：中国人民大学出版社，2022.

[3]［德］梅林.马克思传［M］.樊集，译.北京：生活·读书·新知三联书店，1965.

[4]［苏］弗·阿罗拉茨基.马克思年表［M］.张惠卿，李亚卿，译.北京：人民出版社，1982.

[5]［英］戴维·麦克莱伦.马克思传（第三版）［M］.王珍，译.北京：中国人民大学出版社，2010.

[6]［英］戴维·麦克莱伦.马克思主义以前的马克思［M］.周庆华，等译.石家庄：河北教育出版社，1990.

[7]［法］雅克·阿塔利.卡尔·马克思：世界的精神［M］.刘成富，陈玥，陈蕊，译.上海：上海人民出版社，2018.

二、论文类：

（一）期刊论文

[1] 俞可平.马克思的市民社会理论及其历史地位 [J].中国社会科学,1993,(4):59-74.

[2] 何增科.市民社会概念的历史演变 [J].中国社会科学,1994,(5):67-81.

[3] 方朝晖.市民社会的两个传统及其在现代的汇合 [J].中国社会科学,1994,(5):82-102.

[4] 肖岁寒."市民社会"的历史考察 [J].天津社会科学,1999,(3):94-99.

[5] 王新生.现代市民社会概念的形成 [J].南开学报,2000,(3):22-27.

[6] 郁建兴.黑格尔的市民社会理论 [J].人文杂志,2000,(3):13-18.

[7] 郁建兴.马克思的市民社会概念 [J].社会学研究,2002,(1):31-39.

[8] 王新生.黑格尔市民社会理论评析 [J].哲学研究,2003,(12):53-58.

[9] 戴桂斌.西方市民社会内涵的历史演进 [J].求索,2005,(4):184-187.

[10] 何建津.论历史唯物主义与马克思哲学及其市民社会理论的共生关系 [J].学术论坛,2006,(3):32-36.

[11] 韩立新.《德意志意识形态》中的市民社会概念（上） [J].马克思主义与现实,2006,(4):40-51.

[12] 蒋红.对黑格尔法哲学的批判与马克思市民社会理论的历史演进 [J].云南社会科学,2007,(6):64-68.

[13] 陈伟. 特殊与普遍的辩证法——论黑格尔法哲学中"市民社会"概念的结构 [J]. 兰州学刊, 2007, (12): 9-11.

[14] 汪信砚, 夏昌奇. 论黑格尔的市民社会概念 [J]. 武汉大学学报 (人文科学版), 2007, (3): 287-296.

[15] 丛日云. 论黑格尔的"市民社会"概念 [J]. 哲学研究, 2008, (10): 92-98.

[16] 蒋红. 批判与重构: 马克思的市民社会理论及其当代视域 [J]. 哲学研究, 2009, (12): 27-31.

[17] 王代月. 马克思对自由主义市民社会理论的批判研究 [J]. 社会主义研究, 2009, (2): 11-15.

[18] 宫敬才. 市民社会概念的起源、流变和社会历史基础 [J]. 河北大学学报 (哲学社会科学版), 2009, (1): 1-7.

[19] 郭强. 马克思市民社会理论的三维审视及其当代意义 [J]. 长白学刊, 2009, (2): 21-26.

[20] 韩立新. 从国家到市民社会: 马克思思想的重要转变——以马克思《黑格尔法哲学批判》为研究中心 [J]. 河北学刊, 2009, (1): 14-24.

[21] 张盾. 马克思哲学研究的思想史路径——以"市民社会与历史唯物主义"为案例 [J]. 哲学研究, 2010, (1): 23-29.

[22] 王代月. 马克思超越黑格尔市民社会理论的过程史研究 [J]. 教学与研究, 2010, (3): 32-37.

[23] 张弛. 从比较视角深析马克思的市民社会理论 [J]. 马克思主义研究, 2011, (3): 92-99.

[24] 刘建新. 共产主义与市民社会的解放 [J]. 社会主义研究, 2012, (4): 6-9.

[25] 刘同舫. 马克思市民社会范畴的逻辑演进 [J]. 华南师范大学学报 (社会科学版), 2012, (4): 118-122.

[26] 王代月. 由政治国家批判向市民社会批判的转折——《德法年鉴》时期马克思政治批判思想研究 [J]. 社会主义研究, 2013, (4): 23-28.

[27] 王代月. 斯密的市民社会理论：马克思借以回到现实的经济学环节 [J]. 哲学研究，2015，（12）：12-17.

[28] 赵玉兰. 论马克思对市民社会与政治国家关系的认识——以 MEGA2 为基础 [J]. 北京大学学报（哲学社会科学版），2015，（6）：64-71.

[29] 田书为. 马克思对黑格尔劳动思想的继承与发展——基于《巴黎手稿》的市民社会批判视角 [J]. 马克思主义与现实，2018，（3）：71-77.

[30] 徐艳如. 马克思《巴黎手稿》中"市民社会"一词消失的意义 [J]. 学术论坛，2019，（6）：35-40.

[31] 徐苗. "消失"还是"隐匿"：《1844 年经济学哲学手稿》中"市民社会"存否辨析 [J]. 四川大学学报（哲学社会科学版），2022，（3）：20-26.

（二）学位论文

[1] 秦国荣. 市民社会、政治国家与法律发展：马克思的思想概览 [D]. 南京：南京师范大学，2003.

[2] 蒋红. 马克思的市民社会理论和唯物史观的创建 [D]. 上海：复旦大学，2006.

[3] 王代月. 黑格尔和马克思市民社会问题解决路径比较研究 [D]. 北京：清华大学，2008.

[4] 崔予姝. 马克思市民社会理论研究 [D]. 长春：东北师范大学，2009.

[5] 陆云. 论马克思市民社会概念的生成 [D]. 长春：吉林大学，2011.

[6] 卢德友. 拉开历史舞台的帷幕——马克思视野中的市民社会及其当代效应 [D]. 武汉：武汉大学，2012.

[7] 徐娜. 马克思法哲学批判视域中的政治国家与市民社会 [D]. 上海：复旦大学，2013.

[8] 梅艳玲. 市民社会概念的历史逻辑演变及启示——从市民社会到共产主义社会的历史逻辑探讨 [D]. 苏州：苏州大学，2014.

[9] 于永成. 市民社会批判与人的自由：从黑格尔到马克思 [D]. 长春：

吉林大学，2015.

[10] 蔡韬. 论黑格尔的市民社会理论及其对马克思的影响 [D]. 北京：中共中央党校（国家行政学院），2022.

三、外文文献

[1] SELIGMAN A B. *The Idea of Civil Society* [M]. New York：Free Press，1992.

[2] FERGUSON A. *An Essay on the History of Civil Society* [M]. London：Cambridge University Press，1995.

[3] EBERLY D E. *Building a Community of Citizens：Civil Society in the 21st Century* [M]. University Press of America，1994.

[4] LEOPOLD D. *The Young Karl Marx* [M]. London：Cambridge University Press，2007.

[5] CALLINICOS A. *The Revolutionary Ideas of Karl Marx* [M]. London：Bookmarks，2004.

[6] GARAUDY R. *Karl Marx：The Evolution of His Thought* [M]. Trans. by Nan Aptheke，New York：International Publishers，1967.

[7] BAUM. *Die Entstehung der Hegelschen Dialektik* [M]. Bonn，1986.

[8] HEGEL. *Hegels Hauptwerke* [M]. Hamburg：Meiner Verlag，1999.

[9] HEGEL. *Werke in 20 Bände* [M]. Frankfurt a. M.：Suhrkamp Verlag，1969-1971.

[10] HOESLE. *Hegels System* [M]. Hamburg，1988.

[11] KRONER. *Von Kant bis Hegel* [M]. Tübingen，1921-1924.

[12] MARX K，ENGELS F. Karl Marx/Friedrich Engels：Exzerpte und Notizen [M]. Berlin：Dietz Verlag Berlin，1981.

[13] MARX K，ENGELS F. Karl Marx/Friedrich Engels：Exzerpte und Notizen [M]. Berlin：Dietz Verlag Berlin，1982.

[14] LANGE. *Geschichte des Materialismus* [M]. Frankfurt a. M.：Suhrkamp Verlag，1974.

[15] PEPERLE. *Junghegelianische Geschichtsphilosophie und Kunsttheorie* [M]. Berlin，1978.

[16] PÖGGELER. *Hegels Idee einer Phänomenologie des Geistes* [M]. Freiburg/München：Karl Alber Verlag，1993.

[17] SCHNÄDELBACH. *Hegels praktische Philosophie* [M]. Frankfurt a. M.：Suhrkamp Verlag，2000.

[18] MAQUIRE J. *Marx's Paris Writtings：An analysis* [M]. London：Dublin，1972.

[19] ROBINSON J. *Economic Philosophy* [M]. London：C. A. Watts Publishing Company，1962.

[20] SMYTH R L. *Essays in Economic Method* [M]. London：Gerald Duckworth Press，1962.

[21] BLAUG M. *A Methodological Appraisal of Marxian Economics* [M]. Amsterdam：North-Holland Publishing Company，1980.

[22] BLAUG M. *Economic Theory in Retrospect* [M]. London：Cambridge University Press，1978.

[23] LEFEBVRE H. *Dialectical Materialism* [M]. London：Jonathan Cape Ltd. ，1968.

[24] LAWRENCE E. *Cahoone，The Dilemma of Modernity* [M]. Ablany：State University of New York Press，1988.

[25] ALTHUSSER L. *Politics and History：Montesquieu，Rousseau，Hegel and Marx* [M]. Trans. by Ben Brewster，London：NLB，1972.

[26] GILBERT A. *Marx's Politics：Communists and Citizens* [M]. Oxford：Martin Robertson & Co Ltd. ，1981.

[27] WOOD E. *The Origin of Capitalism：A Longer View* [M]. London：Verso，2002.

［28］ SAYERS S. *Marx and Alienation* ［M］. London：Palgrave Macmillan Press，2011.

［29］ SCHUMPETER J A. *History of Economic Analysis* ［M］. New York：Oxford University Press，1954.

后　记

　　这本书是在我博士论文的基础上，修改而来。不仅对原有的内容进行了反复推敲、仔细琢磨和认真修改，而且还新增了原文所没有的内容和元素，丰富了文章的理论张力和思想呈现，使其整体轮廓更加饱满、更加成熟，有了重塑之感。

　　青年马克思的市民社会批判，这个选题宏大而艰深，是一个极"难啃的硬骨头"。这本书的再创作，仍犹如一个浴火重生、凤凰涅槃的过程。马克思早期著作的所有篇目，重新读来，又有了新的体认和深的感悟。在重新写就读书笔记的字里行间，再次真切地感受到经典的永恒魅力。此次补充阅读的文献不在少数，和先前所有的文献一样，都让我滋养丰厚、受益匪浅，它们都润物无声体现在了书稿里。在此，谨向所有文献的作者，表示由衷的感谢！

　　王安石在《游褒禅山记》中说："世之奇伟、瑰怪，非常之观，常在于险远，而人之所罕至焉，故非有志者不能至也。"科学的唯美、瑰丽、奇绝之观，又何尝不是在险远、在巅峰、在秘境呢?！哲学社会科学的研究，莫过于"究天人之际，通古今之变"。然而，想真正做出一番事业来，坎坷崎岖，道阻且长。

　　在博士论文的写作和本书的再创作中，恩师郭大俊先生给予了莫大的鼓励和极多的帮助。几年时间里，一封封往来的电子邮件、一句句语重心长的话语，温情感人，传递的是老师的谆谆教诲，亦是长者的深切关怀。师恩难忘、如沐春风。在此，谨向您致以崇高的敬意和衷心的感谢！

　　或许，人都有需要别人帮一把、拉一把的时候，但人要站得稳、立得直，终究还是要靠自己。经历了"昨夜西风凋碧树，独上高楼，望尽天涯路"的迷茫和痛楚，走过了"衣带渐宽终不悔，为伊消得人憔悴"的漫漫长路，在几番寒来暑往、星辰更迭后，我蓦然回首，看见那人就在"灯火阑珊处"。

感谢九州出版社的领导和编辑们！张晓辉编辑为本书的出版付出了辛勤的劳动，九州学术文库编辑部的沧桑老师对书稿进行了认真的编审，在此著出版之际，谨向编辑老师们表示由衷的感谢！

感谢我的妻子多年来对我的事业和研究的默默支持，在此著创作完成过程中，牺牲了很多，承担了很多。爱女一天天长大，乖巧可爱、聪明伶俐，温柔了岁月！

我的母亲，贤良淑德、蕙质兰心，知书达理、心地善良，和蔼可亲、恺恻慈祥，含辛茹苦，育我成人。谨以此书，献给我心目中这世上"最伟大"的母亲——我的妈妈！

袁 霖

2024 年 6 月 30 日